神國、幕府、外交與戰爭，
從神話到近代改革，縱觀日本千年變遷

陳恭祿 著

簡明
日本史

Japanese History

綜合中、日、西方研究成果
呈現多元視野下的日本歷史全景
梳理日本歷史全貌，洞察時代興衰

樂律

目 錄

貝德士推薦序　　007

自序　　009

第一篇
位置與地理　　011

第二篇
佛教輸入前（？至西元五五二年）　　017

第三篇
佛教輸入後（西元五五二至八五七年）　　025

第四篇
藤原氏與平源二氏之盛衰
（西元八五七至一一九二年）　　039

第五篇
武人時代（西元一一九二至一六〇六年）　　053

目錄

第六篇
耶教在日本（西元一五四九至一六三八年） 081

第七篇
江戶幕府（西元一六〇六至一六五一年） 091

第八篇
閉關鎖國，威逼通商
（西元一六五一至一八五八年） 105

第九篇
訂約通商（西元一八五八至一八六七年） 121

第十篇
幕府滅亡 135

第十一篇
武士精神 143

第十二篇
明治改革（西元一八六七至一八六三年） 153

第十三篇

黨爭及立憲運動（西元一八七三至一八九〇年） 165

第十四篇

憲法與制度 177

第十五篇

立憲初期（西元一八九〇至一八九四年） 185

第十六篇

明治內政之發達（西元一八六七至一八九四年） 193

第十七篇

明治外交（西元一八六七至一八九四年） 213

第十八篇

中日戰爭（西元一八九四至一八九五年） 221

第十九篇

戰後十年之內政外交

（西元一八九四至一九〇四年） 237

目錄

第二十篇
日俄之戰（西元一九〇四至一九〇五中午） 249

第二十一篇
明治末年（西元一九〇五至一九一二年） 263

第二十二篇
內政之嬗變（西元一九一二至一九二五年） 275

第二十三篇
外交政策（西元一九一二至一九二五年） 289

第二十四篇
結論 303

附錄　參考書目 313

貝德士推薦序

　　日本的歷史對中國意義重大。日本在地理位置上接近中國，種族和文化與中國有著非常強的親和力，兩國有密切的經濟關係，日本這些年來模仿西方模式努力實現現代化過程中的得失成敗，所有這些事實及變化都需要每一個聰明的中國人注意到「鄰居」日本的發展。對於任何一個試圖想弄清楚如何應用現代西方科學及制度的人來說，日本的經驗是值得研究的，它的經驗是中國形成可靠判斷和參考的重要因素，此外，想要理解日本過去七十五年發生的變化，只能從它的歷史背景出發，從它的特殊習俗、機構制度和人民理想的演變出發，藉此理解日本的變化。

　　不幸的是，日本的歷史發展已經在相當程度上被中國忽略了，在中國的歷史課本中，只有零零碎碎的關於日本歷史的片段，比如在講述東亞的時候順帶提及日本。還有一些歷史作品介紹日本在古代汲取中國文化，比如改寫佛教文化，學習唐朝的法律和管理制度，引進漢字，引用中國哲學道德思想。近年來又有很多寫日本濫用極端政策的書，但是並沒有解釋日本的這些極端政策是在什麼條件下產生的。更糟糕的是翻譯了一些品質堪憂的日本作品，這些作品的原作者水準在現代史學的標準之下。這些並非值得信任的可靠資訊。

　　本書的目的是滿足以上描述的需求。基於最可靠的日本歷史和描述近代日本最好的敘述能力，進行深入仔細研究，在英國、美國學者以及日本、中國學者的作品之中，本書作者的陳述掌握了日本發展的主要傾向，並且對具體事實抱持著謹慎和準確的關注。他的書值得讀者投入興

貝德士推薦序

趣和信心,因為他的態度是公平和公正的;他既不責怪也不讚揚日本人,而是告訴他的讀者,日本人做了什麼,並提供一個關於如何思考日本的明智依據。我預測本書將會帶來持久和有價值的影響,因為這本書作為初次在中國調查整個日本發展情況的闡釋是既有效又可靠的。

貝德士(Miner Searle Bates)

自序

　　中日關係之重要，二國人民無不知之。日人考察中國情形，刊行書籍，不知凡幾。中國人求一較善之日本史，乃不可得，作者斯書，亦欲少補其缺耳。全書共二十四篇。第一篇，詳言日本地位。第二至六篇，略敘民族之由來，社會之演進，帝權之擴張，大化之改革，外戚之專橫，武人之消長，耶教之盛衰。其中關於中日交涉，蒙古征伐，豐臣侵韓，多詳載之，容或能補中國史之缺遺。第七至十一篇，分述江戶幕府之制度，文學，通商，武士及其歸政之原因。第十二至二十四篇，記載維新後之內政外交：首述歸政後之政策，立憲之運動，憲法之內容，內閣議會之衝突，海陸軍之擴充，工商業之發達，經濟之狀況，外交之政策及中日戰爭；次載戰後藩閥政府，內政發達，外交勝利，日、俄交涉及其戰爭；繼敘明治末年國勢之膨脹，侵略南滿，兼併朝鮮，親善俄國及日、美問題；末言最近時期內之內政外交，及其國內之重要問題。

　　日史上自民族之遷徙，下迄今日，其間事實，至為繁雜。作者不能一一述之，自有刪遺。唯念史者所以記民族間各不相同之演進，若述其一切活動，則與社會學無異，事實上殊不能行。歷史學者，取其不同之事實而書之；其目的則將人類已往之知解告知讀者，使其深明今日之狀況困難所由來，而將有所改革，趨於進步。是以歷史書籍之價值，首在其材料之豐富可信；及作者有評論指導之能力，將其所得之史料，慎密選擇，編纂無關係之事實，而能貫通，推繹其故，使讀者明知當日之狀況：此歷史學者公認之標準也。中國史家，知此者鮮。作者無所憑依，

自序

輕於一試，自知其不能如標準所定，唯願他日有識力較強者能為之耳。

著作之先，頗感困難者，厥為免去成見。中日之惡感已深，中國人嘗有排日之思想。歷史異於宣傳書籍，不能為意氣所動，成見所拘；唯當按其事實，不作偏論，此歷史學者共守之信條也。作者固非歷史學者，但認其義之正當，掃除偏見浮辭，殊不知其能否成功也。其或與讀者意見不合，希審思之，自判得失，作者毫無強人從己之意。

所用參考書，多為中日英美學者所著。作者較其所載之事實；核其言論之是非；研求學者之才能知識，著書之目的，著於何時何地，受何影響及有無偏見（間有一二，不能盡知），然後始敢取材。至於評論，毫不為其所拘。其有相同者，或與作者所見相同，皆由作者負責。茲為便利讀者購參考書之計，謹將重要書籍，略加評論，臚列於後。其非歷史專書及無重要價值者，皆不附錄（雜誌除外）。

斯書之成，多由於金陵大學歷史系主任貝德士（Miner Searle Bates）教授之指導勉勵，承其借書，蒙其評論及作序文。程善之先生校閱草稿半數。吾弟恭禎及同學章德勇君多有贊助，皆深謝之，謹書於此。

陳恭祿序於金陵大學

第一篇
位置與地理

日本之位置

日本居太平洋西部，當亞洲大陸之東；北界俄屬岡札德加半島，狀如長蛇，蜿蜒而南，迄南洋群島，長約七千里。中部為日本群島，島數約近三千；其大者為蝦夷、九州、本州、四國四島。

近年疆域變遷大勢

蝦夷在北，中有阿奴（Ainu）土人；今皆馴服，日人遷居其地者日眾。南部函館，昔時美俄商貨往來，萃集於此。其南本州，四島中之最大者，國都東京在焉；地勢平衍，民物殷阜，政治、文化之中心也。舊都西京（即京都），僻近西隅，街市整列，名蹟林立。橫濱、大阪、神戶為重要商埠，輪舶麇集。南端下關（即馬關），隔海與九州相對。九州海岸屈曲，附近小島星羅棋布；長崎在其西端，港闊水深，自中國往日東部者率取道於此。九州西北為四國，則四島中之最小者。九州之南，有琉球群島，散處海中，若長帶形；位當江蘇、浙江、福建之東，為自三省東航者之衝要地。迤邐而南，至臺灣，臺灣之西，即澎湖列島；中

第一篇　位置與地理

日戰後，亦皆由中國割讓於日。蝦夷之北，為千島，與岡札德加半島遙遙相望；當明治初年，日、俄爭為己屬，交涉久之，乃以庫頁島歸俄，千島歸日。日俄戰爭之後，俄又割庫頁島南半與之。其地寒冷，居民稀少，而漁業尚盛。本州之西，朝鮮半島，歷中日、日俄兩次戰爭之後，初為日屬，一九一〇年，卒歸併焉。其面積約當日本群島之半；由是日本領土，西隔圖們江、鴨綠江，而與中國為鄰。且自日俄戰後，旅順、大連由俄轉租於日；南滿安奉鐵道，亦移轉而握於日人之手，東三省之主權，不啻與日共之。日本東南，有小笠原群島，於明治時，日本收為己屬。歐戰之後赤道北之德屬馬利亞納群島、加羅林列島，歸其管治，日本勢力遂益伸入於太平洋中。

山脈

日本本部為庫頁、崑崙兩山脈所構成：庫頁，自北渡海而南，崑崙，自福建渡海而北，山巒重疊，地勢高低懸殊。山之最高者曰富士。其巔積雪，一白如銀，自海上望之，出沒雲間；旭日破曉，則現黃金色。太平洋沿海之高峰，多屬火山。據近日調查，火山之猶活動者，為數十九，熄滅者，約三百餘。每歲地震平均計算，共五百餘次，往往毀屋傷人，為害甚烈。一九二三年，東京地震，損失之大，尤屬可驚。

耕地少而河流無曲折

統計全島，山地約占面積三分之二，沙礫散布，溶石猶存；可耕之地，不足三分之一。且以地面狹長，河流無曲折之勢；高山又直列於

中，自高趨下，水流極速，一瀉無餘，故無舟楫之利。唯火山左近，溫泉甚多，沐者可療癩疾。湖之負盛名者，首推琵琶湖，在西京之東；綠樹蓊鬱，清波淪漪，遊客爭集焉。朝鮮、臺灣亦多山地。朝鮮山巔、猶有火山遺跡，唯久不噴發耳。

氣候

日本南部受赤道黑潮之溫流，北部受寒帶之冰流，中有高山起伏，故氣候隨地變異。千島、庫頁緯度已高，夏短冬長；嚴寒之日，北風砭骨，玄冰助威。蝦夷受冰流影響，地亦苦寒；每當九月之初，西北冷風，自西伯利亞而來，勢極凶猛，摧草落葉，地凍水冰，霜雪偕至；直待來春三月，方稍和暖。黑潮自呂宋而來，環繞琉球、九州、四國以至本州。本州東岸，冷風所不能及，氣候和煦，冬少冰雪；時有貿易風夾雨而來，一歲之中，降雨常至一百五十餘日。西岸則受冷風影響，霜雪較多；中部風為山阻，氣候少變。朝鮮南部；天朗氣爽，冬令寒甚；漢江冰凍，常逾三月。唯春秋二季，草木暢茂，天氣溫和，為一歲中之安樂時節；一入夏季，高山蔽風，內地又苦旱熱，炙人肌膚。

物產

物產隨氣候而異；草木極其繁茂，凡三帶植物皆有之。就中蝦夷為產麥豆之區；本州重要產品，為米、棉、絲、麥等；九州、四國天氣和暖，尤宜於米、棉、菸草。唯土地狹隘，可耕者又少，所產穀類，不足以供養人民；又以不適畜牧，故畜產極不發達。馬身頗小，

不足以供馳驅；牛僅為耕種之用；羊屬尤少；唯犬、貓較多。野獸之中，狐、狼最夥。

朝鮮境內米、麥、豆等之出產

朝鮮境內，家畜推雞、犬、豕、馬、牛、驢為盛，其南部所產者，尤負盛名。山中多虎，力大而猛，人民之居近山者，常為所噬；亦間有獵之以為生者。虎皮豐厚，價值昂貴，肉可以為食，骨可以為藥。次於虎者為熊、鹿，亦負盛名。農產，米、麥、豆等為輸出要品。

漁農及工商等職業

日本海岸屈曲，小島林立，而溫流又環繞沿海兩岸，鱗介之類因而繁盛。人民之居近海岸者，習聞波濤之吼聲，慣見舟楫之破浪，幼而游泳，沒水取魚，恬不為怪，故從事於漁業者甚多，漁業遂為重要職業，魚肉更為家常食品。自明治以來，漁船構造，日益進步；而琉球、臺灣、澎湖、庫頁，魚產豐富之區，相繼收為己有，故業漁者增至一百五十萬人以上。此輩習於駕舟，雖在驚波駭浪之中，視之無異於陸居；故有所謂「天生水手」之稱，其技能之優，有足多者。又日本自古以農立國，農為重要職業，今耕種者猶多；專治桑蠶、茶、棉者，數逾百萬。唯人口成長快速，而土地有限，苦於不能更事擴充。明治中葉以後，工業益進，於工廠工作者日增。歐戰時更為發達，貿易額隨之俱長，而經商者日益眾。

地理與其國民性

　　日本島數三千，彼此相距，僅有一水之隔，小舟可以往來；因交通便易，而風俗言語、思想習慣，無大逕庭，儼然純一之民族也。地多湖泊，氣候適宜，草木茂美，山川明秀，故人民富於美感，美術圖畫，殊為發達。其移居於國外者，愛念故鄉之心，亦甚堅強。又以其地位孤立海中，唯本州南隅、九州西岸，中隔海峽與朝鮮相對，在昔航海之術未精，異國人民，怵於風濤之險，不易侵入，一姓君主，遂得繩繩相繼，居人因有自負之心，頗藉以發其忠君愛國之念。然其舟楫亦常往來大陸，中國之學術、政治、歷史、文學、技能，因以傳入。明治以來，日本與大陸之交涉，日益密切而糾紛，其侵略政策，亦由其地位使之然歟！

日本民族發展問題

　　前文所云可耕之地，約占全島三分之一，以此為比例，則日本當推為世界人口最密之國之一。但其殖民之能力，苟以之與英人相較，迥乎不及，故自得臺灣、朝鮮等地後，政府鼓勵殖民，而移居者，寥寥無幾。其在美國及澳洲者，以黃、白人種生活程度之各異，多招仇視。今美國已禁其勞動界入境；人口問題，誠為今日日本最大之問題，亦最難解決之問題也。野心之政治家，固嘗欲侵略中國，壟斷其權利；但不過引起中國人之惡感而已。侵略致策，已歸失敗，其暫可解決者，唯有擴張工業，以工立國之一途；近已從事於此。前謂川流甚急，無舟楫之利，但已利用之發電以製造貨物；沙礫山地，亦已培植森林。然仍有不能解

第一篇　位置與地理

決者,工業發達之後,市場必在他國,民間食物,亦必來自他國,殊非細事耳。更進而言之,煤、鐵、原料三者為工業之母,而日本皆不足,必賴他國供給,尤以鐵與原料為甚;海上輸運,則恃海軍保護;日本海軍,今固甚強,其奈他國之惡感何?

第二篇
佛教輸入前（？至西元五五二年）

古代無文字記錄

日本第一代神武之開國，在西曆紀元前六六〇年[01]，而其最古之歷史存於今者，若《古事記》，乃作於西元七一二年，《日本書紀》，乃成於西元七二〇年；由此著述時代以溯前，初無記錄。夫以千餘年後之作者，追記上古事蹟，其材料自多採之民間相傳之神話、迷信。

神武開國之傳說

其載開國也，略謂混沌之初，天地之中，忽生一物，狀如葦芽，變化為神。神神相繼，皆係偶生；中有二神，立於天橋，以矛探海，其矛水滴凝而成島。二神降居，遂生大洲、山川草木、天照女神（即天照大神）及其弟等。天照之孫，是為神武天皇，女神賜以鏡、玉、劍各一，是曰三種神器，為萬世一統之徵；神武因起東征而開國焉。此類傳說，以《古事記》為最多；《日本書紀》且多有取材於《史記》、《漢書》者，例

---

[01] 日本之紀元，明治時定為始於神武，僅行於彼國。中國歷代雖有年號，而又無紀年。故茲採取西曆。其紀元後不言西曆或並不言紀元後者，省文也。後悉仿此。

第二篇　佛教輸入前（？至西元五五二年）

如西元前八八年，天皇詔曰：「遠方夷狄，不奉正朔。」此採中國史語，託諸日皇之口以出之。按日本曆書，於西元五五四年，自朝鮮輸入；先是國中但以花開為春，葉落為秋，無月無年，安有所謂正朔耶？故欲從其上古歷史，研究日本民族之來源，君主威權之生長，與其人民生活之狀況，殊為不易。近世學者竭其畢生之力，從事審究骸骨之狀態，古物構造之形式，與夫言語風俗之變易，於此問題，但略有所證明。唯近於佛教傳入時代，距作史時期不遠，其事有可信者。茲分述考古學者之結論，日本社會之演進，以及與大陸之交通，如下。

日本土著

日本之土著，為阿奴種族。考古學者，謂其來自亞洲大陸；或以為蝦夷北部與千島相近，西端與庫頁島為鄰，風平浪靜之時，小舟可通往來，阿奴當由此渡海也。據阿奴傳說，島中尚先有土人，形狀短小，穴居野處，後自滅絕。至阿奴之自述其先祖也，則謂亞洲某王，生有三女，幼者與情人，潛渡而至島中，遂家居焉；此說雖不足信，但與來自亞洲之說吻合。其後生殖益繁，漸徙於氣候和煦，草木暢茂，禽獸眾多，生活適宜之地，遂衍殖於本州各部。今本州山川湖泊，其地名猶有仍土人之舊者；而北部地中所遺骸骨，一切構造狀態，有類今居於蝦夷之人。大抵土人身體各部頗為均稱，唯略短小；面多鬚髮，有若毛狀，古書中或以多髮人稱之。其生活簡陋，以漁獵為主，終日追逐於山林湖澤之中，體力強健，而樂於戰鬥。方日本民族之東渡也[02]，其人迎戰甚

---

[02] 中國古史稱日人為倭人，疑有譯音。日人後惡其名，改稱日本，其時約在隋唐之前。本篇以日本民族，若指古今全體而言概稱為倭人，殊欠確當；其專指古代者，本宜稱倭，唯日人倭人並稱，又嫌凌雜，故不採。

力，後卒被驅於本州北部；其降服者，則為奴隸。阿奴云者，土語狗之義也，日人惡之特甚；其後益蹙，遂退居於蝦夷。今散居於蝦夷、千島、庫頁者，不足二十萬人，而生活狀況，一如昔者。

日本民族

日本民族，蓋自亞洲大陸來者，或謂其先居處近西伯利亞；迨後南徙朝鮮半島，乃為土著所同化，風俗言語，相類者甚多；最後經對馬而東渡九州。其東渡也，分兩時期：先至者，生活狀況與阿奴相近，漸逐土人而北；其後至者，文化較高，生活狀況與朝鮮南部之人民相類。日本古墓，嘗有綠玉，此類飾品，為上古時代朝鮮半島之裝飾；其短刀武器，相似尤甚。或又謂馬來民族，亦嘗由琉球北至日本，此說僅根據於古時祭者沐浴於冷水之中，以示清潔虔誠，此俗習見於馬來半島；但不為多數學者所信。至中國傳說，亦謂徐福嘗至日本，唯無確證。[03] 要之，日本民族，必由數種血胤混合而成，可無疑也。彼等已入島中，歷久戰爭，乃卒屈服土人。土人中之戰敗被俘者，固收為奴隸；其不戰而服者，亦因而安之。所俘婦女，則沒為戰士妻妾，多妻制度，乃大盛行，至於漢時猶存。陳壽記其俗曰：「其俗，國大人皆四、五婦，下戶或二、三婦。」。今之日人，猶可分為兩類：居於本州北部者，面部寬大，腮骨突出，鼻尖凹下；其在南部與九州四國者，面長鼻高，容貌清秀，身部均稱。前者多為貧民，後者多為富商權貴。就全體而言，日本人民

---

[03]《史記》無徐福至日明文，陳壽亦無此說。范曄作《後漢書》於宋時，抄襲陳壽〈倭人篇〉之大意，且妄解其紋身，而武斷其為泰伯之後，尤不足信。揆之當時情況，徐福之船能涉風浪東渡否？東渡後童男女能耕種或漁獵否？又能與土人戰爭否？漢時能如陳壽所述「立國通史」否？以余觀之，未必一一能然也。加以言語單音、雙音之不同，是中國文化猶未輸入，斯可斷此說之無根據矣！

甚為短小，男約五尺三寸（英呎），女近四尺十寸。首部偉大，占全身七分之一，而腿部殊短小。然使易其衣服，而與華人同行於倫敦、紐約，歐美人尚不能辨別其為華人、日人，以日人固黃種也。

開國時之情勢

當日人之侵入島中也，須講求抵禦攻擊之法以自衛；且欲戰爭勝利，必推能戰之士以為首領，而人民亦樂於服從。戰爭經久，則首領之威權愈重；其戰勝者，又奪土人土地，而小國酋長之形勢以成。其繼也，互相攻伐，殺人爭地，終於小臣大，弱臣強，斯天皇統一之雛形漸具矣。

神武不過一酋長之雄

據日史所載，神武為天照女神之孫，天照時期，猶為神代，相距數世，何能遂使「邑有君，村有長，各相陵轢」耶？此不過證明所謂神武天皇者僅一酋長之雄耳。迨其戰勝，遂乃割裂土地，分封其子弟功臣；若不戰而降者，因而存之，其叛逆者，又以兵討之，於是諸侯奉命唯謹；天皇亦竭力盡其保護之責，諸侯遇敵侵入，輒率其眾以助戰，凡受斯惠者，常以其地奉皇。承平之時，皇言若令，諸侯有相爭奪者，歸皇判決，天皇更得利用時機，其曲直時以愛惡衡之；而得直者，復以土地酬皇。皇室之地日增，人民益眾，兵力盛張，而威權獨尊矣。天皇又自信其為神之子孫，皇族不與臣下為婚姻，官吏不與人民通嫁娶，唯恐瀆其先祖，而使他人得沾染其神種。故官吏皆為世襲，而人民自處於被治階級，習焉相安，遂為明治以前二千餘年政治上之金科玉律。

天皇之威權

　　天皇既以神之子孫自尊，更進而為宗教上之領袖，於是祭社乃為大典。每當新穀登場，天皇則躬臨祭祀以答神休。斯時天皇雖判決爭訟，而民間並無法律；唯毀田禾、平絕溝洫、拋棄五穀者，謂之逆天；不孝父母、傷害人命者，謂之犯罪。其罰如陳壽所述：「輕者沒其妻子，重者滅其門戶。」所謂輕重，不過概以習慣為衡。人民又常自以械鬥，決定雙方之曲直。尤可異者，當西元四一二年，貴族名稱猶雜亂無序。其時貴族中有以神之宗支而爭權位者，傾軋益烈。第十九代允恭天皇乃置鍋具，中貯沸水，下焚以薪，詔爭者置手水中，傷者罪以不道，其事遂寢。至於皇室費用，概取給於人民及諸侯之貢物，人民有為皇室工作之義務，若建築宮室之類。天皇死後，所有僕役，概殺以殉。新君嗣位，則別築新宮，若以故皇之靈，猶在宮中，不可不迴避者。

古代生活風俗

　　封建時期，人民隸於諸侯，以漁獵為生。《三國志》載：「草木茂盛，行不見前。人好捕魚鰒，水無深淺，皆沉沒取之。」即此可見其概。迨後生殖繁衍，始從事耕種，但多以奴隸為之。其所植者為稻，史中又載及麥、菽之類。其他重要食品，為鳥獸、魚鱉、果蔬等；烹調之法已備。其衣服之見於古史者，名目繁多，以桑皮、麻屬為之。《古事記》載天照女神躬自繰絲，可見其時已有紡織。房屋殊簡陋，無窗牖，無煙囪，其形狀無異非洲黑人之土屋。

女子之地位

家中女子，唯事炊作。婚姻則同姓可以嫁娶，有以異母兄妹為夫婦者。其始，婚時男子居於女家，蓋當時女子地位頗高，若天皇亦自託為天照女神之後也。但此不便於男子，不久則降婦以隨夫矣；女子地位已低，因而夫可有妾，而婦不許淫妒。生子之時，產婦居於黑暗小室，無人侍問，若以為生子乃不潔之事，遇日光則遭神譴，而侍之者亦不祥。一族之中，主僕之階級極嚴。俗尚紋身，而以奴僕為尤甚。

神道教之由來

日本民族自以為天神之子孫，其說深入人心；迷信力之大等於猶太人自謂「上帝之選民」，德人自誇為「優秀民族」。學者哈倫（Heorn）謂群雄分立時代，酋長各祀其祖與境內之神祇以祈福免禍，其戰勝者因謂之天助，敗者亦歸之神怒。狡黠之天皇，乃託於至尊至上受人民崇拜之日神而為其後胤，有不服者，輒討而伐之，卒開帝國之基。一般貴族，更附託於神子神孫。於是日月星辰、山川雷電概視為神跡；五穀果實、樹木花草，皆為神所主宰；水旱疾病，無非觸神之怒，苟虔誠祭祀，即可以免。充其類之所至，世間無物非神，信如日人之自誇其國為神國也，而神道乃興。神道者，崇拜自然界之物，而謂其動靜影響皆神之意志所為也。後因天皇建廟而民間效之，廟數乃增。陳壽亦嘗記其迷信之事於《三國志》中，引之如下：

其行來渡海詣中國，恆使一人……不食肉，不近婦人，如喪人，名之為持衰。若行者吉善，共顧其生口財物；若有疾病遭暴害，便欲殺之，謂其持衰不謹。

古代日本與大陸之關係（一）

　　前述日本民族，自朝鮮東渡，其往來情形，無從詳考。今所述者，為此時日本與大陸之關係。周初，箕子封於朝鮮（今平壤）；中國文明，因得傳入朝鮮之北部。漢時，武帝滅朝鮮，分其地為四郡，遣吏治理其民；中國學術，乃傳入朝鮮之南部。日史記西元二〇〇年（當漢獻帝時），熊襲人叛，新羅助之。十四代仲哀天皇率師往討；其妃神功皇后，從之出征，知新羅之助叛人也，請先伐之，不從。仲哀尋崩於軍。妃謀於大臣，祕喪不發，徑征新羅。新羅君臣，見其軍蔽海而來，大恐，遂乞降，許之。既而高麗百濟亦降，皆朝貢於日，三韓遂為屬國。後百濟嘗貢良馬，此事未載於韓史，其確否不可知。但據地質學者之說，日本先無駒馬，其後來自大陸，此雖不能證明韓之屈服與否，亦可見當時日本與大陸之交通必繁。

初與中國文化接觸

　　古史又載百濟王遣其子阿直岐入貢，其人精通經典，天皇令皇子從之學經。阿直岐更薦學者王仁至日，獻《論語》十卷、《千字文》一卷。貴族子弟因從之遊；更有組織學會，深究中國文學歷史經書者。斯可見日人漸與中國文化接觸，如陳壽所述「漢時有朝見者」歟？抑或當漢末紛擾之際，學者有避難至日而復歸國者，故能道其詳歟？歷史家有謂中國之商人嘗以貿易至日者；細察陳壽之〈倭人篇〉，其所載事實，雖不能盡信，但於日人風俗生活，述之頗為詳晰，非臆想杜撰所能，斯可斷中日之間已曾交通往來矣。

古代日本與大陸之關係（二）

晉末，高句麗、新羅、百濟分據朝鮮半島，鼎足而立，互相攻伐。日人因利乘便，曾於新羅百濟之間，據有任那之地，駐軍守之。其兵果敢善戰；百濟逼於強鄰，國勢衰微，其王故善事日皇，借求援助，朝貢殷勤。新羅懼百濟之與日本相親也，謀之益急，誘任那守將據地以叛；戰爭乃起。日人數敗，而高句麗又侵入百濟北部，百濟土地，日益窮蹙，幾至滅亡，卒賴日本之助以復國。

由韓人傳來工藝

當此紛擾時期，半島久無寧歲，難民至日者極眾。其人多具技能，日人甚敬重之。因歸者不願受諸侯之虐，天皇更恐其為諸侯所用，乃聽其組織職業團體，壟斷一業，無異於印度階級制度。凡一團體，必有首領，由天皇委任，而受其保護管轄，終於其身。苟繼者無人，則團體自將解散；但解散者少，後且以之紀念皇室之功績，團體之數驟增。其直接影響，則使技能之士屬於天皇，天皇之威權以隆，漸開改革之基。

第三篇
佛教輸入後（西元五五二至八五七年）

佛教初輸入時與神道教之衝突

　　上篇述日本由朝鮮輸入中國之文化，貴族中有研究中國文學者。自後，日本與半島間之關係，日益密切；日人之至朝鮮者，又漸與印度文化接觸。其時半島蓋已化為佛教國，士之自彼來歸者，或言佛教於其主，而蘇我氏方為文官，爭羅才能之士，士多出其門；佛教亦賴其力以流傳於日本。方西元五五二年，百濟獻佛，史始記之，其基礎之立實已久矣。先是，自百濟王復國以來，境地窮蹙，強鄰時侵，其王乃以其所崇拜用金銀合鑄之佛像與幡蓋佛經入獻；並附表頌佛功德，其中有云：「佛學高深，遠過孔子；凡信仰者，國家興隆；治其學者，可明哲理。近傳布於三韓，人民無不信者。」二十九代欽明天皇見使者於殿上，譯知表文，欣然色喜，曰：「自有生以來，朕未之聞。」復顧謂朝臣曰：「盍受之乎？」世司祭祀兼掌兵權之物部氏奏曰：「國家世祀天地百神，今受佛像而禮之，佛蕃神也，必致神譴。」

蘇我、物部兩氏之爭

蘇我稻目則請受之；天皇遂以賜稻目，禮之於家。會國中大疫，物部氏奏曰：「此神怒也，必毀佛像。」天皇許之，乃奪佛像於稻目之家，而投諸江。是時二族交惡，傾軋殊甚：蓋物部掌兵，蘇我執政，固不相容；蘇我門下多知能之士，稻目因欲藉佛教以削物部氏祭祀之權，愈益水火。後百濟又獻佛經、僧徒、工匠，朝廷鑒於神怒，不禮其使。至稻目之子馬子私得佛像二尊，造寺供之，聚僧設齋。俄而疫又大作，民有死者。物部氏劾其私信佛法，聚僧惑民，復致神怒，請焚佛寺，拘留僧徒；天皇許之。既而馬子寢疾病，奏請禱佛，乃還其僧。馬子尋癒。會欽明之子三十一代用明天皇，於西元五八六年嗣位，其母稻目女也，深信佛法。即位之初，忽得疾病，意欲奉佛以求長年，諮於群臣。物部氏堅持不可；而馬子主從皇命，因延法師，入宮祈禱。物部氏意殊怏怏，見於辭色，俄聞馬子意欲害己，乃備兵自衛，唯其黨有被殺者。

物部氏亡

未幾，皇崩。時嗣位未定，物部氏欲立素惡佛教者；馬子不可，密與五皇子謀，共起兵討之，圍物部氏於城堡之中。是役也，廄戶皇子隨軍從戰，攻而克之。信奉佛教之崇峻天皇，因得嗣位。

推古女皇時聖德太子之攝政

崇峻素惡馬子專橫,陰欲除之。即位五年,為馬子之黨所殺。蘇我氏之女敏達皇后嗣位,是為推古女皇。推古立廐戶為太子,兼總萬機,所謂聖德太子也。太子天資英敏,博覽典籍,尤好佛學。年十五時,披髮從軍,討滅物部氏;及為太子,年僅二十有一。

十七條「憲法」之效力

推古即位之初,立旗幟,制衣冠,定服色,明貴賤;分群臣為十二級:曰大德、小德、大仁、小仁、大禮、小禮、大信、小信、大義、小義、大智、小智。明年,頒布法律,共十七條(日人謂之憲法,實非憲法),規定臣下事上之義,一本於忠君報國之說。例如第七條有云:「天皇為一國之君,臣下不可復事他人。」此類學理,皆採自中國。其中有吾人所無者,為第二條保護佛教之律。自今觀之,此種法律之有無,殊無足重輕。唯時日人無上下之分,貴賤之序,天皇猶一酋長耳,諸侯時有覬覦之心。自法律頒布之後,君臣之分以定;臣下有謀叛者,則罪以大逆不道。於是,諸侯不敢專恣,內爭因而減少,秩序得以維持,工藝遂日進步。

日人至中國求學

太子知朝鮮之學術來自中國,遂於西元六〇七年,遣小野妹子出使於隋。其國書有云:「日出處天子,致書日沒處天子,無恙!」煬帝不悅,然猶使裴世清報之。其高向玄理及僧旻等因隨至中國求學。太子暇

時嘗與大臣共撰國史，今已遺失，但亦可以略見其學術與見識矣。惜不久而薨；薨時，市民哭泣，若喪慈母。

蘇我氏之專橫

太子薨後，水旱相繼，五穀不登，野有餓莩；疾疫流行而盜賊蜂起。於是時也，國無賢君，不足以應變，政治大權，益旁落於蘇我氏之手。至馬子之子蝦夷，矯詔廢立太子，擅戮大臣，建築宅第，擬於宮殿，子弟有自稱太子者。更聘朝鮮知能之士以為心腹，聚阿奴之善射者以為侍衛；其猶未篡者，特需時耳。

中臣鐮足謀誅蘇我氏

有中臣鐮足者隱知其謀。鐮足之先，黨於物部氏而失其權，故惡蘇我氏特甚；且知皇子中大兄可與有為，因欲結之。會皇子蹴球，中大兄用力過猛，鞋應球落。鐮足在側，趨前拾之，因跪以進，遂相親暱，定為至友，託講經為名以謀誅蘇我氏。時蝦夷年老，其子入鹿執政，專戾益甚。鐮足偵知蘇我族中有與入鹿有隙者勸中大兄婚其長女，皇子從之。婚時，新婦於母家失去，幼女自請代之；婚成，因引以為內援。未幾，三韓使者來貢，入鹿入朝；中大兄命鎖宮門，聚入鹿之衛士於一所，若將頒物以賞賜之者。而自執長槍，隱於戶側；鐮足則持弓矢從之，且先命其黨，藏利劍於貢物之中。讀表文將盡，皇子直趨殿中，刺入鹿之肩，其黨復斫其足。入鹿無力拒抗，遂被殺於庭中，屍覆以席。皇子揚言於外曰：「入鹿之死，三韓使者謀殺之也。」蘇我氏之從者聞信，憤極

欲鬥。皇子避入寺中，閉門以兵自衛。俄而大臣皇子率兵來會，告蘇我氏之從者曰：「入鹿有罪，誅及其身；從者無辜，概皆赦免。」從者之初欲鬥，懼不免於死耳。迨見皇子之援兵益眾，而主將入鹿已死，惶恐無已。既聞赦免，闐然逃散。皇子命將進討入鹿之父蝦夷。蝦夷自知不免，焚書籍珍寶而自殺。於是女主三十五代皇極天皇讓位於其弟輕，是為孝德天皇，時西元六四五年也。

大化改革之由來

初，高向玄理、僧旻至隋求學，歷隋亡唐興，中間三十餘年之久，目睹中國之政治變遷，賢能輩出；至太宗貞觀之世，君臣契合，上下相安，號令施於四境，兵威伸於西域，而二人者乃於此時歸國。適女主在位，威權日替，朝臣互相傾軋，結黨為援，蘇我氏專橫，勢將篡奪，環顧境內人民，室無餘糧，死亡相籍，盜賊遍野，因念聖德太子當時之籌畫已歸泡影，而欲救國家，非改革不足以強皇室，非仿唐制不能以平內亂，因而革新之志反趨堅定。又孝德之為皇子也，嘗從之學；改革思想，薰染頗深。及即位之初，建元曰大化，即以僧旻、高向玄理為國博士，凡有謀必諮焉；改革計畫故多出其手。於是設左右內三大臣，贊理國政；下分八部，各司其事。

收土地人民為國有

明年，詔以土地為國有，人民直屬於天皇，罷世襲官吏，任命關東守吏。官吏自昔為世職，領有土地，受之於先人，傳之於後嗣；一旦失

去，其不滿意於朝廷，自不待言。朝廷固知其法不能立行也，乃賜大夫采邑，其多寡即以官位定之。其制如下：

一等上卿一百六十畝（英畝）

一等下卿一百四十六畝

二等上卿一百二十畝

二等下卿一百零八畝

三等上卿八十畝

三等下卿六十畝

四等上卿四十八畝

四等下卿四十畝

五等上卿二十四畝

五等下卿二十畝

內大臣八十畝

左大臣六十畝

右大臣六十畝

國司二十畝

邑守五畝二分至三畝二分

凡此采地，概為世襲，其地所出之賦稅，皆歸於其主。未幾，天皇詔造戶籍，凡十家為里，里有長，其職在促民納稅、服役且判解訟事。每家以人口受地，受二畝者，納細絹一丈；受八畝者，納細絹四丈，寬皆二尺五寸。納粗絹者，每畝二丈。其築室者，納地租細布一丈二尺。每家歲出刀劍弓矢，以備戰爭；百家出馬一匹，馬苟健良，可合二百家共養之。

齊明天皇與唐高宗爭朝鮮之失敗

孝德在位十年而崩，其有待於改革而未能者尚多。讓位之女皇，乃復嗣位，曰齊明天皇，立中大兄為太子。時朝鮮半島上，新羅、百濟，戰爭日烈，新羅訴之於唐，謂百濟絕其貢道，唐高宗詔日本止之。西元六六二年，新羅更借唐兵，伐百濟，破其都城。百濟遺臣，招收散卒，使人乞援於日。天皇詔救百濟，遣兵二萬七千人，擊新羅，拔其二城。會唐將劉仁軌至，水陸並進，擊退日軍。明日復戰，日軍敗績，不能成師；得生還者，為數無幾。經此重創，日本侵略朝鮮之計畫，歸於失敗，自後不敢萌此心者，凡九百三十餘年。

《大寶律令》之淵源與其效用

唐之兵威，亦云盛矣！先是，女皇已崩，中大兄守喪七年，西元六六八年，乃即帝位，是為天智天皇。天皇性素好學，博洽能文。設立學校，是為日本有學校之始；又制定禮節，修編律令，遂開後日《大寶律令》之基。《大寶律令》者，成於四十二代文武天皇大寶元年（西元七〇一年），律分六卷，令十一卷。共十七卷；規定官吏階級、冠冕衣服、學校制度、收授田地、租稅輕重、兵制等類；刑有五等，笞、杖、徒、流、死罪，其輕重又分為二十級。大抵此律令之成，係集大化以來之制度，而雜取唐律以為之，遂為後此千餘年之日本所變化沿用矣。

第三篇　佛教輸入後（西元五五二至八五七年）

奈良奠都始革酋長帳幕之風

　　文武崩後，元明嗣位，奠都奈良。時西元七一〇年也。先是，天皇崩後嗣君立，即遷都；其宮室樓殿，建築至速，規模卑陋，生活狀況，幾與游牧時代酋長之帳幕無異。文化學術，亦坐是不能發達。至是定都，貴族始有暇時深究文學，編纂國史；高僧往來於唐者益眾。直至其後朝廷以唐室凋敝，途多風浪，遂罷唐使；唯商賈往來不絕。

佛教之盛行

　　佛教賴蘇我氏之力，得以流傳；物部氏敗後，蘇我氏遂收其奴僕半數，建築佛寺以謝神恩。推古時，聖德太子建四天王寺。先是，太子討物部氏，誓於軍中：「勝敵，必奉護世四王。」故有此舉。太子又嘗與諸僧講佛法於御前，群臣中善逢迎者，競說佛法，興工造寺，在朝諸臣，多為佛教信徒。佛經意旨，固極深奧，僧徒多聰明博洽之士，貴族中求學者益爭出其門。於是，佛教遂為貴族之宗教，民間亦有信之者。經三十餘年後，除居士信徒不計外，有寺四十六所，僧八百十六人，尼一百六十九人。西元六四二年，天久無雨。田禾枯槁，人民惶恐，禱於神不應。既而女皇躬臨寺觀，膜拜佛像，大雨驟至，民因大悅，爭頌佛恩，信之者益眾。西元六四六年，孝德固讓皇位於其兄古人，古人不受，入寺為僧，斯可見當時僧徒之地位矣。

神佛為一之說

　　孝德之國博士二人，其一即沙門僧旻也，嘗贊籌大化改革計畫，因免除寺僧之田地賦稅。按是時大寺，嘗有膏腴之地百數十畝，後且擴至千畝，地位因日鞏固；乃倡神佛為一之說，以當時人民信仰神道者猶眾雲。西元六七五年，天皇嘗禁殺馬牛生畜及民間肉食，就廣義而言，不啻佛教信徒，已遍於國中。西元七三二年，鑄一大鐘，重至四十九噸；又鑄佛像，高過五丈，所謂「奈良大佛」是也。此皆其犖犖大者，小者尚不知凡幾，以至當時國中所出之銅，不敷鑄造鐘、像之用，可謂盛矣。既而天花流行，天皇命造七級浮屠，藉祈佛佑；會疫稍衰，因而膜拜於佛寺者益眾。

僧道鏡謀皇位

　　西元七五三年，四十六代孝謙女皇遂聚僧一萬以設齋佛前，於此可見當時佛教推行之速。其後孝謙讓位於淳仁天皇，而寵臣僧道鏡譖之；孝謙上皇遂復臨朝，幽廢淳仁，以道鏡為太政大臣禪師。道鏡服御飲食，與女皇相等，復使其徒託神意言於女皇曰：「禪位道鏡，天下太平。」女皇因卜於神；卜者又託神吉奏曰：「自開闢以來，君臣之分已定；萌非望者，神明殛之。」道鏡大怒，斥為矯誣，意欲殺之，女皇無如之何也。

求三韓工匠以大興寺觀

　　自佛教盛行，高僧皆注意建築。蓋以殿宇雄巍，愚民望而驚心；佛像莊嚴，禮者見而生敬；雕刻繪畫，則易動人美感；清淨院宇，尤易招

致學者往遊也。但如此工程，日人不能自為，乃求工匠於三韓以大興寺觀。其建築之工，大抵五色輝煌，高塔聳立，令人見之油然欣慕。奠都奈良之後[04]，皇室宮殿，日益壯美，貴族漸有高樓大屋以居。良工需要，過於供給，王公大臣，爭欲致之；其人亦自以見重於時，相競益烈，故雕刻多精巧而繪畫殊明秀。其存於今者，多能美麗傳神，無怪世人視為珍寶也！

文學萌芽時期

此時高僧，博通經典，往來於唐者，不絕，其人且兼為教師，中國文學，賴以廣其流傳。後乃採取華文字義而以土音讀之，字數驟增，文字之工具始備。其能讀孔、孟、老、莊書者，則知高深哲理；讀《尚書》、《春秋》、《史記》者，則明興亡之跡，君臣之義；讀《詩經》、《楚辭》歌賦者，則能歌詠於山水之間。於是古史編成，歌謠盛行，文學之基礎乃立。奈良時代，信如學者所謂「文學萌芽之時期」也。

改革所以不徹底之原因

綜以上改革，其制度多採於中國三代遺法，而又雜取唐制。其改革原因，在削諸侯，收土地人民歸於國家，為一統之中央集權政府。然其所以行於中國者，本於歷史上之沿革，思想界之變遷，人民需要而時勢造成之也。此時日本之風俗習慣，與中國少有相同之點。孝德之改革，

---

[04] 奠都於奈良者，凡七十五年。後遷都者二次，遂即定都於平安，時西元七九四年也，歷一千有七十餘年，至明治初遷都於江戶；自是號平安曰西京，江戶曰東京。

如收土地為國有，固為當時之急務。唯時無戰爭叛逆之諸侯，一旦忽奪其世襲之土地，不平之心，足召反動；乃折中損益，為不徹底之改革，終歸之於失敗。試分述其原因如下：

一、因采邑免稅而國用乏

貴族官吏，得受采邑，其目的無非以為其土地之代價耳。制度頒布之後，牢不可破，皇子王孫，皆應有田地；其後生殖繁衍，采邑增加，遂使皇室之土地日減，歲入之租稅益少。且在今日，可耕之地，不過三分之一，當時荒蕪之地尤多，租稅減少，其能足用耶？至免佛寺賦稅，其弊尤甚；蓋佛寺所據者，多膏腴之地，每至千畝；當國用不足之時，人民納稅之擔負益重，其狡黠者乃賄寺僧而附屬於寺。其結果則使僧徒富厚而國家貧弱，分崩之勢，在所不免。

二、貴族政治之形勢益牢固

日本貴族、平民之界限極嚴，改革時所謂任命大臣者，特美其名耳。孝德之左右內大臣三職，皆以貴族、功臣充之；其外省官吏，若國司、邑長，被任命者，皆其地世襲之諸侯也。此固由於當時人才，首推富有政治經驗之貴族官吏，且藉此以安其心；但自此以後，貴族政治之形勢益牢固。就人口而言，貴族官吏僅當全體人民千分之五，多數人民處於「治於人者」之地位，毫無服官之希望，其中豈遂一無知能之士耶？天智時，始創太學於京師，其規模仿自唐制；但生徒不足四百人，且皆貴族大臣之子弟。其學程定為九年，學生之因考試失敗而留級者尤夥；一年卒業之人數，僅十餘人，又未必皆為要官也。至於地方置學宮者，

為數甚少；其能入學者，又皆地方貴族官吏之子孫。此等生於安樂之子弟，不受環境刺激，不與他人競爭，惛然終日，疇克勤學；他日任以國事，其能進行改革耶？信哉孔氏之言：「其人亡，則其政息。」

三、政權旁落而帝位不能變置

日本之改革，非出於貴族官吏與夫人民之需求，乃出於一二明哲英主之毅力獨行，故非中材之君繼之，不足以破世俗之論以竟厥功。乃自聖德太子薨後，災亂頻仍；孝德天智又中道崩殂；其間且多庸弱無能之女主臨朝，苟安一時，其終歸失敗自可無疑。至於中國，無道之君，人民可取而代之，先哲常謂「君無道則失其所以為君」；孟子又謂「聞誅一夫紂矣，未聞弒君也」。若日本學者，刺取中國忠君之說，附會其所謂天照女神子孫萬世一統之神話，其說已深入人心，故政權可以旁落，而帝位不能變置，卒至外強內乾，名實不符，尚何能進行改革乎？

四、文臣武人任事之不當

日本官吏之在京者，所食采邑較多（見前表）；其在外者，則雖以國司之尊，不過二十畝耳。於是文學智慧之士，多聚於朝廷；其官遠方者，人民視之，不啻放逐，如中國之所謂「貶謫」。然以好名之士皆願居於京都，朝廷無所用之，乃高談佛理，空說經典，或歌詠山水以自娛樂，毫無補裨於民生。其富於財者，則且建高屋，聚圖畫，鬥新誇富，窮奢極欲，為人民之蠹。反之，官於遠方者，多係無識之武人，朝廷命令，非旦夕能至其地，乃得便宜從事，其勢甚張；卒至尾大不掉，朝廷徒有管轄之名，而隱以養成幕府藩鎮之患。

五、養兵多而中央政權崩解

日本人民習於戰鬥，部落之風蓋猶未盡除。大化以來，乃重文輕武；好勇鬥狠之武士，其能受治於孱弱無能之文人乎？然政府猶授以柄，模仿徵兵制度，令人民歲出弓矢車馬，規定有馬者騎，無馬者卒；以時檢閱，闕者有罪。其後且定男子年二十一至六十為正丁，服役於軍中三年，軍數始占全國男子四分之一，後乃增至三分之一。養如許之軍隊，勢若散沙，卒為武人所利用，中央之集權政策，因以土崩瓦解，夫豈無故？

六、交通不便無從集權

日本高山層疊，不便行旅；川流急湍，不通舟楫；加以產馬鮮少，無郵驛之便；蘇我亂後，橋梁又多毀圮。於此交通困難時期，人民所納之粟、布、絲等，何由運至奈良京都？抑交通不靈，則雖欲中央集權，要無以監督地方官吏也。

七、強採唐律之不適用

至於法律，多採於唐，不問其於民間之風俗，歷史上之習慣有無關係，且有與之相反者。歷年未久，而修改已數次，其不便於人民又何如耶？又法律經屢改之後，施行時失其莊嚴，人民因有玩視之心；其終也乃成為陳文廢紙。

上述失敗原因；其成功者，已散見於前，茲再舉其大者，以作結論。

第三篇　佛教輸入後（西元五五二至八五七年）

第四篇
藤原氏與平源二氏之盛衰
（西元八五七至一一九二年）

藤原氏之勢漸盛

　　先是中臣鐮足以佐中大兄誅蘇我氏父子有功，孝德即位，遂進為內臣，贊助改革，並賜紫冠，增益采地。及天智嗣位，建制度，立法律，又多出鐮足之謀，寵眷日隆。鐮足病時，天皇躬幸其第，進其官階，賜姓藤原；俄而卒，賜賻尤厚。鐮足博學多能，於重文輕武之改革時代，身為文官，威權隆重；已卒，遂由其子不比繼之。不比精通經典，甚得信任。嘗奉命纂撰律令——所謂《大寶律令》也；後又奉敕修改之。四十二代文武天皇且納其女為妃，外姓得為外戚自此始；歿後，贈太政大臣。不比有子四人，以房前一支為最盛，世稱北家。傳至冬嗣，其女為妃，生皇子道康；天皇愛之，詔廢太子，立之為嗣，是即五十五代文德天皇。而冬嗣之子良房，繼父執政，遂以西元八五七年，遷太政大臣。太政大臣者，當時之最高官吏，唯皇族親王得膺任命；其以外姓受此職蓋自此始。文德納良房女為妃，生一子。時文德已有三子，其長子精於詩歌，博學多識，文德愛之，欲立為太子；但非藤原氏之女所出，憚於良房，終不敢立。

第四篇　藤原氏與平源二氏之盛衰（西元八五七至一一九二年）

藤原氏世為外戚

　　文德薨後，藤原氏女所出之皇子嗣位，是為清和天皇；時年八歲，無知無能，政權概歸良房。及天皇稍長，詔敕良房總攝萬機，而良房已久握其權矣。

　　自此以往，迄西元一〇六九年，前後二百餘載，日本政府之執大權者，非天照女神之子孫，乃外戚藤原氏。當時天皇之能在位者，皆藤原氏女所生之皇子，其數十有五，而讓位者占其八。其故或為權臣所誘迫；或以不能有為，憤而為僧。於是，天皇讓位益成為一種牢不可破之習慣；其得不去者，大抵年少夭亡，或甘若木偶，不為藤原氏所惡耳。至藤原氏之所以能如此操縱者，以當時無立儲定例，太子廢立決於天皇。藤原氏既為外戚，天皇之妃固欲立其子，而太后又黨於母家，於是上迫於母命，下憐其妻妾；外則藤原氏之權，自足以廢立；天皇遂不得不安於舊規，而以其權歸於藤原氏矣。

太政大臣握天皇之實權

　　陽成天皇時，藤原基經攝政，謂天皇年幼，狎及群小，逐其侍者；有復歸者，竟令人殺之。天皇意不能忍，相惡益甚。於是基經謀廢立，會公卿議之；久不能決。藤原氏有起立者，厲聲言於眾曰：「廢立之事，一言而決耳。不從太政大臣議者，即誅之。」眾不復言，議遂定，更立光孝天皇。光孝即位，詔議太政大臣之權；博士善於逢迎者，奏請「百官奏事，必先諮稟太政大臣，然後奏聞」。天皇從之。自是百官奏事，非

基經之意，不能上達；所詔可者，皆基經所奏，所謂天皇，實太政大臣為之耳。光孝疾時，欲立其愛子而不敢言。會基經入奏，請建皇嗣。光孝乃曰：「將公言是從。」基經已知其意，因請立之。光孝欣然召其愛子，至則執其手而泣曰：「大臣恩重，汝毋忘之！」俄而崩。

關白之始

太子即位，是為宇多天皇，因詔群臣曰：「政事萬機，概關白於太政大臣」。「關白」之稱又自基經始──時西元八八八年也。

菅原道真之貶謫

藤原氏專橫已甚，六十代醍醐天皇與上皇深惡之，引用菅原道真以殺藤原氏之勢。道真者，其先世為文官，族望不下藤原；至道真博學能詩，才思超絕；嘗纂國史，進授參議，遷右大臣，與藤原氏共執國政。天皇重之，密召至宮，欲授以關白。道真畏藤原氏，固辭不受；且曰：「無事招臣；嫉臣者眾，敢以死辭。」因賦詩見志；天皇賜衣而罷。藤原氏聞之，相與聚謀，共譖道真將謀廢立。天皇怒甚，詔貶道真。於是上皇知之，親往皇宮，將白其冤，而藤原氏戒門者弗納，菅原一族，終坐流廢。道真之在流所，身不免於飢寒，憤懣憂鬱，悉發而為吟詠，辭意悲苦，可歌可泣；遂不數年而薨。

第四篇　藤原氏與平源二氏之盛衰（西元八五七至一一九二年）

藤原道長之專橫

　　菅原氏既亡，朝廷政權，益集於藤原氏。當時文學之士，復多出其門，撰律令者有之，纂國史者有之，善詩歌者有之，位皆為公卿；當蝦夷亂時，大將亦出其門；重要官吏，咸出一族，故權勢益張。六十二代村上天皇，嘗欲立其愛子；藤原關白謂其母非藤原氏女，賤，不得立，以至天皇舉動，皆被偵視。六十三代冷泉天皇，嘗獨入室內，欲玩玉璽，方將啟函，司機密文書之藤原兼家突入奪之，聲色俱厲；帝驚悸成疾，因迫而讓位。是時兼家之兄兼通為太政大臣，求為關白；圓融天皇許之。其家之富厚過於皇室，宅第僭擬宮闕；人民無敢犯者，因為之語曰：「寧投虎口，勿觸執政口。」兼家又與其兄爭權；會聞其疾甚，揚言於眾曰：「吾將為關白。」遽入朝請。車過其兄之第，兼通以為視己也；久之不至，且聞其說，大怒，奮起入朝，請以其所親信之賴忠代己。復奏兼家謀叛，顧謂公卿曰：「誰代之為大將者？」時兼家方為大將也。無何，病斃。兼家冀握政權，西元九八六年，誑誘花山天皇為僧，而立其女所生之子懷仁親王，是為一條天皇，時年七歲，遽授兼家為關白。至其子道長，專戾益甚。三條天皇嘗欲冊其愛姬為后，憚道長不敢廢；道長窺其意，陰欲戲帝，陽諾之。及期，朝臣懼違道長意，無敢至者；天皇大恚，唯含忍而已。道長知其惡己也，意不自安；會天皇有目疾，數諷之去位，遂於西元一○一六年剃髮為僧。道長立九歲之皇子，是為六十八代後一條天皇。天皇尋立其叔為嗣，時年十四，非道長之所願也，東宮臣僚，因無敢供職者；太子終託疾去位。當是之時，道長歷仕三朝，為關白三十餘載，女為三代皇后，身為三帝外祖，極人生之至樂，嘗作歌曰：「斯世吾之世兮，若月圓而無缺。」藤原氏之專橫，至此極矣。

藤原時代風紀之壞

自藤原氏專政，文官之聲譽益高，群聚京都，交遊顯貴，高談玄理，競鬥財富，其居室、衣服爭眩都麗，而宴會節文又極繁瑣。後仿宋考試制度，學者藉以進身，文人益輕實學。以至當時篇什概趨駢儷，其中多詠山川之奇、花草之榮、風雲之變，以及才子佳人離合悲歡；且有鬥雞走狗，借文字為戲謔者；亦有專心管絃絲竹以為娛樂者。流風所煽，成為習俗，莫可究詰。至王公貴族，增置莊園，不納賦稅，其地之大，每過於郡邑。朝廷收入，因之減少，國用不足，至於鬻官。四年之郡守，延至六年；六年者至於終身；終身者得以世襲。其事雖可以救一時之窮，然行之日久，則土地變為私產，號令不行於境內，而政府之收入益少。其猶直隸於朝廷管轄者，以賦稅增重，人民力不能堪，乃賄長官，求為皇室侍衛。蓋當時侍衛例免賦稅，因之富民子弟，爭集京師矣。但彼等生於安樂，素鄙執戈從戎；雖掛名行伍，唯以賭博、飲酒自娛，聞金鼓而心驚，何能一戰？

源氏平定海盜

馴至盜賊橫行，焚大臣之第，掠府庫之金，出入禁內，露刃殿上；天皇嚴敕衛兵巡緝，不能即平，焚掠依然，殺人如故。又此期內，沿海諸郡，盜勢初亦甚張，攻破城池，蹂躪人民，以至屢降詔書嚴備不虞。西元九三九年，海盜來降，分給田食以安之。其在南海者，命將出征火其舟，餘盜潰逃；復使源氏追討，海盜始漸平定。——源氏者，武人世將重兵者也。

第四篇　藤原氏與平源二氏之盛衰（西元八五七至一一九二年）

僧徒一變為兵

　　佛教自與神道融合，信徒驟增，名僧輩出，宗派歧分；因其據膏腴之地，擁富厚之資，非兵不足以防衛，乃開蓄兵練武之漸，向之所謂僧者，一變為兵，武力過盛，終至擾亂。西元九六八年，寺僧有爭田者興動干戈；朝廷遣使和之，抗不奉詔，天皇無如之何。後僧為官所誤傷，遂聚眾數百，奉神輿神主，洶湧入京，要挾朝廷，罰之乃已。惡風一啟，後凡遇事有不如意者，往往相率效尤。西元一○三九年，延曆寺僧，聞朝命以僧某為其座主，率不服者三千餘人，詣關白第請願，守門不去。關白窘急，乃招軍驅逐，戮其首領。無何，僧徒遂縱火，焚賢陽院以為報復。西元一○七二年，天皇出遊，詔諭源氏扈從以防備僧徒。嘗曰：「天下事令人不如意者。山法師……耳。」──山法師者，延曆寺僧也。

武人擁有地盤之始

　　國家當政治窳敗、禍亂交迫之際，非武力不能禦亂，皇室與藤原氏，亦頗招能戰之武人為侍，而武人之勢漸盛，其始即有平將門之亂。將門原給事於藤原氏，自以有功，求檢非違使，不得，怒，據八州以叛。自稱新皇，建首都置百官；又招集海盜，引為援助，勢大振。朝廷畏之，嚴閉三關；後乃討平。當亂之方盛也，罷郡守佩刀劍之禁，武人得為郡守；於是向無地盤之武人，漸有根據地矣，其時西元九四○年頃也。

藤原氏之衰落

　　初，蝦夷土人作亂，連年征討不息，平、源二氏，各掌重兵以備之。源氏為五十六代清和天皇之後，居於關東。平氏為五十代桓武天皇之後，居於關西。關西地近京都，戰爭較少，其族習知禮節，為朝臣所親。關東逼近蝦夷，戰爭常烈，士固強悍。及西元一〇五二年，陸奧酋長叛亂，朝廷命源賴義討之。時敵方盛，賴義率孤軍在外，歲遭荒歉，援軍不至，戰士不免於飢寒；然卒冒矢石，涉風雪，出入於生死之間，歷九年而亂平，是為前九年之役。由是大權漸移於武人，而藤原氏之勢乃衰。西元一〇六九年，非藤原氏所出之尊仁皇子，遂得嗣位，是為後三條天皇。方天皇之為太子也，求其從來相傳應得之劍，關白弗與，因深惡之。及即位，進用親臣源師房等以奪藤原氏之權，藤原氏世襲之關白太政大臣等，其名雖存，但備員而已。天皇又詔禁新置莊園及郡守連任。會關白為郡守某奏請，天皇不許。藤原氏公卿相率罷歸，天皇止之不得，始許其請。然今昔相形，斯足見藤原氏之衰矣。

院政之始

　　天皇在位五年，禪位太子，退居院中以聽理政事，是為「院政」之始。

關東武士皆附源氏

　　源氏坐鎮關東，及西元一〇八八年而出羽酋長又作亂。賴義之子義家，出兵討之，反為所敗；會其弟來自京師，戮力助戰，歷三年之

久而亂始平，是為後三年之役。方亂之始作也，朝廷置若罔聞；迨其平定，義家奏請賞賚有功之戰士，而朝議謂其私戰，力拒其請。義家乃傾家資以犒將士，將士感恩，咸樂為之戰。於是關東武士，皆附於源氏。

君臣父子相殺之局，源氏平氏入京

後三條天皇設立院政之後，嗣君遂視為成例，在位不久，即讓位於愛子，而己實握政權。但當時天皇，猶是藤原氏執政時孤立無權之天皇耳。至七十四代鳥羽天皇已讓位於子崇德天皇，而己則雖剃髮，猶在院聽政。忽父子不洽，乃強天皇去位，更立己子近衛天皇。近衛崩，崇德上皇欲立其子，鳥羽法皇不從，又立己子後白河天皇。明年，法皇崩，崇德赴殮，及門，門者稱遺詔以拒之。於是上皇大恚，還宮，敕武臣源為義、平忠正入援；而後白河天皇亦託法皇遺旨，招平清盛、源義朝為助以相抗。──清盛，忠正姪；義朝，為義子也。為義進策於崇德及朝臣曰：「兵少城卑，無險據守，請即南狩！戰苟不利，可奔關東。」不從。其子為朝又請早攻大內，夜取天皇，奉上皇代之；又不從。既戰，義朝因風縱火，眾不能禦，遂奔。上皇出逃，剃髮為僧；清盛以素惡其叔忠正，遂借亂殺之，而義朝亦殺其父為義。斯役也，上自皇室，下及武人，各置黨羽，爭權奪利，不惜骨肉相殘，父子相殺，亦云甚矣！時保元元年，西元一一五六年也。

源氏被擯於平氏

　　源義朝之功，在平清盛之上，而天皇及朝臣，鄙其粗暴無禮，論功賞賜，反不及清盛。會義朝求婚於朝臣藤原通憲，通憲鄙之，不許，而為其子娶於清盛，義朝聞之，大怒，隱欲報之。二條天皇即位，藤原氏有謀亂者，引義朝為黨；偵清盛遠出，乃舉兵，幽上皇，遷天皇，使人監之。會其黨分裂，天皇逃逸，平氏迎入其第；上皇則遁入寺內。清盛於途中聞變，懼甚。其長子重盛請奉命進討，從之。時源氏兵在京者少；然平氏卒至，將士素聞源氏能戰，見其旌旗，有色動者；重盛勉勵之，軍心稍安。及戰，平氏初敗；會源氏矢盡，人馬皆傷，卒敗走。義朝將之關東，途為其下所殺；關東戰士來歸者，遂皆散去。義朝之子義平，勇士也，變服入京，謀復父仇；終被擒斬。獨義朝之第三子賴朝，為平氏所虜，其將謂之曰：「若欲活乎？」曰：「然，父兄皆亡，非吾誰祀先祖者？」異之，以告清盛繼母；繼母固請宥之，乃流賴朝於伊豆。──伊豆僻居遠方，其郡守素忠於平氏者也。又義朝有妾曰常磐，美豔絕倫，攜幼子三人，遠逃南方，隱山林中。清盛求之不獲，乃繫其母以招之；常磐素孝，聞之乃出。清盛即納為妾；三子因得不死，置於僧寺。

平氏之貴盛

　　源氏既衰，清盛獨攬政權。西元一一六六年，六條天皇嗣位，進為太政大臣；增賜采邑，其面積半國內可耕之地。歲入驟多，養兵益眾，勢力日強。尋勸六條天皇讓位於高倉天皇；又效藤原氏故事，進女於宮中。其子嘗出獵，途遇攝政大臣，徑前突其衛；大臣之從者因曳之下馬。

清盛怒甚，覘攝政出，使武士毀其車，並傷其從者。後其女之在宮中者有妊，清盛冀其生男，為親禱於神；既而所生果男也，清盛喜甚。當時平氏一族，為公卿者，十六人，得升殿者，三十餘人，其他京官郡守，六十餘人；而長子重盛為左將軍，次子宗盛為右將軍。先是自平氏代藤原氏專政，藤原氏一族，深惡清盛，屢謀恢復，皆謀洩事敗。而後白河上皇尚在院聽政，嘗與其謀會延曆寺僧以與興福寺有隙，遂興兵戎，火其堂宇。京師流言，有謂上皇詔僧徒討平氏者；清盛信之，聚兵自衛。上皇親臨其第，將慰諭之，拒而不見。由是朝廷賞罰，一以清盛之喜怒為之。上皇積不能平，乃削髮為僧，號稱法皇。至是藤原氏有求為大將者，不得，與法皇謀誅平氏，事洩。清盛遣兵收謀己者，將遂幽法皇；其長子極諫，乃止。於是法皇、平氏，益相猜忌。俄而重盛病歿，法皇謀收其兵；清盛遂率兵至京，幽法皇於殿中，而貶戮其親臣。西元一一八一年，清盛之女所生之安德天皇嗣位，年方三歲。清盛身為外戚，一時橫戾尤甚。

源賴政之舉兵

然清盛專橫，謀之者益亟。高倉天皇讓位之年，賴政奉以仁王起兵，檄令關東戰士征討平氏。賴政者，固源氏之族，降於平氏者也，時年七十餘；素惡清盛貪戾，陰謀除之。因剃髮為僧，借交僧徒以為援助。以仁王為高倉天皇之庶兄，忌嫉平氏，故與合謀以舉兵。清盛知之，遣兵圍攻王第，而王已逃。賴政招延曆興福二寺入援；清盛則以重利啗延曆寺僧，使背盟約，沮賴政之謀。於是賴政奉王出奔；平氏之兵追及之，王與賴政皆敗死。時興福寺已聚僧兵三萬人，將助賴政；因聞其敗而止。

自此亂後，清盛益慮法皇朝臣之謀己，又懼京師逼近寺院，僧徒將屢蠢動以擾及政治，決避去之，遂遷都於福原。福原，平氏之別業，重兵所在地也，上可以監視法皇朝臣，下可以防禦僧兵叛徒。時宮殿未成，清盛囚法皇於三間之板屋，而奪其侍從，物議沸騰。

源賴朝之崛起

會大風雨，水入舊都，五穀不登，民無衣食，室家離散。復疾疫流行，死亡相繼，舊都一地，兩月之間，達四萬餘人。被此難者，莫不痛心疾首於平氏，以為無故遷都，致招神譴。而平氏自身敗亡之徵，亦已顯著。智勇兼備之重盛，先以憂死，子弟之驕奢者，唯知衣錦食肉；聰明者，日事浮誇之文字，趨於柔弱，不能將兵。於是諸源應檄興起：賴朝起兵於伊豆；義仲起兵於信濃；行家起兵於尾張；其他據地以應者，不知凡幾。賴朝者，義朝第三子也，美豐姿，多才能；既流於伊豆，其守北條時政之長女政子愛之，因私焉；後卒妻之。至是與時政起兵，其弟義經亦來歸。義經，常磐幼子，居於僧寺。及年十一，偶見家譜，自知其先世，因發憤讀書，夜則學劍。為人短小精悍，固不屑為僧，乃往依素惡平氏之藤原秀衡。義仲，賴朝從弟，精於用兵。行家，賴朝叔也，勇於戰鬥。

賴朝定關東

賴朝舉兵，先為平氏所敗，走免；但關東源氏舊部之來歸者眾，關東遂定。

第四篇　藤原氏與平源二氏之盛衰（西元八五七至一一九二年）

賴朝殺弟義仲

清盛遣重兵進擊，軍次川邊；夜聞水禽振翼之聲，疑為敵至，不戰而潰。人心離叛，清盛因奉天皇及法皇還舊都；法皇得再聽政。清盛旋以憂忿病卒。既而義仲數敗平氏大軍；賴朝妒之，用敵黨反間，率兵十萬來擊。然義仲避之，並遣子為質。會平氏又遣兵十萬擊義仲，拔燧城，分兵前進；義仲大破之，平氏軍隊之死亡者過半。於是義仲乘勝進擊，法皇密幸其軍；平氏大恐，奉安德天皇南走西海。義仲遂據京師；其兵皆百戰之士，素強悍不知禮，間有劫掠者。法皇惡之，詔令進攻平氏；以糧乏未發，法皇陰詔賴朝除之。時平氏已至西海——西海，平氏舊有恩於其地者也，九州等處之來附者日多，數破義仲軍，勢大振。義仲之大軍在外；而賴朝已遣其弟範賴義經統兵六萬，聲稱護貢以入京，實以襲義仲。義仲軍少，倉卒應戰，遂敗歿。

平氏敗亡

此役也，義經之戰績為最，賴朝忌之，抑而不報；俄聞朝廷賞之，惡之益甚。尋義經奉法皇諭旨，西征平氏，數敗其軍。然以平氏有戰艦甚多，嚴守海岸，軍不能渡。會大風卒至，波浪洶湧，義經策其無備，夜率艦五、騎百五十人，乘風南渡，舟行如駛，黎明登岸，四出縱火；平氏倉惶不知其眾寡，將士驚逃，乃以小舟載美姬、幼童、重器而遁。義經追擊，平氏以過載，舟不便於行駛進退，婦孺驚懼，壯士為之膽寒。其能戰者，率戰死；清盛之未亡人乃挾安德天皇並璽劍投入海中，平氏遂亡。時西元一一八五年也。

賴朝殺叔行家弟義經

　　平氏滅亡以後，義經東歸鐮倉。──鐮倉，賴朝駐兵地也。賴朝謂義經不受己命，拒之不見。義經上書陳情，辭意誠苦，賴朝竟不省，故薄其賞。義經宦京師，因與行家相善。──行家，義經叔也，初為平氏所敗，求援於賴朝，賴朝弗應；後歸義仲，益見惡於賴朝；及義仲敗，留京師。賴朝嫉其相結合，隱使人夜入義經第，刺之；不果，刺者被捕獲。義經訴於法皇；法皇許下詔討之。而賴朝已發兵西上，會義經、行家先逃，因遣北條時政護衛京師，且奏請曰：「義經、行家出逃，難輒搜獲。若發兵捕之，則所費不貲。請得於諸郡設置守護以捕盜賊，莊園則置地頭以為督促，天下可不勞而定。」朝廷許之。行家雖號能戰，然屢敗北，無敢助之者，遂被捕殺。義經之妾靜之，被捕送鐮倉，賴朝以其有妊留之。其夫人政子聞靜之善歌舞，固欲一見，強至再三。靜之乃整衣舞，且歌離曲，道慕義經之意，悲哀悽楚；眾皆垂淚。已而生男，賴朝沉之於川。義經逃之陸奧，其守藤原秀衡匿之。會秀衡病死，其子奉朝命襲擊義經，義經自殺。賴朝固欲滅之，因謂其「久庇罪人」；不待朝命，分兵進討，數戰，平之。於是賴朝之勢益盛，幕府之形乃具。

第四篇　藤原氏與平源二氏之盛衰（西元八五七至一一九二年）

第五篇
武人時代
（西元一一九二至一六〇六年）

（一）鐮倉幕府
（西元一一九二至一三三三年）

鐮倉幕府之起源

　　初，賴朝起兵，討伐平氏，遂據鐮倉。——鐮倉，源氏之關東舊屬地也。賴朝於此，招集將士，分遣士卒，因軍事之故，鐮倉漸成為重鎮。既又以軍事繁雜，一人不能總其事，乃分侍所、政務所、訟判所之三所。侍所固以管理將士，檢定從違者；政務所，則綜理軍政，施行法令；訟判所，則聽斷訟罰，懲節罪人：其所長皆以其親信者為之。賴朝一人，兼握行政、立法、司法三種大權，幕府自身之雛形已略具。及西元一一八五年，義經逃亡，賴朝使其舅北條時政，鎮守京城以控制朝臣，因請置「守護」、「地頭」——凡地一段[05]出米五升，以為軍餉。法皇許可，賴朝遂悉以家臣分任，而自為總追捕使以管轄之。其明年，賴

---

[05]　三百步為一段。

第五篇　武人時代（西元一一九二至一六〇六年）

朝又請設「議奏」，一切朝政，皆經其協議奏請行之，任以心腹十人。由是凡賴朝奏請之事，託議決之名以上奏，無不許可者；其後則雖朝廷施行之事，亦必經其議決，朝廷一舉一動，無不在其掌握之中，國內之政權盡歸於鎌倉。既而賴朝入覲，大宴群臣，窮極珍奇，朝廷授以權大納言，兼近衛大將，禮遇尤厚。然未幾即辭去，復歸鎌倉。

征夷大將軍

西元一一九二年，爭攬政權之法皇崩；賴朝益橫，後鳥羽天皇遂授賴朝以征夷大將軍。征夷大將軍者，總督諸國之守護地頭，治理軍政，號令將士者也。由是名實相符，大將軍之職，自親王外，唯源氏任之，遂為幕府之始。

鎌倉幕府之成因

賴朝創幕府於鎌倉，前已略舉其原因，茲更分述之如下：（一）平氏之滅亡，多由清盛與法皇及朝臣爭名，卒至互相傾軋，源氏遂乘之崛起。賴朝鑒於往事，故敬朝廷而遠之。法皇天皇，擁聽政任命之名，而己則手握實權以監理朝政。其辭權大納言等職而不居者，恐因虛名招人嫉妒，蹈平氏覆轍耳。（二）當時朝臣工為吟風弄月之文，貪於聲色貨利之欲。清盛一族，爭為公卿，漸染惡風，遂使子弟孱弱，不能將兵，終至敗亡。源氏之軍隊，來自關東，尚質樸，重然諾，輕生命，好服從，一旦來至濁惡刁詐之京城，難免為習尚所移，不復為源氏子孫用，故決去之。（三）賴朝以武力削除平氏，法皇得再聽政，後鳥羽天皇因而嗣位，武人得勢，氣焰方張，必非毫無建樹之朝廷所能驅使。幕府之創設實為時代之產兒，不得不然也。

(一) 鎌倉幕府（西元一一九二至一三三三年）

才勇之士多歸幕府

　　至幕府云者，由將軍招致賢能，專治軍政，賞罰將士；其將士因功受邑，治理其地，唯不得與朝廷通。至於朝廷治理庶政，任免文官，天皇仍擁至尊無上之虛名；而幕府大事，嘗以上聞，將軍固猶是人臣也。賴朝知人善用：其侍所，以和田義盛為長，政務所，以大江廣元為長，訟判所，以三善康信為長；守護皆忠勇之將士；地頭又多工會計者。凡此幕吏，於平氏專政時代，多居下位；一旦賴朝擢而用之，士類因益激昂，爭先來歸。其朝臣之屬，率庸弱無能，不能有為，政權愈益歸於幕府。賴朝復深沉有度，處事精刻；常以節儉率下，將士畏服；又能留心政治，革除弊政，故國內稱治，庶民悅服，無有惡其專者。

賴朝多猜忌而獨信北條氏

　　然賴朝性極猜忌，殺從弟義仲，並戮其子；叔父行家出亡，則執而斬之；又殺弟義經，而沉其嬰兒。後弟範賴，因賴朝出獵，訛言被刺，嘗以語慰其妻政子，又被幽而見殺。於是骨肉親故之中，凡智勇兼備之將，無一存者。方自謂鳥盡弓藏，永絕爭奪，為子孫萬世之利；乃不數年忽然長逝，而政權遂歸於北條時政。

源氏亡

　　其始賴朝病歿，長子賴家繼之，年十八。其母政子，時政女也，富於智略，因黨母家，專恣放縱，與聞政事。且以子年幼，不令聽政，委政務於十三人之會議；而時政為之長，權勢日隆。賴家又學於文士，善詩歌，美姿容，尤工媚術，通於將士之女，人心離散。政子驟戒不從，日形瘠弱。西元一二〇二年，賴家病篤，時政謀分將軍之職權以授其子

055

及弟。賴家之舅知之,與謀討時政。政子亦以告其父。於是時政攻賴家之子及其舅,皆死,且幽囚將軍而立其弟實朝。既而殺賴家,又謀廢實朝,事洩被放。其子義時代之,專橫益甚;隱嗾賴家之子刺殺實朝,又殺賴家之子,源氏之統遂亡。

北條氏之得勢

源氏已絕,政子與義時謀,迎藤原賴經為鎌倉之主。賴經,源氏之姻親也,年甫二歲;由義時輔政,將軍但備位而已。先是後鳥羽上皇以賴朝專橫,久有翦滅鎌倉之志,隱聚工匠。鍛鍊刀劍,以待時機。會源氏亡,上皇思復政權,而北條氏不省,以陪臣執國政,數忤朝旨。上皇大怒,詔關東將士討之。事聞於鎌倉;義時會諸將,政子泣涕問曰:「故大將軍有恩德於關東,固知有今日;今事急,若將赴京師,佑上皇,而滅關東乎?抑戮力同心,念故將軍之恩,共保食邑乎?」眾皆應曰:「願誓死以報將軍。」於是義時遣兵十九萬人西上,徑犯京師。此役也,父行者子留,子行者父留,關東之將士,人人殊死戰。官軍不及二萬,多新募烏合之眾,未嘗臨陣;雖據守要害,以逸待勞,終不敵百戰之精卒。東軍鼓行而西,遂長驅入京。誅與謀諸將,遷三上皇(後鳥羽、土御門、順德)於遠島,仲恭天皇在位僅數月,以其為順德之子,亦被迫讓位,而立後堀河天皇,時年方十歲也,義時之子泰時、弟時房鎮守京師,抑制朝廷,統治畿內,巡撫西南,北條氏之勢益盛,朝權愈衰。

《貞永式目》

既而泰時繼父義時執政。泰時性恭讓,能節儉,留心民政,人民悅服;嘗制定法綱,防割據之漸,規定武人權利,共五十一條,是為《貞

(一) 鐮倉幕府（西元一一九二至一三三三年）

永式目》。其條文毫無序次，且未完備，但詳載武人食邑，夫死之後，得分給妻妾；邑主聽訟，以迅速為宜，公平為歸；嚴禁將士與朝臣往來而已。又此式目，實根據鐮倉幕府以來之制度，不過此時始以明文公布，著為定律耳。其後雖以江戶幕府之盛，猶兢兢奉為圭臬。至當時朝廷法律，亦甚嚴密；甚至貨物貴賤，概皆規定；郡守尤諄諄然以留心聽訟為箴。泰時歿後，嗣者皆聰明有為，克勤克儉，尤以時賴為著。時賴專心民政，嘗削髮為僧，遊歷諸邦，考察政事，問民疾苦，是以奸吏絕跡，政治清明。

北條氏利用幼年將軍

此時賴經擁將軍之虛名，尋讓位於年甫六歲之幼子賴嗣。會賴經預聞襲取時賴之謀，事洩，送之京師；有謀起兵迎復者，亦族誅。將軍賴嗣，憤父為北條氏所逐，陰誘將士圖恢復。有告之者，時賴悉知其情，乃廢賴嗣，奏請以宗尊親王為帥；朝議許之。皇族之為將軍自此始。然未十年，北條氏又逐走將軍，而立其子，年甫三歲。自此以後，將軍之年長者，皆為北條氏所廢逐。其猶存將軍之名者，徒以北條氏以陪臣執國政，人心不服，故借將軍以售其欺；但年長居職久，將不願為北條氏利用，因廢逐之。立幼之習，遂為定例。

唐中世以還與日本之關係

自唐內亂以來，中日聘報之使皆絕。唯日本僧徒，有至中國誦習佛法，歸而為高僧者；中國商船，亦有過載茶葉、日用之品至日本者。但日本當時，船工拙甚，其船身狹小，不能涉風濤渡海西來。

第五篇　武人時代（西元一一九二至一六〇六年）

忽必烈欲通日本

及至宋季，蒙古崛起於北方，翦滅金夏，蠶食宋邊。西元一二五九年後，忽必烈即位，五年之中，定都燕京；西元一二六五年，臣服高麗。時高麗君臣，談經論文，自謂禮義之邦，頗鄙夷蒙古；久歷戰爭，國用匱乏，兵敗乃服。其王遣使者趙彝等入朝。趙彝言於忽必烈曰：「日本可通。」世祖素好武功，久欲征服天下，聞之，大喜。乃命使者會高麗向導至日，詔令內屬。使者登舟前進，俄為大風所阻，不至而還者再。遂諭高麗，委以日本之事，期其必得要領。

鎌倉對元之強硬

西元一二六八年，使者與高麗人東渡，先至幕府。將軍送之京城，其國書中有云：「大蒙古國皇帝，奉書於日本國王。……以至用兵，夫孰所好？王其圖之！」會朝廷慶祝皇壽，置之不答；使者守至六月之久，朝議拒絕，遣使出境。蓋日本皇族，自謂至上至尊天照女神之胤，國王向以天皇自尊。蒙古書中，稱以「日本國王」，而自謂「蒙古皇帝」，日本承諾，則天皇與臣服蒙古之高麗國王相等，豈其所願乎？又其時幕府方強盛，將士能戰，自不為兵威所懾；而蒙古起於荒漠，未嫻禮義，日本自不願為之臣屬。西元一二六九年，使者又至，東渡對馬，日人拒而不納；乃執二人而還，送之燕京。世祖待之甚厚，示以宮室之高巍，侍從之眾多，府庫之殷實，以為若此可不戰而臣服日本；因詔還之。踰年，復使趙良弼偕高麗使者至日，致書日皇，書中又云：「其或猶豫，以至用兵，夫誰所樂為也？王其圖之！」朝議答書，草示鎌倉；將軍不可，令逐良弼。

(一) 鎌倉幕府（西元一一九二至一三三三年）

偵探蒙古兵力

明年，日本使者至燕京，中有前此放歸之二人。其來也，將以偵伺蒙古軍隊，而為戰守之備。世祖已知其情，從許衡之言，示以寬大。於是日人深知蒙古能戰之士，皆為騎卒；日本孤立海中，風濤險惡，非大舟不能東渡；而蒙古時無水師，騎兵無所用之；創設海軍，尤非旦夕所能；因有所恃而無恐。

北條氏上下一心以備元

當是時，日本之高僧，數言「皇天震怒，罪此下民，苟無內亂疾疫，則有外來寇患」。先是，十二世紀之末，日本有寺一萬七千，教徒四百七十餘萬，約占全國人口十分之一。及是，佛寺增至七萬二千，信者約三千萬人。預言既出，人心惶恐，僉指所謂患者，應在蒙古，舉國上下，積極備戰。鎌倉將軍，精選壯士；關東武人，日習武藝；朝臣則減削費用；人民則樂輸賦稅。蓋值北條氏盛時，上下一心，故各事易為。既而良弼又至，皆不報答，世祖震怒，詔高麗造軍艦千艘，聚兵四萬，貯積軍糧，以備東征。國王得詔，上表陳情，極言國用匱乏，不能應命，辭極悲苦。世祖不許，遣使者監工，剋期製造。國王不得已，重稅人民；民多流離，疾惡蒙古甚於日人。

蒙古兵多死於破舟

西元一二七三年，世祖遣兵五千駐於高麗，將徵日本。會高麗大饑，軍需不敷，其明年，始大舉出發，共舟九百艘，載蒙古兵二萬五千，韓兵一萬五千；舟子九千，皆高麗人也。舟至對馬，進攻陷之，屠戮壯丁，汙辱婦女，殺及老幼。敗報傳至，人心益懼，將軍乃命全國

備戰，其故違者，殺之無赦。既聞屠戮之慘，將士益憤，各有戰死之心。就軍隊而言，日本戰士，勇猛與蒙古相等；唯無陣法，各手弓矢、長戟、短刀以禦敵。且其時蒙古已有火器；鏖戰竟日，日軍勢敗，將退守要害，而援軍大至，蒙古兵不能登岸。及夜，日人駛駕小舟，往來攻擊。而蒙古兵因高麗水手，謂颶風將至，遂退。此役也，蒙古兵卒，死者一萬餘人。唯非戰敗，乃多死於舟破耳。

北條時宗斬蒙古史臣

蒙古兵退朝鮮，奏謂大捷，因矢盡退還。世祖信之，以為日本必有所懼，將不戰而服；遣杜世忠等，招日本國王往朝；令臣屬中國，如高麗例。鎌倉輔臣北條時宗執而斬之，懸首於市。全國上下，益節費用；練重兵，聚軍糧；且造小舟，輕便靈巧，以備潛攻。

日軍四十萬人死戰

世祖聞使者被殺，復詔高麗造艦千艘，練兵二萬。蒙古兵在半島備東征者，數近五萬。時蒙古亦已滅宋，世祖因命范文虎於南方召募水軍，製造巨艦，其大者駕駛水兵至三百人之多。詔以阿剌罕、范文虎為大將，率兵十萬，征討日本。既而阿剌罕病不能行，以阿塔海代之。西元一二八一年，大軍十萬，自福建東渡，約會高麗艦隊，同時進攻。會途中遇風，南方艦隊後期而至。高麗艦隊，攻擊對馬等地；日軍數戰不利，益徵兵於諸郡。時值五月，天氣炎熱，蒙古兵卒死於舟中者，三千餘人，而援兵不至，遂退高麗。既而南方艦隊，薄近海岸；日軍環岸拒守，凡四十萬人，身冒矢石，前仆後繼，絡繹不絕。

蒙古軍艦受挫於颶風

元軍因不能登岸,百戰百勝之騎兵,遂無所用;加以大艦,過載軍需,行轉不便。入夜則日本島民,輒駕小舟,往來襲擊。蒙古軍苦之,因聚眾艦,鎖以鐵索,然進攻益難。俄而颶風卒至,波濤騰空,檣折舵摧,船身漂盪,率觸礁石,破碎沉沒,大將范文虎等擇堅舟先遁,棄士卒不顧。數日風止,兵卒方伐木作筏,為西歸計;而日人來襲。餘眾氣沮,力不能戰,遂遭屠殺,或俘虜,得生還者三人而已。據生還者言,水兵固不聽節制,有逃亡者。世祖憤甚,議更東征;會用兵於南方,群臣又諫,乃止。

蒙古兵敗之原因

蒙古自成吉思汗起兵,四出征討,威及歐洲。迨至世祖,改國號曰元,併吞中國,可謂極盛時代;竟挫於蕞爾之日本。此雖颶風作祟,抑別有故焉,當略述之:

一、蒙古兵以一敵四

蒙古之能戰者多為騎兵。騎兵戰於廣漠之場,可以縱橫馳騁;今困於舟中,失其憑依,自無由逞其威武,故雖十萬之眾,除騎兵外,戰鬥力甚薄弱。而日軍應戰者有四十萬之眾。就人數而言,以一敵四,豈能必勝?況以客軍孤立海中,主客之勢;既不相如,攻守之利,自相懸絕。

二、元水手總管等不聽節制

蒙古之滅宋也,宋人力戰,死者甚眾。今其水手乃江南遺民,未忘國恥,豈將為敵盡力?如《元史》所載:「水手總管等,不聽節制,輒逃

去。」良非虛言。方當出兵之時，世祖召大將語曰：「又有一事，朕實憂之，恐卿輩不和耳。」既知不和，而又遣之，宜其敗也。

三、殘酷之反動

蒙古軍隊，極其殘酷，所在焚劫，辱人妻女，西元一二七四年之戰，日人已深銜之矣。今戰爭不力，則國破家亡，如此慘禍，深印入將士之心，故無不力戰者。又值佛教正盛，舉國信仰，自上皇以及朝臣，爭羅僧徒，日夜祈禱。思想簡單之武人，固謂佛助之矣，因有所恃而不恐。

四、高麗之未誠服

高麗為蒙古所威脅，國內空乏，人心未服。世祖詔令造艦，聚兵集糧，又值歲歉，賦稅奇重，人民散離，其從徵士卒，願力戰乎？就地勢而言，高麗日本，僅一水之隔，自昔親善；一旦伐之，因而戰勝，且貽後日之憂。故高麗遣軍助戰，攻破對馬，屢敗日軍，終託故而返。

戰勝蒙古後北條氏之勢漸衰

方元兵之來侵也，龜山上皇禱於神宮，祈以身代國難。自朝廷以及民間，無不拜佛，借求援助；各地寺僧，誦經念佛，鐘鼓之聲，徹夜不絕。迨大風破沉元艦，僧徒謂由祈禱之虔，收為己功；朝廷因賜以土地，日益富盛；鎌倉將軍，且建築大寺以答神貺，以至鑄造鐘像，金銅缺乏。至於將士，效死殺敵，反無賞賜及增加采地。蓋戰敗元兵，非若源氏之滅平氏，可以奪其土地，分賜將士也。但自元使來後，迄於戰事之起，戰士日習武藝，所費不貲。戰勝之後，將軍懼元人報復，令兵嚴防不

(一) 鎌倉幕府（西元一一九二至一三三三年）

懈，所耗尤多。其為守護及地頭者，益借權勢，管治其地，民眾怨憤，北條氏之勢漸衰。

兩統迭立之始

又其輔政者，年少無知，政權因歸於師傅家臣。當是時也，日本政治之組織，亦云復矣。將軍奪天皇之權，北條氏奪將軍之權，北條氏之家臣，又奪其主之權，內部日形分散，又與朝廷爭權；天皇朝臣遂共謀之。先是，八十八代後嵯峨天皇，相繼立其二子後深草天皇、龜山天皇；因偏愛龜山，詔定永以其後為嗣。及龜山天皇讓位其子，後深草上皇不服，訴於北條時宗。時宗利皇族分離，因立其子為儲貳。時宗殁後，龜山一支，有以背上皇遺詔切責關東者。北條氏乃調停其間，定兩統迭立之議，以十年為互讓期；兩統嫉惡益甚，朝權日微。

北條高時失政

北條氏又分藤原氏為五家，令迭為關白以分其勢；任罷之權已操於鎌倉，欲為攝政者，無不逢迎其意。但久於位者，非鎌倉之利，在位遂不能久。於是藤原氏以雖為關白，不能有為，惡鎌倉日甚。會北條高時輔政，耽於酒色，畜犬噬人，賄賂公行，聽訟不公，將士遂紛紛據邑以叛。

後醍醐天皇討北條氏

西元一三一八年，九十六代後醍醐天皇即位，時年三十有一，慨皇室之衰微，隱謀恢復。會高時失政，天皇陰遣親臣二人，遊歷諸郡，審察形勢，密誘將士。既而事洩，高時議廢帝；天皇賜以誓書，乃止。會

063

皇太子死，天皇欲廢兩統迭立之議，而立己子；高時固執不可。天皇憤怒，招僧入宮，咒詛鎌倉；復命皇子護良為延曆寺座主，借交僧徒，隱備戰爭之用。高時聞之，遣兵徑入京城，將廢天皇皇子，除公卿與謀者。天皇得信，乘間逸出，至笠置。俄而城陷，為追兵所執。高時遷天皇，使人守之，立皇太子為帝，人心不服。楠木正成起兵於河內；護良親王亦棄法服，披戎衣，晝伏夜行，匿山谷，踐霜雪，起兵據吉野，傳檄遠近，數高時罪狀。

北條氏亡，鎌倉幕府告終

高時遣兵襲正成，數為所敗；北條氏之無能為，遂昭著於外，四方起兵應護良親王者日眾。於是天皇復乘間逸出，下詔討高時之罪，各地勤王者，所在皆是，兵勢大振。高時之能將足利高氏亦來降，北條氏大懼，奉新主奔鎌倉，官軍遂收復京師；而新田義貞已起兵關東，進討高時，自將精兵二萬，潛攻鎌倉，因風縱火，直入幕府，遂誅北條氏之在鎌倉者。時西元一三三三年也。鎌倉自賴朝開府，至此告終，凡一百四十一年。

（二）戰爭時代
（西元一三三三至一三九二年）

北條氏亡後之亂政

後醍醐天皇，回京之後，先廢關白，置左右大臣，輔弼庶政。北條氏采邑，已收為國有，因賜護良親王等地；又命護良親王為征夷大將軍。遣皇子二人，出鎮關東陸奧；除諸將有大功者為守護。又設斷決所，議

(二) 戰爭時代 (西元一三三三至一三九二年)

諸將軍功。時將士聚於京者數萬人，爭論不已，旬日之間，定二十餘人。天皇謂其失當，詔令覆審；但寬於內侍，雖宮闈嬪妓，亦多有邑。追軍功論定，無地可頒，內敕外議，時有牴牾，往往數人爭奪一邑；武人類多失勢，囂然欲動，思復幕府制度。天皇又漸驕奢，耽於宴遊，興作土木，增收地稅，發行紙幣；賢臣知事不可為，多棄官去。

足利氏為源氏之後

足利高氏者，源氏之後。方義貞之滅北條氏也，高氏亟遣其子收關東軍權；事定後朝廷賞賜，復過義貞，且賜以御名曰尊氏，聲勢日隆。護良親王憂其為變，數謀誅之；尊氏亦忌親王威名，密結天皇寵姬，共媒其短。既而誣之謀反，天皇流親王於鐮倉——鐮倉，足利氏重兵所在地也。會前將軍高時之子有逃亡者，招集餘黨，侵攻鐮倉；足利氏拒戰大敗，患親王出逃，遂先殺之。

足利尊氏自為征夷大將軍

尊氏時在京城，聞鐮倉已陷，請自往討，天皇許之。請為征夷大將軍，管領關東，天皇不許。尊氏遂不待詔，潛下關東，擊走亂兵；復據鐮倉，自為征夷大將軍、關東管領，時西元一三三八年也。尊氏賞賜將士，容納降卒，武人之鬱鬱不得志於朝廷者，爭來歸附。又忌新田義貞，請發兵討之，並收新田氏在關東之領地以分給將士。義貞上書自辯，天皇命義貞東征；義貞戰敗，尊氏進據京師。會勤王之師來自陸奧，逐走尊氏，尊氏逃之九州；尋收聚餘眾，破其地之勤王者，兵勢大振，遂率戰艦七百餘艘來擊。尊氏之弟復率步兵二十萬會之，京畿震動。於是諸將聚謀；天皇以不從楠木正成遷避夾攻之策，至正成戰死。

第五篇　武人時代（西元一一九二至一六〇六年）

南北朝

　　尊氏復入京城，擁立皇子為帝，是為光明天皇。自以無傳國重器，不免偽朝之譏，乃佯請降，迎後醍醐還宮，遂幽之，令獻傳國神器於光明天皇。後醍醐以假者與之，旋乘間逸出，駐於吉野；置百官，建宮室。由是吉野稱為南朝，而京都平安稱為北朝，南北朝爭戰，凡五十七年。

南北統一

　　後醍醐天皇不欲偏安一隅，志圖恢復；又不諳軍略，不知攻守之異勢，屢遣大軍，攻擊平安。尊氏則聚關東重兵於京都，興築城堡，嚴守要害，以逸待勞，出奇制勝。南朝之來攻者，率皆敗走；能戰之將，若新田義貞，若正成之子正行，相繼戰歿；其能延旦夕之命者，以北朝內亂故也。當時北朝將士，以爭權互鬨，不得志者輒降南朝；能得志者復和好如初；兄弟可為仇敵，仇敵可為兄弟，時叛時服，陰謀詭詐，不堪畢書。及尊氏病歿，傳至其孫義滿，任賢用能，黜奸遠佞，除積年頹敗之風，政治為之一新。於時南朝益蹙，接受和議，授傳國神器於北朝，南北復歸統一。時西元一三九二年也。於此南北分離，戰爭雲起之五十餘年中，各地武人，勢力漸張。交戰之時，兵馬所過，村城為墟，農民不得耕種，無所得食，有餓死者。復以交通困難，商業不能發達，強悍之徒，因羨武人，多為戰士。其戰敗者，又流為盜賊，由是中、韓之倭寇漸盛。

南北朝之戰士一變為倭寇

　　倭寇者，日本亡命之徒，初以圖利經商，駕駛小舟，聚於荒島；其後人數漸多，國家復不能約束，遂事劫掠。適中、韓亡命有與之相

結者，因知大陸情形，到處騷擾。且以當時明代元興，江南諸豪，敗於太祖，遂與合謀，往來海上，轉掠中國沿海諸郡；明廷患之。西元一三六九年，太祖猶以日軍為報復元仇者，特遣使往諭。使者至日，見懷良親王。王時將起兵，欲得明援，因厚禮使者，命僧來報，附表獻物，辭殊恭順。既而寇仍不已，太祖復遣使往。

義滿受明室之封

使者抵京，見將軍義滿。義滿利於通商，又遣僧來報，建文帝且封義滿為日本國王。當時明朝以防倭寇之故，於沿海諸郡築城嚴備，頗費經營。會日本南北統一，內亂已平，民得安居樂業，義滿又獎勵通商，數殺海盜，中國之海警暫息。然以用度匱乏，義滿因求錢於明，一時明之永樂通寶錢遂流入於日本。——以上之事並涉及室町時代，連帶敘述於此。

（三）室町幕府（西元一三八八至一五七三年）

足利氏開室町幕府

南北分爭之時，尊氏據守京師，南朝進攻，軍多敗北。平安遂為重兵之地。尊氏因留於此，而遣其子鎮守關東，號曰鎌倉管領。亂定之後，義滿性侈，不欲離繁華之京師，而返於關東樸質之地；其部下將士，又非來自關東一隅；且鑒於北條氏之遠據鎌倉，倉卒不能應天皇朝臣之陰謀，終至滅亡；故開幕府於平安，上可以抑朝權，下足以威將士，是為室町幕府。室町者，足利氏之第名也；政自此出，因以名之。

四職三管領

　　幕府之組織與鎌倉相類，有侍所、政務所、訟判所，令其族四支迭為侍所之長，號曰四職，統御將士。將軍之下，有管領一人，總理政事，使其族三支迭任其職，號曰三管領。關東仍管領之舊制；令上杉氏輔助管領，總理軍事。上杉氏分為二支，互為執事。義滿又遣人鎮守九州，討滅強大不服者，威振西國；將士大恐，恭順聽命，幕府之基礎益固。

室町幕府之腐敗

　　義滿性好奢侈，經營室町，種植花草，紅綠輝映，有「花世界」之稱；又建別業，築高閣，壁柱塗金，結構精美，以至國用不足，欲通商於明，借求重利。故嘗奉表稱臣，乞賜金錢；明因封以日本國王。其子弟在京者，文繡膏粱，染朝臣論文講學之習；蒐羅書畫，爭致珍寶，身漸文弱，不知武事。唯與朝臣互通婚姻，善護其地，公卿德之，相處甚善。然其後嗣放縱淫樂，乃至奪人之妻，而殺其夫；歲值歉收，民食不足，而賦稅仍無度，上下俱病。將軍臣屬，管領有三，侍長有四，交迭執政，互相嫉忌，推辭責任，內政日壞。

地方武人又起

　　其鎌倉管領，先得關東人心，將士有不知室町將軍者；既而執事上杉氏復專權。會管領有謀代將軍之職者，上杉氏諫，因與有隙，卒至用兵，管領事敗而死；關東政權，悉歸手上杉一族，九州守將，因與豪族不和，復互相攻擊，騷亂不已。而南朝遺臣，以其皇胤不得嗣位，違兩統迭立之和約，隱助關東之亂。於是各地將士，勢權日張，漸非將軍所能制；方將軍義政時，幕府益微。

(三)室町幕府(西元一三八八至一五七三年)

應仁之亂

初,將軍義政無子,立弟之為僧者義尋為嗣,命細川勝元輔之。勝元者,掌握重權之管領也。既而義政生子,欲背前約,用其妻謀,託山名宗全(即持豐)輔之。宗全嘗管軍事,素仇勝元;至是得勢,謀逐其黨。勝元不服,徵兵關東,共十六萬人;宗全發西海之兵,共十一萬人;皆絡繹入京。勝元宗全之宅,在幕府東西,兵列宅前;將軍禁其交戰,往來和之,終不能成,東西二軍,鏖戰於京中。東軍人眾,初戰勝利。宗全憤甚,火城內宅第;風助火勢,四出蔓延,屋舍殃及者,凡三萬餘區。會長門之軍三萬來援,復戰大勝。既而宗全、勝元相繼病歿,兩軍猶戰爭不已,後稍散歸,亂事漸平。此役也,歷十有一年,皇室宮殿、公卿邸宅,多罹於火;書籍珍寶,蕩然無存;是為應仁(後土御門年號)之亂。

皇室之窮困

將士歸郡,知幕府之無能為也,皆不納稅,據地自主;軍事和戰,隨心所欲,殘虐人民,無人敢問;又復重稅養兵,兵數驟增,爭奪土地,戰爭繼起;乃收朝廷郡邑,奪公卿采地,以至朝臣俸祿皆絕,貧困日甚,每一朝見,衣冠亦相轉借。故自西元一四六五年至一五八五年之間,無讓位之天皇。蓋武人據地,以兵自恣,對於天皇多敬而遠之,若不關己事者;天皇失其威武尊嚴,天子之位,爭者遂少。前謂諸將分據皇邑,皆不納稅,府庫因之空虛,無力舉行大典。當西元一四六五年,一〇三代後土御門天皇受禪,以典禮不周,引為恨事。及其崩也,費用不足,屍停暗室,歷四十四日之久,始得安葬。其子後柏原嗣位,復不能行即位之禮。越二十年,有僧徒獻金一萬,始克補行。其後朝廷益窮,牆垣破壞,無資修補;磚瓦碎頹,不蔽風雨;殿前鬻茶,天皇身為肆主,謀

什一蠅頭之利；又復時賜宸書，借求人民謝禮，暫充日用。至上至尊之天皇，處於此境，亦可哀也。

明代嘉靖年間之倭寇

　　於此紛擾時期，沿海將士，乃獎勵經商，借獲厚利。商業最發達者，首推山口。富商日多，幕府將軍，嘗借其資，豢養戰士。借款而後，將軍與以權利，聽其自主；商民因得養兵自衛，建築城池，固守險要，借免兵禍，其地遂為全國中之世外桃源，居民日多，學子爭集，其勢大盛。亡命之徒，動於貿易之利，來至中國，冒險經商，間亦流為海盜。當時明廷，無通商之律、規定稅率，無公使辦理交涉，無市舶所長劃一貨價及稽查來船；又不能約束國內奸民，一任濱海牟利之徒，主持其間，貨價不一，漲落無定。其欠日人資者，「索之急，則以危言嚇之，或以好言紿之」。日人重喪其資，無所控訴，漸有仇視報復之行。會濱海官吏，或繩奸民以法，或託故而奪其資；奸民不服，反與日人相結，襲其衣服，飾其旗幟，往來海岸，轉掠諸郡，遂釀成嘉靖年間倭寇之亂。時明承平已久，人不知兵；及聞海警，主其事者，乃招募漁船，以資守望。此等漁兵，遠見倭寇旗幟，爭先逃匿，寇勢益張，登岸劫掠。又明當時陸軍，統率無人，軍器朽窳，不能一戰。倭寇來犯，不過六、七十人，遂得蹂躪江浙，禍及福建、廣東，如入無人之境。幸俞大猷、戚繼光嚴備海防，號令統一，數戰破之，而日本內亂漸平，亡命者少，倭寇乃絕。

戰國時代割據之局

　　幕府衰微，地方日亂，豪強攘奪，強凌弱，大併小，戰爭相繼不絕。苟利所在，雖叛上弒父，亦所不羞，史家亦謂之戰國時代。其割據

(三) 室町幕府（西元一三八八至一五七三年）

者，關東則有北條、上杉、武田、足利諸氏；近畿則有淺井、朝倉、齋藤、織田、德川、今川諸氏；中部則有山名、尼子、大內、毛利諸氏；奧羽則有伊達、葦名、南部、最上諸氏；九州則有菊池、少貳、大友、龍造寺、島津諸氏；四國則有細川、河野、長曾我部諸氏。

織田信長、豐臣秀吉及德川家康

群雄之中，以織田信長為最強。織田氏者，平氏裔也，居於尾張。信長年少嗣位，豁達任俠，不修小節。其傅作書自殺以諫；信長驚惋自咎，親理國政；木下藤吉歸之。藤吉，農家子也；幼而穎悟，長有大志；嘗出仕，甚見親信；左右嫉之，遂歸信長，信長因為改名羽柴秀吉。既而今川氏來擊尾張，信長率兵，潛攻其營敗之。時今川氏據領三河、駿河、遠江之地，威勢著於四鄰，信長破之，兵勢大振。天皇聞其英武，賜以統一天下之密詔。信長逐走齋藤氏而據其地，深結德川家康以為援。先是，德川氏為今川氏所窘，嘗納家康為質；自今川氏敗後，家康執政，勢日強盛。

足利氏亡

會京師有亂，將軍為其下所殺，其弟義昭來奔；信長禮之，奉以入京，討平亂者。於是嚴禁侵掠，人民安堵。朝命以義昭為將軍。信長尋還，應將軍之請，留羽柴秀吉護守京師。復討畿內諸將，滅之，威名日盛。將軍隱忌其功，將欲除之；事洩，信長逐走義昭，足利氏遂亡。時西元一五七三年也。——室町幕府歷二百三十五年而亡。

（四）三雄平亂
（西元一五七三至一六〇六年）

織田信長焚死本能寺

信長意欲統一國內，會關東能戰之群雄，相繼病歿，信長率家康諸將討滅武田諸氏，而併其地。東北一隅，遂不足憂，九州四國，相繼內附。唯毛利氏據有中部，前將軍義昭歸之，勢甚強盛。信長遣秀吉進擊，毛利氏率大軍拒戰。秀吉請濟師，信長徵諸國之兵，將親援之。分兵先發，而自領衛兵百餘，趨京師，宿於本能寺。部將明智光秀謀叛，回兵襲寺；信長之從者，守門力戰，多死傷；信長自知不免，縱火自焚死。初，信長遇將士無禮，嘲謔謾罵，習以為常。嘗手掖光秀，抱其首曰：「好頭顱，可以代鼓。」光秀慚憤。既又許其倖臣，數年後可領滋賀。滋賀，光秀邑也。光秀懼罹禍，遂殺信長。然信長豪邁豁達，長於兵略。又知人善用，擢秀吉於僕役之中，將士爭歸，故所向有功；且於全國鼎沸之日，能尊崇天皇，修復太廟，建設宮殿，還公卿邑地。以此人多稱之。

豐臣秀吉為關白

信長之死耗傳至，秀吉祕之議和，然後班師，徑討光秀；諸將來會，光秀敗死，自舉兵以來，僅十有三日耳。秀吉與將士會議，立信長之孫秀信為嗣，年甫三歲；其不服者，秀吉平之。自此而後，信長遺將，威名無出秀吉上者，國內大權，悉歸秀吉。既而信長之子信雄，與秀吉積不相能，兵事遂起；家康助之，久無勝負，乃和，罷兵。秀吉因遣兵滅

(四) 三雄平亂 (西元一五七三至一六〇六年)

近畿之不服者，權勢日隆，遂請為關白。初，秀吉起於微賤，將士鄙之，始附於平氏之裔，繼稱藤原氏之後，欲為征夷大將軍。藤原氏有為之謀者曰：「按據故事，大將軍非源氏之後不可。公稱藤原氏，宜即為關白。」秀吉問：「何謂關白？」對曰：「位亞天子，統御百官。」秀吉喜甚，故有是請。天皇許之；尋遷太政大臣，賜姓豐臣。秀吉嘗招降九州，不服；遣兵二十萬伐之，水陸並進，攻拔諸城，將士爭降。師還，值已興工十五年之聚樂城告成，秀吉因大會將士，天皇、上皇、皇子、妃嬪，皆來參與；秀吉率文武扈從。扈從者，新禮也。既行享禮；明日，秀吉盛服而出，侍御座之右，使諸將盟曰：「奉戴皇室，遵從關白。違斯盟者，明神殛之！」天皇留蹕五日，奉獻供億之殷，前古無此。時關東北條氏不朝，秀吉討之，將士景從；東北既平，國內大定，遂有征伐朝鮮之議。

豐臣秀吉用兵朝鮮之原因

一、對內原因

自足利氏季世，日本國內，群雄紛擾，與朝鮮之交通中斷。秀吉平定群雄，非能收將士采邑，夷為郡縣以治理之；不過使暫從命令耳。此等好勇鬥狠之武士，逸居無事，易於叛亂；本其求利爭地之心，征討中、韓之謀漸萌。

二、對外原因

當時中國自倭寇亂後，明廷之無能為，昭著於日人耳目。朝鮮既嘗為日屬，朝貢甚殷，元時反引蒙古入寇；日人雖幸獲勝利，仇恨之心，終未嘗泯。秀吉自以「夢日而生，凡日光照臨之地，概當臣服」。嘗大言

第五篇　武人時代（西元一一九二至一六〇六年）

日：「征服朝鮮，則中國可服。夫然，則三國為一。」秀吉又懼天主教之勢日張，嘗毀其禮堂，驅逐其傳教徒。然西海將士之信教者甚多，軍隊強悍，善用槍銃，留在國內，非豐臣氏之利，故遣之遠征，可藉以殺教勢。迨至戰爭日烈，遣兵眾多，教徒雖占少數；但其初志，未嘗非欲假手他人而殺之也。西元一五八七年，秀吉招朝鮮來朝，其王李昖弗應。明年，復遣使往；朝鮮請先懲日本海盜之嘗寇其海岸者，而後報聘，使者許之。西元一五九〇年，韓使來聘；時秀吉從徵而歸，故不之見。使者俟之五月，始一招見。秀吉倨甚，命人逐之；及船，授之以書，略云：「吾欲假道貴國，直入攻明，施行王化。……秀吉入明之日，其率士卒，來會軍營，以為前導。」李昖不答。秀吉再遣使往，終不能屈。秀吉謀於諸將，議決西征。諸藩出兵；近海者出船。諸軍來會者，五十萬人，戰艦數百。命浮田秀家為元帥，小西行長、加藤清正為先鋒，率兵十三萬人先行。

朝鮮以軍備不修而敗

　　西元一五九二年，行長先渡。行長，天主教徒也。舟抵釜山，即登岸攻城；守將率兵六千人拒之，防守甚嚴，戰鬥勇猛。唯時日本與歐洲往來，軍中已有火器；韓兵猶持刀戟、執弓矢以戰，自不能拒猛烈射遠之槍銃，遂多戰死。會援兵大至，復戰又敗。行長乘勝追逐，當釜山、漢城往來之道，猶有可戰可守之五城，守將及兵皆聞風逃遁。蓋朝鮮承平已有二百餘年之久，自謂禮義之邦，妄取中國習尚；朝臣記誦經書，空言仁義；農民耕種，只知納稅；政治窳壞，軍隊虛存。及使者歸自日本，李昖知戰禍不免，始於釜山、京師之間建築城邑，嚴守要害，招補軍隊；大臣猶有恃明而無恐者，工程類多草率。統兵大員，又無軍事經

(四)三雄平亂(西元一五七三至一六〇六年)

驗之文人,以之統烏合之眾,其能禦親冒矢石之勇將,久歷戰爭之精銳乎?又當時朝鮮自防倭寇以來,船多裹鐵,水兵頗能戰;日本戰艦為諸藩所出,船小而兵雜;李昖不善利用,未先拒之於海,及已登岸,又不能斷其供給。四日之後,清正之兵大至。清正,釋教徒也。奉佛虔誠,與行長有隙,聞行長大勝,遂兼程前進。

漢城、平壤之失陷

敗報傳至漢城,李昖大懼,命子監國,逃之平壤。行長、清正如入無人之境,率兵進據京城。當時行長耶教一軍,唯於漢城未恣屠掠耳。清正自以大功為行長所得,憤甚,縱兵焚劫,殺戮人民,掘及墳墓,俄而率軍向東北去。李昖已至平壤,招集敗兵,詔令勤王;大軍來會,守臨津江之北岸,木筏舟船盡集焉。行長追擊,北進抵江濱,無舟可濟,率軍佯退。韓人追擊之,遇伏大敗;行長盡得其舟,追近平壤,又為江所阻,不得進攻。行長謀和,使人立於江濱,手無兵器,但高舉一木,上有紙,飄蕩於空中,示欲通使之意。韓船至,乃遣人議和。行長許還韓京,唯求借道進攻中國。李昖不許,和議復絕。既而韓兵益眾,不欲久待,夜半渡江襲日營。然行長有備,以逸待勞,又大敗之;遂奪其舟筏北濟,進據平壤,獲軍需輜重無數。李昖逃義州,行長使人追之,不及。清正一軍,自攻入東北,獲王子二人。真地多高山大澤,森林遍立,因無地圖,屢迷失道,軍糧不足,益縱兵劫掠,焚毀村居,屠殺壯丁,姦淫婦女。朝鮮農民恨之切齒,所在聚集,其斥候嚮導,零兵散卒,往往被殺。既而海上鏖戰,韓人大捷。

第五篇　武人時代（西元一一九二至一六〇六年）

朝鮮水師統領李舜

朝鮮水師統領李舜者，戰將也。時率水師，嚴防海岸，焚毀日船。會日艦百艘，運援兵軍糧至，李舜縱船四擊；朝鮮之水兵，善於駕舟，日船短小，過載貨物，盡被擊沉。初，秀吉將伐朝鮮，謀購涉風濤渡重洋之炮艦於歐人；歐人因事拒之，故有此敗。此役也，日人之援兵糧糈皆沉於海，史家有謂此為朝鮮轉敗為勝之機者。

明軍援朝鮮

李昖先已告急於明，使者絡繹不絕於道，及奔義州，且請內附。神宗鄙日軍為小寇，遣祖承訓將精兵五千人來援；為日人所要擊，敗沒，承訓僅以身免。事聞，神宗設經略使將兵援之。兵部尚書石星素不知兵，又以寧夏遼東方有事，意欲謀和。有沈唯敬者，商家子也，喜冒險，有口辯，嘗至日本，與行長有舊，因遣之往。唯敬至平壤，見行長，定休戰期五十日，議割朝鮮南方數道，通聘往來，及封秀吉爵等。

李如松初勝後敗

和未定，神宗已命李如松為大將，帥兵五萬援朝鮮。韓人又得暇搜戮奸民，日人驟失耳目，而李如松之大軍卒至，亟攻平壤。行長敗走，損失甚巨；退至漢城，清正之軍始來會。當是時也，朝鮮之水師，嚴守海岸，日本之援軍遂絕，加以資糧空匱，全軍之生死，唯繫於戰，故軍心奮勇，人人殊死戰。如松因勝輕敵，不甚設備，戰覆敗退。唯朝鮮因明軍來援，士氣大振，所在蜂起，襲擊日人。行長遣將進攻晉州，又不克而還；日軍憤甚，屠戮住民，圮毀城池，往往一城之中，唯餘少數苦

(四)三雄平亂(西元一五七三至一六〇六年)

工為其運輸者。既而歲歉，劫掠無所得，望和甚殷；明廷亦以如松敗故，復遣唯敬議和。

沈唯敬赴日本議和

唯敬再至朝鮮，重賂行長。復至日，謁見秀吉，執禮甚卑，定冊封、退兵、還王子二人等約。冊封云者，諸將誤以為王明也。秀吉喜甚，許之，厚饗唯敬，還王子二人，命行長清正退於釜山。既而明廷諸臣，有謂和議非策者。會秀吉聞諸將攻晉州不克，大怒，命立攻下；俄而城破，竟殲其人民。唯敬復見行長，責其負約；行長以明陽和而隱遣大軍對。

豐臣秀吉受明冊封之失望

然秀吉方待唯敬來報，大興土木，建築宮殿，窮極壯麗，將以眩使者，且威諸藩。明年，地震，城壞屋頹；明韓之使者皆至。秀吉怒韓無禮，不令王子來謝，不見其使，但見明使者。使者入內，見兵仗甚整，待衛極眾，俄而幄啟，秀吉盛服出，使者惶伏，捧金印冕服以進。秀吉戴冕披衣，意甚自得；及讀冊文至「封爾為日本國王」，乃知非王明也，面色驟變，擲冕服於地，且裂冊書，曰：「欲王則王，何待爾封哉？苟吾而王，如天皇何？」將誅行長及明使者，諸將諫救而止，即徵兵十四萬西征。

楊鎬敗後水師之勝利

方唯敬之議和也，朝鮮諸臣力劾李舜；李昖惑之，奪其爵位，貶為水兵，命文官代之。李舜素得人心，將士多不服；及日艦載兵西來，統

077

領令逆風拒戰，遂大敗逃散。日軍登岸，立復進攻，數破重城。李昖惶恐，再出奔。時明使已返京，韓人告急，神宗得悉其情，逮捕石星，詔令邢玠、楊鎬為將，率大兵往援。楊鎬將明、韓之兵數十萬人，攻清正，圍之蔚山。清正堅守，楊鎬斷其汲道，城中至殺馬飲溺。會諸將進援，繞出楊鎬軍後，明軍倉皇退走；日軍追擊，又大破之，兵多逃散。將士報功，各獻俘馘，秀吉命埋之，封以為「耳塚」。自水師敗後，李昖復起李舜為統領，收集餘艦，邢玠知非水兵不能平亂，募江南水兵助之，勢稍復振，屢毀日艦，日軍雖勝，因不敢前進。既而秀吉病歿，將士罷歸，李舜追擊，俘獲甚多，時西元一五九九年也。

朝鮮人深恨日人

秀吉之用兵，受禍最深者，厥唯朝鮮。土地荒蕪，人民流離，屋舍焚圮，死亡枕藉，凡七年之久。受其害者，深恨日人，漸成為歷史上之習慣，牢不可破。秀吉悉國內之師，竭府庫之力，不能越朝鮮一步，進攻中國；又不能得尺寸之地；其所得者，韓人之疾首痛心深惡日人而已。又此役也，將士攜書籍、良工歸者甚眾，書籍開日後江戶文學之漸，良工築日本工藝之基；但其代價，亦云奢矣。

中國援朝之不得已

明廷援韓，喪師數十萬人，糜餉數百萬金，擾及全國，府庫為虛，其為朝鮮，抑為中國耶？設使不援朝鮮，坐視其被併吞，中國之損失，或不止此。自此戰後，韓人甚為寒心，畏日殊甚。及德川家康執政，遣使至韓，招令入聘。國王以告明，求將練兵，明廷不許。既而又以告，朝議聽其自主，於是復聘於日。

(四)三雄平亂(西元一五七三至一六〇六年)

豐臣秀吉在行政上之設施

秀吉起自微賤，善於將兵，平定諸藩，仕至太政大臣；又能尊崇皇室，修築宮殿，復公卿采邑；更清量田地，除積年私產隱瞞之弊，規定賦率，占收入三分之二，成所謂「官二民一」之制。此種賦稅，自今視之，甚為煩重；唯前於此時，毫無定額，收取多寡，唯上所欲，視此固有異耳。秀吉嘗整齊圜法，開採金銀諸礦，製造貨幣，民皆稱便。又慮諸藩專橫，頒新令六條，禁其私自嫁娶，結盟樹黨，私自戰鬥，多蓄侍姬等，非無所見也。方秀吉之病，置大老五人、中老三人、奉行五人，政務決於大老，瑣事斷於奉行；若大老奉行不協，由中老和之。命前田利家輔其子秀賴，時年七歲。秀吉已逝，家康專權，其勢日盛，遂開江戶幕府之基。

第五篇　武人時代（西元一一九二至一六〇六年）

第六篇
耶教在日本
（西元一五四九至一六三八年）

葡船漂至大隅之種子島

歐洲自文藝復興，以回教國強盛，據歐、亞二洲交通之地，歐人不得東來，乃爭覓新途以徑達遠東。其時航術日精，富於冒險性之西班牙人、葡萄牙人，各欲先至所謂黃金世界之亞洲。有哥倫布者，信地球圓形，可以西航而東達印度、中國等地。[06] 由西班牙之女王助之，遂航海而西，發現美洲。同時葡人又繞道非洲，東至印度，以漸達南洋群島，尋與中國貿易。西元一五四二年，有葡船將往中國，途中遇風，漂至大隅之種子島。

藩主與外人貿易之二利

其中三人，一為華人，二為葡商，言語不通。華人以手畫沙，道其漂至。島民聚觀，待之甚厚。葡人因獻槍，答謝藩主；藩主約與貿易。

---

[06] 俗傳哥倫布首謂地球形圓，殊為錯謬。距哥倫布之前一千八百年，亞里斯多德（Aristotle）仰觀天象，嘗謂地球形圓。西元一二六八年，傳教士有名洛基培根（Roger Bacon）者，蒐集古文，以證西班牙之海岸與亞洲之東岸相近。哥倫布之功，在其勇猛前進，證明斯說耳。見 Mussly, American History, p.5

第六篇　耶教在日本（西元一五四九至一六三八年）

葡船尋還，述其所遇，發現日本之訊息，遂傳遍歐洲。歐人謂其地多黃金，來者立富；商人爭至。時值日本足利氏衰弱時代，群雄紛起，據地自主，日謀擴張兵額，征服四鄰。唯戰勝者，非徒兵隊之眾，且恃武器之精，金錢之多。若與歐人貿易，可以兼數者而有之。蓋歐人前來，常售其猛烈遠射之槍；其購買貨物，藩主可以致富；富則有餘資可以養兵。故歐人至者，所在歡迎，待遇甚周。日人漸得製槍之術，以槍為軍器，流傳於各地。且貿易日盛，而耶教遂來。

初傳天主教之薩彌

西元一五四九年，法蘭昔思薩彌（Francis Xavier）至鹿兒島。薩彌者，天主教傳教士也。天主教，自路德改革宗教以來，在歐洲之勢，日益衰微，熱心傳教者，乃托天主教國西班牙、葡萄牙之保護，來至遠東。薩彌先至南洋群島；日人有犯罪者，逃至其地，悔罪受洗，略習葡語，因勸薩彌至日。薩彌北渡至鹿兒島；藩主許其布道，意謂有教徒則有商人也。既而商船果至，教徒日多；寺僧忌嫉，令藩主逐之。薩彌走至平戶；其地商業興盛，藩主甚喜，愛及歐人之來傳教者，力保護之。其教徒之在鹿兒島者，一百五十餘人，亦四出傳教。薩彌在平戶，信徒日增，乃知日人之風尚，「上有好者，下必有甚焉者」。遂欲至京城，見天皇將軍，說令信教，步行二月，得至平安。時值大亂之後，人民流離，房屋毀圮，欲見天皇將軍，而苦無貢物；傳道市上，則言語不明，聽者無人。數日之後，復歸故地，然益信非上通道則民無從者。於是致書印度總督及教主等，請求財貨，得歐鐘錶，精巧貨物，獻之藩主。藩主得未曾有，喜甚，力與援助，給以空廟，或逐走僧徒，而以其地賜

之。神父時或乘船出遊，船上葡人率衣錦繡，執火器；日人羨其豪富，爭欲通商，益厚遇神父。神父又多為學者，具有世界常識；日本學者，多從之遊。薩彌與僧徒論道，辯論有至五日者，因知日本學術，來自中國，嘗謂「耶教能傳布於中國，則日本自為教國矣」。薩彌卒於西元一五五二年，居於日本，時間甚促，信徒至七百六十餘人。

藩侯援助天主教

薩彌卒後，其徒承其遺法，四出傳道；每僱幼童，使遊行街市，高舉旗幟，搖鈴鳴鐘，招市人聚觀；天主教之名，漸漬於人心。神父性情，又極和藹，嘗慰撫貧民，設立醫院，瘳治疾病，故信者漸多。九州南部諸藩，間有信之者；其戰勝皆歸功於天主耶穌，益熱心傳教，至於焚毀佛像，逐戮僧徒。人民有不信者，迫之不改，則誅戮其家，人心惶恐，有懼禍而受洗者。《傳教記錄》稱：「三月之中，受洗者凡二十萬人。」斯可見信教之不自由矣。西元一五七六年，有地名豐後，其藩主信教，遂招家臣，命皆受洗。鄰邑有仇天主教者，率兵伐之，其勢益張。方天主教之初傳入也，僧徒不知其將仇己。

織田信長之摧殘佛教

薩彌再至京師，高僧有館之者，且聚集僧徒，聽其講道。及教士得勢，排斥佛教，鼓動藩主，據奪其寺，而逐其人，佛教、耶教，相惡日甚。其時織田信長素惡僧徒之橫，擾及政治，矯將軍義昭之命，以書招教士使來京城，賜地建禮堂，名曰永福寺；僧徒請於天皇，敕其改名，

乃以南蠻寺稱之，謂其來自南方也。僧徒既惡信長，敗將有逃之睿山者，信長使僧徒內應，夾攻滅之，僧徒不聽；信長遂縱火，焚毀寺堂，執僧徒斬之。信長又與大阪之僧有隙，遣兵往攻，毀本願寺。又嘗招高僧論難，其辭屈不能答者，命褫僧衣，辱而逐之。會有奉天主教之將士叛，使神父招之，遂降；信長尊之益甚。西元一五八二年，九州將士之信教者，遣使四人，西往羅馬，謁教皇。教皇待之甚厚，示以宮室之壯巍，珍寶之多，聖像之威嚴。時值新、舊二教戰爭之後，教皇方橫恣，全歐之地，王侯爭權，農奴困苦；使者盡悉其情，歷八年始歸。

對於佛、耶二教之社會心理

上已略述耶教興盛之故，茲再舉其他原因，藉以明知當時社會之情況。佛教自大化改革後，僧徒擁有雄資強兵，漸忘佛教之真義，不知戒律為何物，往往暴斂資財，縱於酒色，擾及政治。當信長火焚睿山、屠戮僧徒之時，人多快之。可見佛教久失人民之信仰。一旦耶教傳入，其神父富於服務之精神，能安慰人心，故有棄佛而歸之者。就形式而言，巍然禮堂，與佛寺無異；高懸耶教聖母、聖徒之像，與佛像無異；禮拜之時，鳴鐘歌詩，焚香燃燭，時跪時起，與僧徒之參拜無異。愚民狃於耳目，不生異感。加以諸藩之威迫，神父之和善，信徒數增，所以若此之速。

豐臣秀吉疑教士將有所為

信長歿後，豐臣秀吉執政。神父有謁見者，秀吉賜以大阪之地一所，為傳教之用；且任用教徒，為其親臣。神父之來大阪者，建築禮堂，

信者頗眾。及西元一五八六年，秀吉征討九州，知教勢強盛，一變故態，立招神父，嚴加詢問，出示禁之；並限傳教士於二十日內，概行出國，其不出者，以違命論罪；外船載傳教士至者，貨物充公。秀吉之所以若此，蓋以神父設立學校，賑貧療疾，謂其「以利誘人，是將有所為也；若今不滅，後必為患」。

嚴禁天主教

適其時葡船來至日本，購買幼童，帶之遠去，鬻以為奴。船中擁擠，幼童至枵腹，疾病無以醫治。秀吉疑其以博愛勸人，而不能變國人之心；施藥濟人，而不能救奴僕之苦；「言不顧行，行不顧言」。因以此事罪之。令出之後，教士會議，遣其願往中國者數人，借蔽耳目；餘多藏於信教之諸藩。秀吉使人至京城、大阪，扼其禮堂，又遣兵至九州等地，毀其教室；兵士得賄，置之不毀。明年，葡使來告，謂非保護教會，則將中止貿易。秀吉懼失貿易之利，復弛其禁。但其心欲殺教徒之勢，未嘗暫忘，因命救徒中之驍將小西行長，西征朝鮮，其兵教徒也。

然弛禁後，信徒驟增，秀吉又聞西班牙教士之欺己，大怒，復嚴禁耶教。先是，朝見教皇之使者，歸自歐洲，日人知歐洲諸國新、舊教徒之紛爭擾亂，懷疑於耶教者漸多。及是，西班牙之教士在菲律賓者，欲至日本，唯為教皇之命所限，乃冒充聘使，貢獻方物。秀吉禮之。教士建禮堂於京城大阪，勢力寖盛。秀吉得知，謂「國賊日多」，立命捕獲，割其鼻耳，遊行市上，尋殺之長崎。長崎，外商會集之地也，教徒尤多。殺之於其地，欲藉以警其他之來傳教者爾。秀吉嚴命長崎邑守，盡逐教士，焚毀教堂。但當時教士在日者，一百二十五人，其被逐出者僅

七人而已。俄聞秀吉來巡，邑守大懼，乃毀教堂一百三十餘所，教士咸潛匿。其明年，秀吉病歿。

新教傳入及荷、英通商

德川家康執政，復弛前禁。西班牙之教士，有遠來謁見者，得其許可，建設教堂於江戶。教士嘗為秀吉所逐者，皆歸，四處傳道，勢又大盛。西元一六〇〇年，英水手有名魏爾・愛丹斯（Will Adams）者，受僱於荷蘭商船，來至日本。時西班牙之海軍，已大敗於英人，新教之勢大盛，以英、荷為主。愛丹斯素惡天主教徒，舊教士知其來必相傾軋也，數謀殺之，不成。家康令送之江戶，親自訊問者三。愛丹斯富有口辯，善於應對，悉告以歐洲大勢。由是被任為船長，製造鉅艦，甚見信從，得賞邑地。荷、英商人至者，託其轉請通商，家康許之，新教教士來者漸眾。向之壟斷商業之葡人，一旦因有人與之競售貨物於市場，忌嫉日深，互相傾軋，擾及宗教，辯論甚多。愛丹斯嘗告家康曰：「天主教士，包藏禍心，其意頗不測。」家康亦知舊教教皇權力過於國王，天主教徒，率服從教皇之命。苟天主教大盛於日，日本教徒，其服從至高至上為天主使者之教皇耶？抑服從萬世一統天照女神之胤耶？時日本政權，已歸家康之手，令日人不從其命，非家康所欲也。尤有進者，中世紀政教為一之說，深入神父之心，彼等嘗欲干涉政治，借政權為武器，威逼農民，使其奉教。充其所欲，必使日本為一天主教化之國。家康因之乃先殺其權，罷免天主教徒之官於江戶者，錮其終身。西元一六〇六年，家康重申秀吉之禁，教士偽若未聞者，長崎教徒，且舉行慶祝大會，遊行街市，提燈者萬人，為空前之盛典。既而西班牙之船，有來測量日本海

岸者，家康益信愛丹斯之言，屢召詢問；愛丹斯輒攻擊天主教徒，且謂「其勢已衰，方見排於英荷諸國」。西元一六一二年，有教徒謀叛，且求外援，謀洩而敗；家康惡之益甚。家康臣屬，若加藤清正，佛教徒也。

耶教不適合於日本社會之點

自耶教傳入以來，九州僧徒，多遭屠殺，佛寺變為教堂，拜佛者被迫為耶教徒，此固清正等之所深惡者。又自佛教與神道和合之後，信者仍可以祭神祀祖；而教皇神父反之，有禁祀先祖之意。日本神國也，上自天皇，下及庶民，皆自謂神子神孫之遺；一旦驟廢祭祀，拋棄報恩追遠之義，違反忠君孝親之說，萬世一統之神話，將不能存在，日本之道德觀念，將根本破產。當時佛教之勢猶盛，天皇朝臣，文學之士，皆讀其書；多數人民，虔誠拜佛；其迫為耶教徒者，猶願歸依佛教；僧徒固有報復之心，而家康及其臣，皆謂有嚴禁耶教之必要矣。西元一六一三年，又申前禁，而重其罰；然無效果。明年，家康頒布「外人來傳道者概皆逐出，毀圮教堂，嚴禁信教」之令。一時外人來傳教者，一百五十六人，或先隱藏逃匿；或託名乘船他往，而復來歸；其由家康命船送之他地者，不數月後，又復潛歸，隱出布道。

教徒歸心於秀吉之子秀賴

自秀吉歿後，其子秀賴年幼，居於大阪，家康妻以孫女，秉理國政。秀賴興土木，造寺觀，窮極奢華，日漸窮困。家康恐其將為後世憂，借事迫之。

秀賴遂傳檄四方，號召兵隊。其因教禁潛匿者，爭先來歸，城中步騎至六萬餘人。家康親率大軍討之，不克，議和罷兵。秀賴尋復招兵；家康令其他徙，不從，復戰。家康圍秀賴於大阪，秀賴勢迫自殺。

德川秀忠嚴禁舊教

家康益惡教徒，將重懲之，會病而死。其子秀忠繼之，屬行教禁：凡與教士往來，及善遇之者，財產充公，身以焚死；妻子先報者免罪，鄰人不告者罪五家。既而荷船劫掠葡船，得其書信，中有致日教徒勸其叛亂，將遣兵艦助之者，以報秀忠。

屠戮教士之慘

秀忠知有教士潛歸，謂非去國賊，終必叛亂，遂有威迫之令。凡教徒形跡可疑者，皆立捕之；唯踐踏十字架，及認上帝為惡鬼者，皆赦免。其固執不從者，先以毒刑拷之，皮破血淋，或死後一、二小時而復甦。若猶不改，聚之成堆，使父子相對，夫婦相視，朋友相見，絕其飲食，縱火焚死。九州南部，其地教徒，嘗毀佛寺，屠戮僧徒，逼人受洗。通道者，多非所願，受洗之後，不能祭其先祖，犯不孝之大罪，乃疾首痛心於教會。及是，僉謀報復，毀禮堂，碎十字架，焚其偶像及聖經，一以向之對待佛教徒之成法加諸其身。受禍尤烈者，首推長崎。長崎為通商要地，教徒眾多，被斬者，身首異處；乃其死時，毫無懼色，若將因是而歸天國者。教徒益相奮勉，或於夜間私取一、二片段之屍，歸而寶存之。奉行知之，使焚屍成灰，投之於海。

教徒之愚蠢

　　顧嚴刑之後，猶有自認為教徒者；奉行知徒殺不足以服人心，乃招教徒至署，和顏說之。始知多數教徒，極其愚蠢，不識教義，僅能口述禱文，及信死於道者入天國而已；以其迷信之深，寧願一家同死。既而和善之奉行他遷；新任下車，親出巡搜；凡形跡類教徒者，皆自訊問，若存有聖經十字架及像畫關於耶教者，輒置之於死。嘗執信教之婦人，褫其衣褲，令裸體匍匐於市，有若犬豕，如此無人道之酷刑，古今未聞也。當時奉行報功，謂西元一六二六年，長崎有教徒四萬；及三年後，無一存者云。

宗教戰爭殺戮之慘

　　如此殘暴不仁之宗教殺戮，卒以釀成日本前古所無信教不自由之島原戰爭。先是，島原為歐人貿易之市，邑主崇信耶教，人民從之。家康欲除教徒之勢，遠徙邑主，而代以親臣。其人鄙吝，不恤下情，賦稅苛重，人民流離，復縱兵為虐，民不知命在何時，漸思叛亂。會胥吏驗得教徒，遣人捕之；鄉民拒捕，復遣兵往。俄聞城中有內應者，倉卒奔還，果獲其黨。未幾，村民大至，城兵逃去；來者益眾，至八千人，益田時貞起而應之。時貞者，藩侯也，以信教故，流於其地。至是起兵，民奉為主，焚毀寺觀，殺戮僧徒，樹十字旗幟，自謂宗教戰爭；四方教徒之隱匿者，爭來歸之，勢頗盛，數敗來兵，進攻重城。敗報聞於江戶，將軍遣兵討之。

　　教軍聞其來也，修島原故壘，運粟入城，焚城外廬舍，使敵無可憑

依。既而諸軍來攻，教軍據城固守，婦女皆出助戰。攻者立於矢石之下，死者相枕藉，終乃敗退。及援軍至，復不能克。於是諸將集議，有獻策者曰：「賊為鋌而走險之愚民，急不能擇，皆殊死戰。吾人侮之，所以敗也。請築長圍困之。」謀遂定；且請荷蘭戰艦發炮相助。卒以城中糧竭，被攻破，屠殺男女老幼，凡三萬七千餘人。此役也，官軍十六萬人，圍攻一城，歷一百二日之久，乃陷之，實西元一六三八年也。

厲行閉關主義

自此戰後，將軍以與外人貿易則有教徒，有教徒則危及幕府，遂厲行閉關主義，驅逐歐人及血胤混合者，外人已不許再至，日人亦不得外出；且嚴禁製造可涉風浪之大舟，凡渡海者死無赦。唯荷人以炮擊教徒之故，得通商於長崎之小島；其來貿易者，亦不得越島一步，儼然囚徒也。荷人貪於重利，相安無事者，二百餘年。荷人而外，其得與日本往來通商者，唯中國、朝鮮、琉球耳。將軍之意，以為若此可以免教徒之害，成子孫萬世之業，不知後日之所以覆亡幕府者，乃閉關之結果也。又自島原戰爭後，日人謂教徒已悉滅絕。乃西元一八六〇年，有法教士至日者，偶於一村，見教徒萬人，斯足見威武之不能服人，及其上下之相欺矣。

第七篇

江戶幕府
（西元一六〇六至一六五一年）

德川家康助戰久無勝負

　　先是德川氏居於畿內三河；當足利氏季世，為今川氏所窘，納子家康以為質。及今川氏敗，勢漸強盛，附於織田信長。信長據近畿，數敗敵兵，聲勢大振，謀入京師以號召四方。適將軍之弟義昭以亂來歸，信長將欲奉之入京，而上杉、武田、北條諸氏，雄據關東，懼其自東北來襲，乃深結家康，引為援助，以固其圉。後武田氏率兵擊家康，家康迎戰，信長來援，大破走之；卒共進兵滅武田氏，分其地以賜將士，德川氏之強鄰於是始除。及信長死，其子信雄又與家康相善。信雄疑忌秀吉，遣兵討之，家康遣重兵助戰，久無勝負，卒議和罷兵。

德川家康降於秀吉

　　於是家康納子為質，秀吉收以為養子，數召家康入見。家康後從萬人而至。秀吉見之曰：「明日見子於聚樂城中，子苟屈意降我，則諸藩心

服。」及期，秀吉大會諸將，家康拜跪甚恭，諸將如之；秀吉喜甚，奏以其臣屬二人為朝散大夫。時關東北條氏未服，秀吉將兵討之；北條氏登城嚴守，乃築城山上以窺城中。家康從秀吉登山，秀吉俯視而言曰：「關東八州，在我目中，取以賜卿。」又曰，「卿居於此城乎？」家康稽首而對曰：「然。」秀吉曰：「自此而東，有地名江戶者，襟山帶河，地闊土肥，卿宜都此。」家康曰：「謹受教。」亂平，秀吉即以其地予之。關東自源氏以來，久歷戰爭，兵馬強悍、冠於全國，家康移居其地，勢日強大。

關原之役

　　秀吉歿後，家康握國內大權，諸將漸有不服者；會秀賴之傅前田利家病死，益相傾軋。利家，強藩侯也，兵力材能，足敵家康。迨其歿後，家康之勢益盛，故諸藩不服，約俟時東西並起，進擊江戶。家康知其謀，促關東上杉氏入見；上杉氏不從，將兵伐之西海諸藩，因大舉兵，託秀賴之命，傳檄遠近，還討家康。一時來會者四十餘藩，兵凡九萬，分途進攻，陷伏見城。城，家康之執政駐在地也，既破，西軍勢大張，歸者益眾，達十二萬人。家康聞變，留長子以拒關東之兵，而自將西征，凡七萬五千餘人，分海陸而進，相拒於關原。會天大霧，咫尺不相見，家康遣將進擊，西軍拒之，抗鬥甚力。唯西將士有先通款於江戶者，鏖戰之時、突出應之，內外夾擊，西軍大潰；東軍追擊，斬獲三萬餘人，並捕誅諸將之與戰者。

家康為征夷大將軍

亂定，凡遣兵助敵之藩，或削地，或遠徙，或遭流廢；家康又封功臣，令凡冒豐臣氏者皆復本姓；秀賴之食邑唯餘三郡而已。德川氏之勢驟盛，天皇命家康為征夷大將軍，幕府之治且復見，時西元一六〇三年也。

豐臣秀吉時之德川家康

後二年，其子秀忠率關東精兵西上，過京師，屯於城外。每日行者，約一萬人，共十七日而畢，號令嚴肅，軍容雄壯。家康於朝廷疑懼之時，奏辭大將軍之職。天皇明知其意，以秀忠為將軍；家康則居於駿府，聽理政事，世謂之大御所云。

豐臣、德川二家之不相容

幕府之形雖具，然有足為德川氏患者，厥為秀吉之子秀賴。先是，秀賴年幼，家康妻以孫女，聽其建築僧寺，耗廢財力。關原戰後，諸藩怵於家康之威，屈服於其下；其心猶有未忘豐臣氏之遺澤者。家康為將軍二年，即讓位於其子。亦懼德川氏之威望未孚，一旦不幸，將士復歸秀賴耳；久有翦除之之心。及秀賴年長，英銳聰明，類似其父，遺臣有謀恢復豐臣氏事業者，招練兵卒，懷望甚奢。秀賴駐守之地，為大阪名城，其地曾經秀吉招全國之工經營修築，城高而池深，內聚糧糒，可戰

可守。家康嘗招秀賴入見，其母不欲。加藤清正力諫，且曰：「臣輩以死守郎君，必無患矣。」乃遣之往。既而家康命秀賴增其臣之俸，使貳於己，秀賴臣屬，日益傾軋。

家康怒於秀賴

會秀賴鑄大鐘，聚藩使慶祝，招僧銘之，以告家康。家康讀其文，有「國家安康」之句，怒曰「是斷截我名，詛咒我也」。因責問秀賴。秀賴使製銘之僧及使者往謝；家康執僧，拒使者不見，獨招嘗命秀賴增俸之片桐且元，嚴詰問之。且元陳謝甚力，家康意終不釋。秀賴之母乃使二女往謝，家康故善待之，言不及銘文。既而二女先歸，且元追及，進和解之策，二女疑之；歸以告其母，秀賴因欲誅且元，且元逃奔。秀賴自知不免，傳檄四方，討伐江戶。諸藩亡命及教徒之潛匿者皆來歸，凡六萬人。家康與子秀忠亦聚諸藩之兵五十萬人來攻，水陸並進。然大阪諸將議論不一，部下之出戰者，概敗還，但登城嚴守，東軍圍而攻之，久不能下，乃射書城中，曰：「降者有賞。」家康又數使人議和，但約使填其城外周圍之池隍。秀賴疑城中有變，又迫於母命，從之。

豐臣秀賴自殺

明年，秀賴遣使往謁家康，請粟以贍其臣，家康託故留之，大阪疑懼。家康乃聚兵，召秀賴之使告之曰：「聞大阪聚兵；兵多食乏，固其所也。吾當親往驗其事。」因使人商於秀賴，請其他徙。秀賴不從，家康

復率師至。秀賴之兵迎戰，大敗而還。既而復戰，東軍初敗；秀賴將親出督戰，會聞城中謀叛之謠，驚懼不前。於是眾心惶惑，後軍潰逃，前軍不能力戰，遂大敗走。東軍追擊之，登城縱火，煙焰蔽空。秀賴與其母，皆自刎死。

《武家法例》十三條

大阪用兵之時，諸藩來助戰。城已陷，兵威正盛，家康、秀忠乃聚將士，頒布《武家法例》，凡十三條。茲述其大意如下：

（一）文武並重。

（二）節酒禁賭。

（三）諸藩境內，當奉行法律。

（四）殺人犯罪之武士，不許收容。

（五）藩內人民，禁與他藩往來。

（六）修築城池，須稟報幕府。

（七）鄰藩黨盟，應立報將軍。

（八）藩侯婚娶，不得視為私事。

（九）諸藩有服務江戶之義務，並不得無故招聚武士。

（十）衣冠稱位，不得僭越以致淆亂。

（十一）私人細民，不得乘車。

（十二）境內武士，概當節儉。

（十三）各地藩侯，當登賢任能。

第七篇　江戶幕府（西元一六〇六至一六五一年）

家康對於列藩之用心

　　觀諸條例，可見家康之用心矣。自室町幕府以來，文墨書籍，概壟斷於僧徒；武人多不識字，唯知戰鬥，以至釀成群雄之擾亂。家康之第一條法令，規定文武並重，並言古時文學為先，武力次之，示輕弓馬之能，借復讀書之習，意使武士日趨羸弱，好勇鬥狠之氣，消磨於無形中，國家可得無事。其第六、七、八三條，嚴禁諸藩相結，雖婚姻細事，亦必報於將軍。又聯盟者，使鄰藩上告，隱開攻訐之端。報告之後，將軍可立伐罪。當江戶盛時，藩侯無敢相結者；諸藩勢散，又不得無故招集戰士，何能與統率大軍之將軍相敵？至其城池，原非將軍許可，不得修築。其修築者，亦多迎合將軍之意，城不使高，池不使深，幕府自易制之。至第五條不許各藩人民往來，貿易無從發達，困守一隅，見聞簡陋，戀念家鄉之心漸強，愈益不願遠出戰爭。

重要《廷式》五條

　　《武家法例》頒布之後，朝廷之威權如故。家康之心，猶未饜足，歸於京師，朝見天皇，與關白面議《廷式》，凡十七條。議定，由天皇詔可。茲略舉其重要者五。

　　（一）學問為事業之母。不學，不知聖賢之微言，未有能治其國者。

　　（二）為關白者雖必藤原五家，苟其人無能，猶不可以任關白。

　　（三）關白在職有能名者，不必拘於迭任之說以遜位。其遜位者，宜固拒之。

　　（四）養他人子為子者，必其族內之人。

（五）朝廷政事，由關白奏聞；其關於幕府者，由將軍之使者上奏。凡違例上奏者，官無大小，位無尊卑，皆貶流之，不稍寬貸。

家康對於朝廷之用心

當時朝臣自改革以來，歌曲詠詩，漸成慣習。故茲首提文學之重要，特申故事，借示尊崇之意。其（二）、（三）對關白言，意在登用賢能，然無標準，關白賢能，若何定耶？充類至盡，必至天皇任命關白，將軍謂其不才，則不能就職；其依成例而讓位者，將軍曰賢，則又不能退職。藤原五家中，謀為關白及欲久於其位者，不能不逢迎將軍之意，關白一職猶幕吏耳。（四）為專防朝臣養同列之子，或請皇子為嗣，藉此以深相結，共謀幕府。北條氏滅亡之原因，可為殷鑑，故禁及之。（五）禁公卿藩侯與天皇通，使不得託皇命以號召於全國。凡奏事者，必經關白或將軍之使者之手，自非幕府之意，不能上奏；其所請者，固多許可。將軍一人，實握一國之權。

日人心目中之天皇

當是時，天皇果遂無足輕重乎？曰：否。將軍嗣位，雖由幕府議定，但名義仍為天皇所任命。其他國家大事，重臣升降，嘗俟詔可。就日人之心理言之，不過天皇之國，託於其臣治之，天皇固一國之元首也。天皇深居宮中，希見朝臣；所常見者，唯朝臣中之關白及將軍之使者。故喜怒不知，賞罰不測，轉覺位尊而令嚴。至遇大典，眾臣侍立，禮儀嚴肅，望之殆如天神。又當政治清明之時，功嘗歸於天皇；偶一失政，人

民轉多咎幕府,忠於皇族之心,日漸發達。其在朝廷、公卿閒居無事,誦詩讀書,談文說禮,願為忠臣之思想,日益強固。

江戶城之宏壯

家康執政,政令出於江戶。其地街市狹隘,房屋卑陋,不足以示威國內。家康因令十五藩侯,各助工匠,大修城池,改建街市,莊嚴邸舍,歷六月始成;其宏壯推國內第一。

將軍下之三老

當時幕府之權勢大張,唯制度草創,其後乃准完備。將軍之下,設大老、中老、小老三職:大老皆將軍親臣,多其族人,外統諸藩,內馭幕吏,治理政事;中老佐之,整理政務;少老復佐之,專治瑣事。若遇大事,由三老會議,決定一切。三老任免之權,原操於將軍;然其後勢盛,將軍之英明者,尚能統馭之;其年少無知者,乃反為所制。

目付奉行及大吏、小吏、武士

中老屬官,有大目付,小老有目付,皆為幕府耳目,專司監察,報告江戶。三老之下,有寺社、江戶、勘定三奉行:寺社奉行,管理神社佛寺,約束僧徒,及關東八州訟事;江戶奉行,司江戶、行政、司法、

警察等事；勘定奉行，掌幕府財政，及直轄地之訴訟。又設所代司於京師，治理民政；置大員於大阪，控制關西。其他重要之地，若長崎、奈良等，均有奉行。於上述重要幕吏而外，又有屬吏，共分三級：大吏、小吏、武士。大吏之數，約二千人，受褊狹之地以為俸祿，幕吏要職皆由此輩充之；下為小吏，數近五千，多有土地；又其下為武士。武士者，戰卒也，概為世襲；或受土地，或領月俸，專治武藝，出則戰爭，入則侍衛。

諸藩共分為三：親藩、內藩及外藩

諸藩共分為三：曰親藩、內藩、外藩（內藩或作譜代，外藩或作外樣）。親藩者，家康之三子，封於尾張、紀伊、水戶，號曰三家；據膏腴之地，擁精強之師，地大人眾，過於大藩。若將軍無子，例選三藩之子，立一為嗣；遇有大事，幕府當諮詢其意；其藩侯嘗居幕府要職，輔弼將軍。內藩者，其藩主於關原戰爭之前，臣屬家康，率兵助戰，共患難之將士也。外藩者，於關原戰爭以後，懼德川氏之勢而服從者也。幕府要職，概以內藩任之。唯以土地大小，收粟多寡，內外二藩，又可分為三等，大藩、中藩、小藩是也。當豐臣氏季世，大藩十八，中藩三十有二，小藩二百十二，共二百六十二藩；及島原戰後，數無大變。內藩凡百七十七，皆近關東；外藩八十四，多在西海。諸藩而外，又有三卿；三卿者，將軍之子，不以土地封之，歲賜食粟凡十萬石；位與三家相等，輔佐幕府。

第七篇　江戶幕府（西元一六〇六至一六五一年）

諸藩之削弱

　　諸藩之地大兵強者，於島原戰後，多削邑遠徙。藩侯怵於幕府之威，終不敢抗，低首下心，臣服江戶。幕府之地，約當全國三分之一；地多膏腴，收入甚豐，足以豢養重兵。其要害之區，皆設有奉行，管治一切；上監諸藩，下治其民。《武家法例》且規定諸藩服役之例；幕府數興大工，修葺宮殿，建築城池，皆命諸藩助役。一藩之內，道途橋梁復各以時修理，費用甚多；將軍既竭其力，時或礙其農功，故其勢漸弱。幕府之治藩侯，概以嚴肅；家康嘗謂「唯公平服人」；子孫即奉為圭臬。其偶一犯罪者，地無大小，藩無內外，皆重督過之；或罪其身，或削其邑，或令遠徙。

朝廷之控制

　　將軍監於平氏之敗沒，北條氏之滅亡，多由於武人與朝廷相結，挾天皇以號召天下，乃修江戶平安間往來之途，使便於車馬，遍置郵驛，傳遞訊息；苟遇變亂，幕兵立至。又命親臣保護京城：家康長子之封地在其北，親藩、內藩在其東，幕府戰士在其西，親臣之邑在其西南。朝廷自足利氏季世，縣邑、采地，久已併吞於諸藩，府庫空匱，大內頹朽。將軍乃命諸藩資助以修葺之；復定粟額，輸入京師。其後上皇、皇子，歲皆有粟，公卿朝臣，資以為生。但合朝廷之輸粟，猶不敵遜位將軍之費用，而將軍借為市恩要挾之具，以抑制京師。

藩內之兵農、工、商

　　藩內制度，概仿幕府。武士多有土地，出為侍從，入理國政。其數，大藩常逾萬人，小者數百，臣屬於藩主，猶藩主之事幕府；封建制度，至是大備。以諸藩費用，出於農夫，農夫耕於藩地，歲納粟米以充藩庫，其地位較高。良工唯善於造劍者，時人重之，其他概被輕視。商人自禁止通商以來，地位漸低。時人謂其不能生產，專心謀利，不顧信義；商人失其自重之心，益謀厚利，甘居民末。

德川家康之為人

　　西元一六一六年，家康病薨。其為人也，深鷙陰刻，善於用兵；既握政權，遂乃抑制朝廷，貧弱外藩。嘗誡其子曰：「恃才能者，迂拙祖法，輒欲更張，武田、上杉諸氏……之亡，皆由於此。……建立新法，務為華飾，是大蠹也。我家法度，多與耆舊議定……切勿變更。」

德川家光命諸藩妻子留居江戶

　　家康歿後，秀忠嗣握政權，朝廷任其子為權大納言，進其女為妃。後妃生女，立以為嗣，旋即受禪，年方七歲。秀忠身為外戚，權勢日隆；德川氏之為公卿者益眾。既而秀忠病薨，其子家光繼之。家光年少，英明果斷，召國內之藩侯於江戶，親諭之曰：「昔我祖考，因卿等之力以定天下，特加禮遇。至於家光，居統率之任，事權不一，實非所宜；其各

圖之。」諸侯逡巡對曰：「敢不聽命。」於是家光起立，走入內廳，便服箕坐，去其佩刀，然後延諸侯入，賜以佩刀。諸侯拜賜；家光命曰：「檢刀。」諸侯咸悚息，抽刀寸許，禮畢而退；德川氏之威權大定。家光又命諸藩，建邸於江戶，留妻子同居；託達上下之情，定謁見會同之期。由是藩侯居於江戶，歲約六月；其藩別置留守一人，佐以參議，總理政事。藩侯往來，侍從眾多，貢獻方物，所費甚巨。又以其妻子之在江戶也，將軍得因而制之，率不敢違命。於是江戶一城，宅邸相望，市廛遍立，其富甲於全國。

江戶初年中國內亂而明亡

江戶初年，適中國內亂。當時明主昏弱，群臣黨爭，閹宦專橫，誅戮賢良；賦稅苛重，歲復荒歉，民無衣食，流寇遂熾；外則清人崛起，數敗明兵；終於流寇入京，懷宗自縊；吳三桂引清兵南下，先定北部；江南諸省，諸皇子爭立，為清兵所逼，勢漸窮蹙。西元一六四三年，明水師總兵崔芝遣使請援，家光卻之；而鄭芝龍又來書乞援。——芝龍者，嘗至日本，獻藥幕府，並娶日婦，生子成功。家光得書，召親藩及幕吏會議；親藩主援，中老不可，遂久不決。且聞清兵入閩，乃報明使曰：「福州已破，援無及矣。」

朝鮮、琉球兩屬於中國及日本

時中、日之貿易甚盛，明難民多有避難東渡者。至於朝鮮，自經家康威迫，又來報聘，且獻方物，復為鄰友；每遇將軍就職，輒來道賀。

琉球固嘗屬日本；及足利氏季世，貢聘皆絕。至家康命薩摩藩侯召之，久而不至；乃遣兵往伐。其王恃險，不為嚴備。日軍登山，五戰敗之，進擊國都，王乃面縛出降。家康因以琉球賜藩侯，其王來朝，由藩侯攜之，謁見家康。然朝鮮、琉球，固亦明之藩屬也。又家光之世，嚴申海禁，歐人得貿易於日者，唯荷人而已。

印刊書籍

其時日本文學漸盛。先是西元一五九三年，天皇嘗命刻字於木，刊印一書，是為日本有活版之始。其法蓋仿自中國者，利便遠過眷錄；由是書籍日多，讀者益眾。西元一五九七年，又刊文學、醫學、古史等書，其原本係奪之於朝鮮；朝臣多善其法，因重印《文選》宋詩。當西元一六一五、一六一六年之間，僧徒刊印佛經者尤夥，富商羨之，亦印行書籍。

中國學術盛行

蓋家康自平亂後，知非文學不足以弱武人，因弛庶民講學之禁，鼓勵藩侯深究文學。有處士藤原惺窩者，長於程朱之學；家康嘗加厚禮迎聘，延講經史；學風漸盛，儒者日眾，尋以其徒林信勝為講官；信勝博學強記，應答如響，剖析不遺；因大信任，進為顧問，時人榮之。至家光承其祖風，建修孔廟，躬親祭孔。會有獻〈太平頌〉者，時人視為國瑞，學者益多。後中江藤樹繼起，其人服膺王陽明之學，主「先躬行而後文藝」。民薰其德，多為良善。

朱舜水

時明滅亡,學者有東渡者,日人樂與之遊。朱舜水之至長崎,水戶藩侯厚禮聘之,講授儒學,於日本學術所補不少。

建築之發達

自朝鮮之役,良工來歸,秀吉歿後,遂建築豐廟,規模宏大,雕刻精巧。其子秀賴又建築高寺,鑄造大鐘。家康之歿,秀忠立廟於日光;至家光修改,窮極華麗,令幕吏不得核減其費。又造高塔,採石於山,道路艱難,鑿山填谷,至用二萬餘人,費用不貲。及其成功,刻鏤人物,有若生成,氣象巍然。江戶數有大火,殿宇蕩盡,民舍無存,被難者嘗至十數萬人。然大火之後,羅致工匠,興工建築,美術工業,日益進步。故史家稱為文藝復盛時代。

第八篇
閉關鎖國，威逼通商
（西元一六五一至一八五八年）

幕府式微原因

西元一六五一年，將軍家光疾薨。子家綱繼之，年少庸弱；其輔政諸臣，多家光舊吏，後又相繼歿，家綱進用寵臣，威權漸替。會歲數饑，民或餓死；幕府雖時發粟賑之，終不能遍濟國內。平安、江戶又迭遭大火；受禍尤烈者，當推江戶。當時死者凡十餘萬人；公私儲蓄，一炬毀盡；災民無所得食，由幕府施粥，皆以瓦片盛之。其後修築，令諸藩助工，賦稅苛重，生計艱難，民益困苦。於是遊士漸多，私自結黨，報仇殺人，潛謀不軌。加以地數大震，山崩屋頹；蝦夷土人，時復叛亂，用兵不休，生事愈益窮困。家綱嘗令二藩鑿溝，皆辭以國內匱乏，將軍終無如何，幕府於是式微。

親藩始為將軍

及將軍寢疾，無子，大老有欲援鎌倉故事，迎親王於京師以為嗣者，議久未決；卒謀於親藩，迎親藩世子綱吉為嗣，親藩之為將軍自此始。

第八篇　閉關鎖國，威逼通商（西元一六五一至一八五八年）

綱吉戒殺之影響

　　綱吉性躁急，喜怒無常，左右近臣，偶爾忤旨，輒罹重罪，或殺或流。

　　先是綱吉之生也，其母嘗禱於護國寺，故綱吉德僧，賜以大園，崇信佛教。會其子病歿，僧說之曰：「人之乏嗣，皆前身多殺之報。今欲來嗣，莫若禁殺。且將軍之生在戌，戌，狗年也，宜善事狗。」綱吉以為然，令於國中：「凡失犬者，務必獲。遇失犬者，須收養；失主尋至，當立還之。」又令曰：「自今而後，犬被創不告者，一村同坐。」因使幕吏收犬，多至千頭，養之院中，狺狺之聲聞數里。性極愛馬；禁燒馬毛及棄死馬於野。又禁畜鳥，籠鳥者概命放之。其後禁益繁密，凡食用品，若豕肉魚蝦，皆不得食；生計窮蹙，食物騰貴，民深惡之，犯罪者眾。又寵任佞臣，專恣貪鄙，賄賂公行，判獄不公，以至人心離散，玩視法紀，藩侯私鬥，幕吏相殺。

建孔廟

　　然綱吉好學，闢學者為儒官；新建孔廟，規模宏大；親書其額曰「大成殿」，制十哲七十二賢及先儒神主。嘗親講《論語》，使諸侯在江戶者偕僧侶共聽。既而祀孔，將軍親臨聖廟；特置祭田，給諸生餼廩；後更講《周易》，藩侯及臣屬侍聽者四百餘人，每月數次，五年而畢。

作猿樂

性又好樂，召樂人作猿猴之戲，號曰猿樂；以樂工百餘為侍。市人榮之，競習猿樂，借求仕進。

因財政困難而圜法益壞

適國內大饑，餓莩相望，賦稅減少，費用不足。將軍命停武士月廩，分賜采地；然值荒年，采地不能得粟，武士大困。後大風卒至，壞及屋舍，生活維艱。將軍乃命酒戶減釀酒之粟，酒價騰貴，私釀益多，公私交困。富士山火噴，鳴聲如雷，沙石吹飛，左近田園，皆成不毛之地。及京師大火，大內罹災；天皇、皇子避於關白之邸，延燒者一萬三百餘家；損失之數，不可勝算。將軍又數興土木，嘗為養子家宣營造別業，令諸藩助役。及成，玲瓏工細，遍植花木。因遇夏月，輒擇童男女姝麗者三百人，豔服盛妝，披著新衣，作插秧之戲，其費不貲。然幕府貧乏，至無十萬金，供將軍謁墓日光之行；綱吉悲憂，乃採改鑄金錢之議。金夾銀銅，銀和銅錫，皆半其數，獲利如之。尋復鑄銀幣，雜以鉛錫；銀幣重量，不足實價四分之一，色黯如鉛。向之良幣，或被人民珍藏；或為外商帶出；牟利之徒，又私銷鑄，借獲重利。馴至惡幣充斥，貨價騰貴，商民惡之，隱折其價；幕府嚴禁，終於無效。

107

第八篇　閉關鎖國，威逼通商（西元一六五一至一八五八年）

家宣歿後之幕府

綱吉歿後，養子家宣繼為將軍，停鑄雜幣，蠲除酒禁，聽民肉食，登庸賢能，一時民困稍蘇。惜不久病斃；其子繼之，年甫四歲，幕府大權，歸於幕吏，將軍旋亦病歿。自是而後，將軍在位者，多屬幼少，不永其年；國內大權，迭歸寵臣。幕吏鮮久於位，因無經驗，政治窳敗。唯侍藩侯，本其祖法，國內得無戰爭者，凡二百餘年。文學既已興盛，且獎勵孝子，表彰貞節。有華商至者，獻《康熙字典》、《校唐律疏義》、《玉海》、《孟子》等書；將軍召見，皆重賞之。及江戶季年，時而疾疫流行，時而水旱相繼，幕府勢益衰微。

島原亂後各國通商之限制

島原亂後，得與日本貿易者，唯中國、朝鮮、琉球、荷蘭四國。貿易歲額，推中國為大。是時日本金價賤甚，攜金外出者，獲利之多數倍其母。將軍囿於貴金之說，病之；因限朝鮮商金額，歲萬八千兩，清船歲三十艘，荷舶二艘。傳命曰：「不欲守定額者，速去勿來。」後更限清船為十二，尋減其二；荷減其一；市場僻在長崎。日人之待清人也，較荷人為優；貿易範圍，較荷人為寬。蓋中、日相近，久有往來；人種類似，風尚多同；日人且視中國為禮義之邦，學術皆其所自來，故甚重之。至朝鮮、琉球，國小地狹，貨物不多，商額亦少。使者往來，聘報甚殷；二國饑饉，將軍嘗助以粟，儼然以屬國遇之。荷商限於長崎中之小島，歲納稅金三千；其商船至者，不能與日人直接購賣，唯有娼妓，得官吏許可，接待荷商而壟斷其利。荷人雖居處如囚，以嗜利故，甘心受辱。

日人漸知世界大勢

又荷商常獻方物；其所獻者，多歐洲精巧之品。睹物生感，日人因知有歐洲之物質文明。更值大歉，疾疫流行；荷商租地之醫生，從事醫治，功效昭著。於是歐洲醫學漸為時人所重，將軍家宣命生徒，往至其地，習學荷文。學者詢知歐洲情況，爰著《西洋紀聞》。其後一、二新奇之士。更冒險渡海，遊歷歐洲；歸後著書，詳所見聞，警告時人，指摘閉關之謬。但歐洲人士，仍獨荷人得至日本；嘗有負盛名之荷蘭學者，來至小島，欲著書述其風土，詳詢日人，日人因有從之學者。荷商後獻世界地圖，由是幕府大吏，漸知五洲地形。

日、俄交涉之始

日本東北鄰近俄屬西伯利亞。俄自葛壽齡第二（Catherine II）以來，國勢膨脹，戰敗鄰敵，俄帝威權，日益隆厚，愈益逞其野心，獎勵軍隊，遠掠亞洲，寸攘尺取，由大陸進至庫頁以及千島；利蝦夷皮毛之豐，數謀與日通商。當西元一七九三至一八〇三年間，常有日之漁夫漂流至俄域，俄遣使者還之；船至長崎，因借親善之名，求通商之實。將軍善待其使，而嚴拒其請。未幾，使者又來，申前請；幕議弗許，使者怒甚，駛還庫頁等地，焚毀民屋，劫掠器械，執其四人而去。尋還所俘，致書於將軍曰：「儻執前議，明年大舉，以武力解決。」將軍得書，命藩兵六千餘人往戍蝦夷。及期，俄人不至，召還重兵。而俄人又來，遣兵八人登岸，雙方言語不通，為戍兵所執。其主事者，乃致書於幕府曰：「往歲侵犯，皆屬地無賴所為，大帝亦已罰之；請還被拘者八人，復歸於

第八篇　閉關鎖國，威逼通商（西元一六五一至一八五八年）

好。」將軍歸之，厚賜以資糧。其後水戶親藩德川齊昭嘗言於中老曰：「蝦夷千島，本我中國之地，俄人傲然據有之。議者乃謂蝦夷瘠鹵苦寒，此迂腐之論也。……鎮撫開拓，實今日之急務。」

英、美請通商：不許

其時日人蓋猶未知注意於北境。西元一八〇八年，又有英艦一艘，駛入長崎，劫掠民家，強乞糧米，奉行遽命藩兵會擊；未至，而英艦已去，奉行懼罪，自殺。將軍因下令於諸藩曰：「凡外夷船艘駛近岸者，炮擊之。漁夫私在海上與夷人貿易者，概行嚴禁。」又美艦嘗以送日漂民至。明年，復求還美民漂至日者，並請互市。將軍但還其漂民，而固拒其請。

科學昌明後，歐洲工商業對於亞洲之要求

自歐亞海上交通發達以來，歐洲諸國，日思擴其領土，壟斷世界商業。其尤著者，英人自大敗西班牙軍艦後，勢力膨脹，海軍強盛；西則益移民於美洲，東則大貿易於印度。法人踵之，互相爭雄；迨七年戰爭終，而法之屬地，多歸於英。英人在印度者，遂收其主權，統治其地，管理其人。其後法國革命，擾及全歐；拿破崙乘時崛起，破奧殘普，用兵四鄰，歐洲益亂。卒乃群起攻法，大敗拿氏，流之荒島，乃得相安。自後各國生殖日繁，國勢益張，專注其力於殖民、貿易。時值科學大昌，多新發明；輪船火車，安渡重洋，遠越荒野；交通進步，訊息靈便，五洲各國，關係日密。又值工業革命，利用器械，立大工廠，僱用工

人，動逾千數，製造之品山積，原料之需求愈多。工業發達之國，勢不能不爭求市場，如亞洲之地廣物博，固白人之所深欲得以有為者也，亞洲諸國，豈能閉關拒之？

日本與美國商輪之關係

又如美國，自離英獨立而後，歐人以戰爭歲歉擾亂之故，移居於其地者，數大增進。西部荒野之地，漸次開拓。迨加州之金礦發現，太平洋岸之諸州，日漸發達。輪船往來於香港者益多，其程六千英哩。其來中國也，必過載煤，煤多貨少，非商人之利；尤非保護貿易之美政府所願也。故久欲於日本開一、二島嶼，為其儲煤之地。

閉關政策之不適時勢

及鴉片戰後，縱橫四萬里、人民以兆計之中國，竟敗於遠隔重洋之英國少數兵艦，而為城下之盟，締結《南京條約》，開通商口岸，亞洲黃人種之微弱無能，遂昭著於世界。美國繼之，與中國結約，同等享有英國所得之貿易權利；商業發達，船艘驟增，益欲得儲煤地於日本海口。尤有進於此者，美自購阿拉斯加於俄，其海多鯨，美人往往藉以致富，因而投資於漁業者甚眾，白林海峽之魚艇大增。其水手因風浪漂至蝦夷者，多為日人捕獲；當時幕府封鎖之例甚嚴，每遭虐待。美國亦嘗遣軍艦，索歸水手之漂至日者。自此而後，每有外人漂至，幕府輒託荷人遣歸；荷人時或不欲，苛虐待遇，當不能免。而幕府反於是時嚴申海禁，其反響乃有陂理（Commodore Perry）之威逼訂約。

111

第八篇　閉關鎖國，威逼通商（西元一六五一至一八五八年）

美國使陂理至日

　　西元一八五二年，美總統以陂理為使，往通日本。陂理者，本海軍中將，嘗至中國；故遣之。其國務卿之訓令略謂：本於親善之意，請求日本租以裝煤之地，善待水手之漂至其地者；如其所願，請開通商口岸以便貿易。陂理得訓，意殊怏怏。會國務卿有疾，陂理自草訓令，上呈海軍總長，得其許可。大旨准其自由動作，當船身受擊或水手傷亡之時，得還炮自衛。時有以與英艦合作之謀進者；陂理不可，意謂艦多則不易節制，與人合作，或將受其監視，遂率重艦四艘而來。其船之大，炮身之長，皆亞洲人民所未嘗見；並載有水兵六百餘人。陂理持國書，係其總統致日本天皇者，其中詳言交通便易，不可閉關；唯結約通商，互有利益。方陂理之將行也，美政府慮歐人妒嫉，以其使命，遍告歐洲諸國。荷人聞之，先告十二代將軍家慶曰：「明年，美人來請貿易，固拒其請，將有戰事。」及期，陂理艦隊駛至浦賀。日人驟見，遠出意料之外，視為怪物。其時美艦行駛於波濤之中，進退自如，轉動迅速。艦上水手，皆荷利槍，時發空炮，煙蔽近岸，聲震如雷；居民聞之，皆大恐懼。奉行詰其來意；譯者謂齎國書，議立商約。勸其南至長崎；陂理不許，率艦深入海灣，凡船阻礙之者，皆令撤退，其不從者，謂將炮擊。若官吏來見，陂理必詢其職位；苟非重臣，拒絕不納。更測量海灣，揚言於眾：將以資他日進戰。奉行恐愕不知所為，馳報江戶。將軍大驚，急令幕吏會議。先是，荷人來報，將軍祕之。事起倉卒，眾情洶洶，多主備戰，尤以德川齊昭為激烈。齊昭，水戶藩侯也，嘗以擅鑄槍彈，設立學校，為幕府所幽。至是，赦免其罪，參與會議，因陳不可和之十事。略舉之如下：

德川齊昭陳不可和十事

（一）國史記載：先祖征討外夷，未有外夷侵入國內者。如允其請，日本尊嚴，自是掃地。

（二）蠻夷為耶穌教信徒，許其通商，國禁弛廢，必蒙重害。

（三）通商之後，有用之金銀銅鐵，將皆輸出，以易其無用之玻璃等物。

（四）俄、英等國，數求通商，皆峻拒之。今許美人，其何以處俄、英？

（五）蠻夷外人，始來通商，繼而傳教，終至擾亂，二百年前嘗有其事。中國之鴉片戰爭，尤其著者。

（六）荷人嘗勸吾人渡海經商；今值昇平之時，無此需求。

（七）幕府召聚藩兵，武士之來，求殺敵也。如與之和，無乃喪其志歟？

（八）長崎二藩，世監貿易，於此謀和，若其職何？

（九）蠻夷遠來，愚民惶恐。今不示威，將難服眾。

（十）承平已久，戰士惰甚。今苟一戰，足勵其勇。

幕府之主和

時府庫空匱，海防久疏，幕府不能立招大兵，又無兵艦，賓主異勢，不如遠甚。幕吏略知大勢，且得荷書，詳言美國聲威，心中畏懼，多主和議；將軍遂命重臣，迎接陂理。陂理登岸，帥從兵三百，各執利槍，與譯者同來；已遞國書，進儀物，禮畢而出。將軍得書，使人答

第八篇　閉關鎖國，威逼通商（西元一六五一至一八五八年）

日：「事大任重，非旦夕可辦。以俟明年。」陂理遂期以明春再來，率艦而去。

多數藩侯之主戰

陂理去後，幕府以美總統國書及陂理使命，告於諸藩，徵其意見。諸藩昧於大勢，多數主戰。其一、二主和者，謂自閉關以來，國無海軍，又無鉅艦，海防軍隊，徒有其名，不能一戰。俟與夷通商之後，購其槍炮，積極備戰，可遠逐之。然將軍憚於眾議，仍設防召兵；於江戶左近之地，建築炮壘；沒收僧寺之鐘，熔鑄槍彈；召集將士，訓練戰術。於此軍備倥忙之際，將軍忽得疾而死，其子家定繼之。時美兵艦，方駐於琉球，琉球，其儲煤地也。陂理舉其經過以電告政府；海軍總長乃復申「無擅開戰」、「僅得自衛」之訓令。幕府既值喪事，懼陂理復來，因託荷人致書，告以喪事，請緩期；陂理弗許。

與陂理訂約

及期，徑率兵艦七艘，迫近內海，重申前請。幕府不得已，遣使迎接；仍命列藩聚兵，嚴守要害。使者已往，請兵艦退至浦賀，陂理不可。且曰：「如不得請，將徑赴江戶。」使者知不可說，因與約以橫濱為議場。陂理曰：「條約不訂，則爭端不免。」於是遂議條約。日本自有史以來，未知有所謂條約。幕吏既無訂約之經驗才能，且怵於美艦之聲威，心中疑懼，不知所為，唯陂理之言是從。當時議訂條約，凡十二條。略舉其要者四端：

（一）開下田、函館為口岸。美人至其地者，得購糧煤。
（二）漂民至者，善待遇之。
（三）美國公使，來駐下田。
（四）最惠國條款。

綜上條文，不足稱為商約；但開商約之端。其威迫之合理與否，揆之國家主權、通商利益、當時情況，殊難下斷語。唯縱無陂理，大勢所趨，其不能閉關，可無疑義！

英、俄、荷、法相繼訂約

陂理攜約而歸，日本弛廢海禁之事，哄傳一時。英、俄等國，效美成法，皆遣艦來。俄水師提督，帥兵艦數艘，來至長崎，致書幕府，約以三事：(一)修鄰好。（二)正疆界。（三)開港互市。將軍修書報之，議訂條約，開下田、函館、長崎為通商口岸。其次荷人上書，請訂條約，且告幕府曰：「俄國素懷野心，侵陵小國。近方與土耳其構兵，英、法助土，戰爭未已。」將軍得書，許開下田、函館、長崎三港。未幾，而英水師提督，復統率艦隊，駛近長崎；亦上書幕府，痛詆俄人；並請互市。將軍許開三港。迨法人至，亦如之。

所謂最惠國條款

凡此條約，文極簡單，皆載有最惠國條款。最惠國條款云者，凡訂約各國，在日本應得之權利，概當平等；若一國享受特殊權利，其他凡

訂有最惠國條文之國,雖其約文無隻字道及此項權利,皆得據約,要求享受。例如陂理所訂條約,僅載明開下田、函館為口岸。及俄、英約成,開放長崎,美人即得據最惠國之條文,來至長崎通商。當訂約之時,日人原不知其含有何種作用。而陂理條約,首載此者,蓋國際慣例,訂立商約,多載此文,證明其貿易於一國境內,享同等之稅率權利,各得自由競爭於市場之中,毫無歧視之意。受之之國,且必以同樣之權利予其所與立約之國。唯此條文,僅適用於日本一方面,其條約又非屬商約範圍,其白人欺黃種之愚借博厚利耶?充其所至,設日本以一島與俄,訂約之國,即執此條文得據他島;是一國領土,從此可以瓜分,主權何在?

美國駐日領事巴理士續訂商約

陂理條約,載明美國得派領事,駐於下田。西元一八五六年,美總統遂任命巴理士(Townsend Harris)為駐日領事。巴理士,紐約商人也;數來香港等地,以經商失敗,復歸紐約,熟悉東亞情形。既至,幕府請其回國;美使不從,欲見將軍;將軍謂條約無接見公使之明文,百方沮之。美使乃重申前請,進呈國書。幕府會議,久不能決,終乃許焉。方美使之在江戶也,諄諄然以世界大勢,鴉片之害,告知幕吏;並號召生徒,教授經濟。幕府信之,美使因百方勸說,議訂商約,凡四十一條。茲略舉其要者六端:

(一)美總領事駐於江戶,領事駐於通商口岸。又領事享有旅行日本國內之自由;美商貿易於通商口岸者,不受日本官吏干涉。

（二）日本遇與歐洲列強交涉困難之時，得請美總統為調人，和解其事，日本政府，可買火器軍艦於美國。

　　（三）開六港為通商口岸。美人至其地者，信教自由，得建禮堂。

　　（四）關稅協定，除酒等而外，輸入輸出，值百抽五。

　　（五）治外法權。

　　（六）最惠國條款。

幕府簽約之困難

　　先是陂理來議約，諸藩多主戰者；幕府不聽。遊士因蜂起，攻詰幕府。及此次約成，議定六十日內，由日本批准；美使仍歸於下田。將軍之意以為得天皇批准，盈廷異議可以立定，乃放棄其獨裁之權，遣使至京，上書天皇，請其批准此約。朝議則以其先未奏報，違背祖法，拒絕其請。將軍乃復使重臣，入京奏曰：「美使數至，切乞通商；若閉關固拒，恐將取禍。今變更祖法，以非仰天裁，不足以服人心，乞速詔許。」關白傳旨報曰：「開國通商，國家大事，上對祖宗神明，下關億兆人心，非可立決；宜採天下諸侯之公議上奏。」報至江戶。中老言曰：「似此，美使來迫，將如之何？」使者窘甚，多方緣說，利誘關白。關白將改敕文，會朝臣議之；公卿不可，終復拒絕。使者還報，幕府召巴理士告之，請其延期；美使色變，將如京師，親謁天皇，請其批准，幕府止之。未幾，有美艦二艘，俄艦一艘，來至下田，意欲示威。且揚言曰：「英、法之軍艦將至。」幕府大懼。於是巴理士往說之曰：「英、法聯軍，攻入北京，威屈中國，乘勢將至。今唯簽約，紛爭之時，我可據約勸諭二國；遲則禍且不測。」將軍以為然，遽自簽條約。時西元一八五八年也。

第八篇　閉關鎖國，威逼通商（西元一六五一至一八五八年）

條約裡日本之失敗

一、協定關稅

　　綜上條約，日人喪失權利最甚者，厥為協定稅率，治外法權。協定稅率者，開港之國，其海關稅率與訂約之國議定；苟後稍欲增變，必求得其同意，始可實行也。先是，日本稅率，苛重不一；外商至者，不知數額，時感困難，美使因以協定說之。荷人先與幕府議約，訂稅率百分之三五。及巴理士訂約，幕吏願改百分之一二。然巴理士嘗以經濟教授生徒，其徒固囿於關稅減少、貿易發達、貨價低廉、收入增多之說，巴理士又以此說之；遂改值百抽五。唯酒納百分之三五，輸入熟貨，納百分之二十，酒與熟貨來自英、法，故重稅之也。其採值百抽五者，以稅率若過低，收入太少，不敷支用，斟酌其間，故訂此數。事後，俄、英諸國，皆援最惠國條文，改訂商約，輸入輸出，皆值百抽五；日貨價標準，定於立約之時，數年之後，物價騰貴，或倍於前；實納稅金，乃僅值前之半。苟欲修改以符值百抽五之約，尤必得訂約國之同意；其手續繁雜，會議困難，出人意料之外。尤有進於此者，各國輸入，多靈巧奢侈之品，世崇樸實之日本，不能以重稅課之；其原料輸出，不能以稅率止之。以至日後工業漸興，政府謀借稅率保護國內之工商，終不可得。關稅自主，為一國之神聖主權，乃與外人共之，驕傲之日人，詎甘久困於此？宜其全國人民，莫不痛心疾首於協定關稅也。

二、治外法權

　　治外法權者，外人在日犯罪為被告者，不受日本法律上之裁判，但照其本國法例，受判於其領事；若與日人交涉處於原告地位，須控之於

日本法庭，根據其國內法律，判決於其法官。美使所以請此者，日本當時無法庭法官，刑事民事，斷於藩侯幕吏之喜怒；法律未備，刑訊嚴酷，罪及妻子；獄室卑小，惡氣蒸傳；胥吏殘惡，有似豺狼；號稱文明之白人，自不願受此非人道之審判。又當議約之時，攘斥蠻夷，風行一時，白人固疑判決訟獄，不能得公平待遇；其在日者，為數又希少，幕府固視其訟事為無足輕重。故美使請求，幕府反視為省事之一法，因而與之。其後交通日繁，貿易之數激增，訴訟之事驟多，問題繁雜；一國領事，非法律專家，動於感情，判決間有袒護，或故輕其罰，易激日人不平之心。其實世界強國，皆無治外法權之例，辱國殊甚也。

開設商埠之利害

至於通商口岸，開放之商埠也，外人唯於其地，得建築房屋，經營商業。

至若歐美，外商至者，一國之內，概得購地，建造房屋，開設商店。日本之開國通商，非其上下所願，欲其仿泰西慣例，勢必不能；故唯有勸其開放數港，以資通商。但其為害至猛且烈；且於外人亦有不利焉。蓋貿易之地，限於一隅；欲設支店於內地者，非託日人之名，不得置產營業，一旦偵知，罪以違約，雖沒收之可也。

閉關時代告終

幕府上奏商約之時，朝臣不知條文苛酷，喪失權利，徒守祖宗閉關之死法以拒之。及將軍批准之後，英、荷諸國利用最惠國條款，爭來改

第八篇　閉關鎖國，威逼通商（西元一六五一至一八五八年）

約，共享同等之權利。將軍怵於外人之威，一一從之，於是日本二百年來閉關之歷史告終。

第九篇
訂約通商
（西元一八五八至一八六七年）

日本人對於商約之心理

　　世以武力稱雄之日本，寧鬥而死之武士，乃竟未傷一人，未毀一城，自抑自屈，訂立有史以來所未曾有之通商條約，與素視為「蠻夷」之歐美諸國為友，破壞二百年之閉關祖法；將軍固亦重視其事，徵意見於藩侯，上奏議於天皇；諸藩主戰，天皇拒約，幕府劫於外力，概不之聽，擅自批准商約，開港貿易：此舉也，依據日本人之心理，將軍實上違皇命，下背公議，故舉國若狂，議論紛起，爭攘夷狄，幕府成為眾矢之的。

井伊直弼力主和議

　　未幾，將軍病甚，年少無嗣。眾意援立德川齊昭之子慶喜；幕吏會議，久不能決，上奏一百二十一代孝明天皇。天皇報答宜立賢長者，所謂「賢長」，亦隱指慶喜也。先是，大老井伊直弼與美使訂約，齊昭素主

攘夷，陳不可和之議十事。及聞簽約，又曰：「違敕罪大，不可不爭。」因至江戶，請見將軍；將軍稱疾不見。至是議立嗣，直弼大懼，遂迎立紀伊親藩之世子家茂；將軍病歿，家茂繼之。由是幕府大權，概歸直弼。直弼之為人也，膽大敢為，稔知世界大勢，力主和議；因嫉齊昭及其黨與，遽奪其參議幕府及朝政之權，而以己黨代之。於是親藩之不服者，與齊昭相結；國內奮激之士，尊之如神；公卿中主拒約者，咸奉以為主。天皇亦密賜詔，聲數幕吏違敕之罪；且命齊昭「協心戮力，翼戴朝廷，扶持幕府，以抗禦外侮」。

藩士之激昂

會彗星出現，國內病痢，患者醫藥無驗，朝瀉夕死；死者家族皆歸罪於幕府無故破壞祖法，以致神譴；怨者日多，黨援益眾，物議大譁。直弼懼甚，遣人偵之，備悉情實，乃命吏四出，分捕藩士之與亂者，檻送江戶，嚴刑拷問，頗獲蹤跡；於是大獄遂起，以齊昭訴外事於京師，謀幕嗣於公卿，私請救命，罪以禁錮終身；又幽親王，威迫大臣，令削髮屏居；被捕之藩士，或斬或流。藩士之對獄也，慷慨激烈，毫不屈服，時人敬之，視為志士。自是人心益奮，隱相聚謀，誓達目的。

井伊直弼被刺

日、美商約，載明一年之內，日本使者，往美京華盛頓換約。幕府憚於物議，不敢即遣，商於美使，請得延期。巴理士知其困難，許之。及興大獄，直弼謂開港通商，屬於幕權。一時威令頗震，群眾不敢暴

動，境內稍安；直弼以為自此而後，可無憂矣。西元一八六〇年，幕府遣使至美；美人尊為大賓，國會議其費用，多至美金五十萬元。日本志士，因益痛心於直弼，隱謀刺之；來集江戶者十餘人。會大風雪，直弼乘輿，行過市中；忽有數人，喬為奴裝，高呼訴冤，疾趨輿側，從者叱之，不能止。俄而又有數人擁途呼冤；從者驚異，皆往視之。訴者乘間，以刀斫輿丁，輿丁驚逃。從者見狀，反奔救護；刺客拒鬥，中有一人，走近輿旁，遂斬直弼，皆呼嘯散去。旋有四人，自首歸死，上書將軍，數直弼大罪。內有「當路有司，—— 洗舊汙，大布新政；上奉聖主之敕，下副蒼生之望，維持世道，抗禦外侮，臣等死而不悔，謹俟鼎鑊」云云。幕府大搜其黨，皆斬殺之。江戶恟懼；將軍令兵嚴守要地以防死士。

日人謂皇妹下嫁為幕府輕侮皇室

　　直弼被刺後，齊昭亦疾歿；然幕府之威勢漸衰，朝臣之隱謀益甚；浪士日多，聚眾紛擾。將軍大懼，意欲深結朝廷，從幕吏之議，遣女使入宮，請尚皇妹，孝明天皇初固託辭不許；報至幕府，幕吏議廢帝，使者又固請不已。值奉行有諫中老者，中老不聽，奉行自殺；其遺書述及廢帝之謀，辭意壯烈，有「血淚如雨，鐵腹如裂，誰不慟哭仆地」云云；一時傳誦，聞者皆為流涕。天皇知之，詔許其請。將軍喜甚，賜金親王以及搢紳之家，借固其心。皇妹下嫁，雖有先例，但不數見。浪士因之大憤，謂其輕侮皇族，要挾天皇，謀殺中老安藤信正 —— 信正主請皇妹下嫁者也。明年，有行刺之浪士六人被執，胸懷一書，略謂：信正強請皇妹下配將軍，借求敕允通商；萬一弗許，將逼讓位，並命學者檢廢帝之例；臣等不忍聞見，誓斬奸賊。將軍誅之。

第九篇　訂約通商（西元一八五八至一八六七年）

浪士仇殺外人

　　紛擾既甚，動於義氣之武士，多脫籍為浪士。浪士者，無所統屬之藩士也。其人周行四方，伸雪恩怨，行如盜賊。既蓄怨於通商，乃欲得外人而甘心焉。於時外人日間行於市者，多受汙辱；入夜，浪士輒襲其住所，毀其器具，殺戮其人。西元一八六一年，有美公使之譯員，日暮歸家，途為浪士所殺。先於此時，外人被殺者，共有十六人，唯皆商人。及譯員被殺案起，英、法、俄、荷公使，以幕府不能保護使館安全，退出江戶，欲俟圓滿解決後，方歸使館。獨巴理士不去；各國公使，無所藉口。美使從容交涉，幕府償金十萬，恤死者之母，其事乃已。

英、法駐兵橫濱

　　明年，浪士十餘人，襲擊英使館，衛兵禦之，頗有死傷，殺英人二。事聞，幕府立命搜捕其黨，不獲。英使大怒曰：「日本無理，不可喻說。」與法使退至橫濱，將以兵至。中老百方諭解，允恤死者之家五十萬金，英、法並得駐兵於橫濱以自捍禦；事始得已。抑日本開港，其始雖為威迫，非日人之所願；定約之後，外人貿易至通商口岸者，根據商約，國家理應保護。公使為一國之代表，其應尊敬尤無疑義。傷及商人，猶涉於個人；擾至使館，則牽及一國，其問題殊為嚴重。雖暗殺之謀非幕府所知；但幕府握政府實權，國內治安，不能不完全負責。此役也，幕吏知英勢強，因厚恤外人以得無事，然已開駐兵危險之漸。既而水戶藩士，有傳檄四方以蕩滅醜夷號召國內者，諸藩浪士應之，凡二千餘人，將襲橫濱，屠殺外人；將軍令諸藩捕之，事乃暫平。

日人不知歐美金銀市價

　　武士力主攘夷,然不能禁人民購買舶貨。商約簽定之後,貿易額增,船舶日多。時日本金價,四倍於銀;歐美金價,十六倍於銀,販賣者其利四倍,而日本人懵然不知。歐美商人,羨慕其利,過載銀來,購買日金,甚至公使官吏,亦逐其利。於是英人恥其官吏受販金之名,商於美國,意欲禁止。美國務卿許之,令巴理士與英使合作,禁官吏販金,其弊漸止。然先是時,日金輸出,歲月增多,金幣減少,人民珍藏,不敷流通,物價騰貴,生活困難。浪士大憤,益痛心於外人。

長、薩二藩之崛起

　　於是物議紛呶,黨同伐異,國內洶洶,有瓦解之勢;大藩失望,漸自擁兵,圖謀富強;中老驚惶,不知所為。長門藩侯毛利慶親乃說以登庸賢能,改革時弊。長藩遠在西南,地大兵壯,國內之強藩也。但浪士勢盛,擾及京師,公卿恐懼。天皇乃命薩摩藩侯駐於平安以鎮撫之。──薩摩在九州南隅,又外藩中之大藩也。當藩侯來京時,途遇浪士二百餘人,說之曰:「近者幕府,凌辱朝廷,結盟醜虜;臣等憤激,意不自禁。知公忠勇;願公解朝廷厄運,據大阪形勢之地,號令諸藩,迎奉天皇,討伐幕府,攘斥夷狄。」薩侯患其暴發,曲意撫之。旋薩摩浪士在大阪者,憤其姑息,立欲舉兵;薩侯諭令稍待,不從,因而奮鬥,互有死傷。方亂之起,幕吏驚逃,幕府之無能為,益昭著於外。

第九篇　訂約通商（西元一八五八至一八六七年）

天皇命將軍入朝定期攘夷

　　未幾，天皇遣人召將軍家茂率諸侯入朝，共決內外事宜。初，將軍不至京師謁見天皇者凡二百年。迎立嗣君，定於將軍大老中老之議。議定，天皇使人齎詔書任之。將軍擁賞罰之權，遠駐江戶，君臨諸藩，撫有人民；若來京師，朝見天皇，跪拜如儀，居於臣位，屈辱殊甚，故非其願。及至斯時，浪士以尊王相號召，朝廷之聲威頗張。使者宣詔，將軍許諾。天皇俄命使者傳旨於幕府曰：「凡因外事譴累者，宜速釋之；死於非命者，亟改禮之。」時幕府已宥齊昭之子慶喜不諫其父之罪，登庸主事，定前主和誤國之罰，奪故大老直弼之邑；朝使復至，數敕將軍定期攘夷，將軍迫於物議，含糊許諾。然幕吏深知歐美商人，挾鉅艦重炮之助，非持刀劍之武士所能敵，又不敢戰。將軍之位，益覺危苦。

諸藩妻子歸國後之江戶

　　諸藩爭強，浪士蜂起，幕府衰弱，力不能制；《武家法例》，漸至殘破無餘。初，家光定諸侯妻子，住於江戶；諸侯以時朝見，供獻方物，將軍多厚賜之，習久成例。及至此時，幕府之庫空虛，不能盡宴會之歡；事務繁多，又無暇顧此虛儀；藩侯往來，勞碌於途，所費不貲；將軍威替，勢難賡續。幕府欲結藩侯之心，西元一八六二年，將軍變更祖法，許諸侯妻子就國；改會同之期，親藩十二年一來謁見，大藩三年，留住百日，小藩一年，留住二百日。令頒，諸藩妻子，盡皆歸去。方其在江戶也，待從眾多，用度奢侈，商人爭集，幕府貨稅，收入豐厚。及既歸藩，侍從多去，奢侈物品，售額減少；居屋半空，無人過問；市廛蕭條，

稅入益枯。而且自諸侯妻子歸去以後，幕府失其所挾以馭諸藩之質，大藩無所顧忌，唯其心所欲為；小藩歲朝，留住時久，待遇不平，多懷怨望，共謀幕府。日本學者，故有謂改法之日即為幕府覆亡之日者。又江戶勢衰，浪士漸希，而京都平安，諸侯常至，人數驟增，故市廛興盛，工藝發達。

薩藩侍從暴殺外人

先是，薩摩藩侯，應天皇之詔，駐於平安，鎮撫浪士。既又來至江戶，謁見將軍；禮畢而去。日本例俗：官吏出行，平民當避立路傍；俟其過後，始得前進。是時藩侯與其從者，馳騁而前；途遇英商四人，騎於馬上，其中之一又婦人也。四人遠聞叱呵之聲，奇之，欲前以觀其異。及從者馳至，謂其阻礙前驅，遂曳下馬，刃拳交加，殺死一人，二人重傷，唯婦人先逃。報至使館，英使大怒。以向之殺戮外人，猶為浪士；今犯罪者乃大藩之侍從。幕府權力統治諸藩，而其臣屬，公然仇殺外人，是將破約也。

英艦迫鹿兒島

於是英人率兵艦數艘，徑逼橫濱；來書切責，辭文倨慢，要求苛重；且約期答報。幕議難之，請得延期，議不能定。迨英艦聚集益多，觀兵耀威，幕府洶擾，中老至稱疾無視事者。乃恤死者之家，金四十五萬元。英人怒猶未已，由海軍提督率兵艦七艘，駛入鹿兒島灣，請薩摩藩侯立出罪人，並輸償金。藩議主戰，猶故意遷延，密為之備。英人倍

忿,猝奪其汽船三艘,兵端遂啟。英艦進擊,彈如雨注,火及街市;炮臺為之毀壞,戰士多傷;藩侯大懼,允償卹金。斯役也,鹿兒島城被毀。城,日本西南商埠也,居民十八萬人;及受重創,民多逃亡。

戰敗後武人之覺悟

薩藩人士,知其土槍不敵巨炮之猛;忠勇武士,竟敗於久練之兵。由是好奇膽大者,遠出遊歷,求增知識,藩主復爭購軍火,供給軍隊,採取西法以訓練士卒。

西元一八六四年五月十日長藩實行攘夷

將軍家茂應天皇之召,命其顧問先入平安,預理一切。三月後入朝,獻黃金白銀。天皇躬臨神社,誓言親征,復將以攘夷刀賜家茂。家茂稱疾不出,慶喜厪從,因代受之。定以西元一八六四年五月十日為攘夷之期;遍告列藩,令各出兵。但親藩、內藩,謂非將軍之意,不肯奉詔;外藩亦觀望;獨長門藩侯毛利慶親,先於境內沿海要害之地,建築炮臺。及至詔下,有美船一艘,駛往長崎,過赤馬關。長門藩士,發炮擊之,未傷而逃去。既而法艦、荷艦過其下者,皆被炮擊,受重傷。英、法兵艦,薄近其地,還炮示威,旋亦駛去。美使以炮擊商船之故,與幕府交涉,要求償金;船雖未傷,將軍猶如數與之,且許懲罰藩侯。及幕府遣使詰毛利氏擅擊外艦之故,長人不服,竟拘留使者。使者俄死;幕府謂其殺之,相惡甚深。

長藩被拒入見

　　值天皇將親征攘夷，長門將士之在京師者，戎服備裝，封鎖大內，禁止出入，事將不測。天皇大懼，中止親征。於是朝臣驚愕；其黨於德川者，謂其將挾天子以令四方，肆力詆斥；天皇因詔長軍，遠離京師，拒其入見。長藩數請廢免前禁，詔皆不許。

長軍入京之失敗

　　亂後，將軍又率諸侯入朝。天皇下詔，一變前旨。略曰：「朝臣三條實美等，不察國內大勢，矯議親征。長人忽其主命，炮擊夷舶，其罪至重。」當是時長人方聞外艦聚集，來報前隙，亦遣使上書曰：「尺寸之地，莫非王土；縱夷上岸，天下之辱也。」不報。其西南諸藩黨於長門者，皆言宜合全國之力，征討外艦；又不省。於是長門將士，率兵三百，鼓行而西，將入京師，近畿一時為之震動；幕府命其三日歸藩，又弗聽。薩摩等藩，乃請進討。先是，長門炮擊外艦；薩藩亦有汽船一艘，於黃昏時，駛過赤馬關，戍兵誤以為外艦也，發炮擊之。彈及船上，火藥爆炸，傷死者若干人。後見旗幟，始知為薩艦；乃遣使往告曰：「蕃艦樹貴藩旗幟，將來襲我，已擊之矣；敢以此告。」薩侯固悉其情，因深惡之，久欲報復，故有此請。朝議從之。於是將軍令長人曰：「即撤軍歸；否則致討。」長人大怒，揚言：「將清君側。」欲夜襲京師以迎天皇。事聞，公卿諸侯，馳赴京師，閉門嚴守。昧爽，長人攻門；守兵應戰，更出擊之；長兵敗潰，將士自殺。此役也，京師半毀於火。幕府乃數毛利氏之罪，削其官爵，命大將率二十一藩之兵討之。

伊藤博文、井上馨遊學歸國

　　幕府嘗欲討伐長門，久而不發。各國公使，謀共懲之。伊藤博文、井上馨在英，聞之，遄歸。伊藤、井上，固長門藩士也，素有大志。值外人來逼，欲知歐洲情形，因得其主金錢之助，與同志數人，謀於英商，得至英求學，借知歐洲諸國政治修明，人國樂業，工商之發達，國勢之隆盛，遠過日本。及聞長藩與外人構隙，遂乘輪而歸，謁見英使，詳道藩人之愚，將歸解之。英使嘉其誠懇，特遣軍艦，送歸長門。是時伊藤、井上，已脫武士刀服，剪髮戴帽，著外人裝，道路為之側目。已至，二人說外國形勢，論和戰利害；藩人聞之大怒，擊傷井上，至死而復甦；伊藤隱藏，得免於難。

四國軍艦炮擊長門

　　既而英聚兵艦九艘，荷四，法三，美一，薄長門海岸，炮擊岸上。藩軍還擊，抗拒猛烈。但外艦堅強，行駛迅速，彈丸橫飛，硝煙蔽海；長門炮火，遠不如之，炮臺多被毀，死傷者甚眾。日暮稍息。明日又戰，勢漸不支。藩人始信伊藤、井上之言，遣井上等為使乞和。使者謝罪，許不啟釁，外艦乃退。

各公使奢求賠款

　　公使復開會議，索軍費三百萬元。美、法、荷船，嘗受炮擊，各得十萬，為修補損傷之費，餘款均分。此戰也，公使自聚兵艦，擅擊長藩，

與幕府初無交涉；軍費則令幕府償之，豈得謂平？戰後，英伯爵羅素來至日本，謂其公使曰：「英國政府，不願以武力侵犯日本，傷及幕府諸侯。雖以微弱之海軍擊之，概當惋惜。兵艦僅可用於困急時以自防耳。」三復斯言，此次用兵，其侵犯日本主權，無可諱言；索償軍費，尤為無理。又如美船，先未受傷，已得賠款，何由更受十萬金？西元一八八三年，美國會議退還日本七十八萬元，斯可見歐美諸國當時之奢求無饜矣。

長藩內部二黨之消長

幕府下討長門令。後三月，由征西大將率士卒一萬七千，發自京師。時長門戰士，非僅武士；軀幹強壯之農民，亦有入伍者。號令嚴明，訓練整齊，復建築城壘，購買火器，兵勢大振。及東軍來伐，藩內之議論不一，遂分二黨。其一欲嬰守城池，抗拒東軍；其一主恭順幕府，悔罪乞和。卒之恭順黨勝，藩侯毛利父子，屏居寺院，毀藩內寨柵，盡撤守兵，誅戮藩吏之謀抗幕府者，以示悔罪恐懼之意，因遣使者報之征西大將。大將命止攻擊，約令毀城交犯謝罪；使者許諾。大將奏謂長人伏罪，遂班師。師已退，主戰黨復盛，號召於藩內曰：「俗吏託名恭順，導敵毀城，侮辱藩侯。舉兵誅罪，今其時矣。」於是將士之欲戰者，爭集附之；敗恭順黨而握藩政。

討長聲中之開港問題

變聞，幕府議決將軍親征。家茂令於國內曰：「長藩毛利氏怙惡不悛，予當奉詔親征，沿途諸藩，其各整眾俟命。」俄而家茂入京，請下

詔討伐；朝議許之。家茂來至大阪，收聚兵糧。會英、美、法、俄、荷聚兵艦八艘，馳入兵庫（神戶）海灣，請開其地為口岸；且曰：「苟不速決，將之京師。」幕府力不能拒。且討長之兵已發，事務紛繁，內外交迫，家茂大懼，因稱疾辭職，欲使慶喜繼為將軍，上表奏請，並乞開港；遂退回伏見，將俟朝命東歸。人心惶恐，不知所為。於是慶喜聞之，單騎來諫，因悉其情，交章上奏，請批准條約。天皇窘甚，詔家茂力疾視事，唯不許開放兵庫。家茂因奉詔，數長門八罪，率軍西討。忽薩藩上奏曰：「討伐長門，師出無名；徵索兵賦，不能從命。」幕府之主張，復大受打擊。先是，京師變亂，薩兵力攻長人，多獲其良。既而謀覆幕府，慨然變計，遂善視長藩之俘，禮而還之。

西鄉隆盛結合薩、長以倒幕府

薩之參議西鄉隆盛，更密遣使者，通好長門。隆盛，薩藩武士也，嘗倡攘夷論；幕吏捕急，因自投於海，遇船得救；故益惡幕府，百計傾覆之。於是薩、長之怨遂釋，故薩不出兵。其黨於長門者，皆不應命。

幕府討長之失敗

人心渙散，幕府氣奪。將軍知不能戰，數遣使者，召長門藩侯入見。既而不至，又延其期。且曰：「來，則還汝江戶留邸之俘。」遣人促之。毛利慶親但遣使者數人往見；已終不至。幕府無奈，始促兵前進。唯時將軍之威嚴已失，戰士之勇氣日喪。長藩得暇，招練重兵，建修山

壘，購買軍械，設備拒戰；又數幕府罪狀，以激軍心。討伐之師，多自諸藩來者，眾心不齊；動於感情之武士，率袒長人。其統領大將，又畏怯無能；將軍遠在大阪，更不能鼓勵士卒。長人則自知敗後必受奇辱，人殊死戰。及兵相接，長人四散襲擊，又熟知地勢，據險抗守，輒敗東兵。然東兵人眾，由四面環攻。長門人士，恐久見圍，勢將崩敗，乃請薩摩藩侯，上哀奏書二，借搖東軍之心。東軍數敗，長人遂乘勝，攻平其鄰近小藩之助幕府者。既而東軍復大舉進攻，又敗退，諸侯或引兵自歸。將軍家茂大懼，令慶喜視師。將發，將軍病死。天皇乃下詔罷西征之師，令慶喜繼為將軍。慶喜遣使喻長人罷兵；長人不許，後乃聽命。此役也，幕府竭其財力，聚集兵徒，倍蓰長人，竟不能一勝，威名掃地，諸藩益不受其節制矣。

新開兵庫港

慶喜襲職，英、法、美、荷公使來至大阪，賀將軍就職，並請開兵庫為通商口岸。幕府婉拒，公使請益急。初，長人許和，猶置戍兵於其戰服之鄰藩。及外交變起，慶喜欲先決兵庫問題，然後議長事。西南強藩，上書幕府，以為失緩急之序。慶喜不聽，上疏天皇，乞許其請。時孝明病崩，朝議先朝不許，不能立決。明治天皇乃下詔，諮詢眾議。及將軍率其臣屬及諸藩入朝，薩侯又稱疾不至，屢召仍不起。諸藩會議，爭論逾月，終許開港。而西南強藩之與議者，皆託疾就國。於是幕府之外患雖去，西南之隱謀益亟。

第九篇　訂約通商（西元一八五八至一八六七年）

第十篇
幕府滅亡

強藩勸將軍歸政

　　外人請開兵庫為通商口岸，將軍慶喜上書奏請，情辭迫急；朝廷因諮詢公議，召諸侯入朝，西南強藩，多託故不至。既而議決開港，由天皇認可。土佐藩侯山內豐信不服，亟稱疾歸。及開港令下，令文偶涉強藩，藩侯不服，上書申理，不省，皆歸。幕府與強藩之隙於是益深；山內豐信因令其臣上書於將軍，略曰：「天下政權，宜在朝廷。朝廷設議政局，改革時弊；廣立學校，培養人才；訓練軍團，守衛皇都；與外交涉，則合眾公議：凡此數者，苟能採行，斯國勢可張，得與萬國並立。」他藩繼之，上書幕府勸將軍歸政。時關西大藩，互相連結，共謀幕府，勢力強盛。慶喜得書，因大會幕吏列藩，以歸政奏文示之，詢其意見。親藩內藩，意多不欲；獨薩、土二藩之使者同聲勸說。既退，慶喜獨留二藩之使者，聆其縱論；使者詳述歸政之利，慶喜意為所動。

第十篇　幕府滅亡

德川慶喜之為人

慶喜之為人也，文弱怯懦，不足有為。其父齊昭，自禁錮後，常以「尊王」、「大義滅親」之說教之；慶喜習聞其說，尊王之心素強。及居幕府，備悉府庫空虛，勢力衰微，上則朝命迫急，外則強藩嫉惡，下則浪士橫行，而外艦時來，重索賠款，威逼開港，內自恐懼，不知所為。故土藩上書，名為陳說；強藩助之，無異威脅。將軍內無所恃，終於屈從矣。

幕府告終

慶喜歸政之意既決，西元一八六七年十月十四日具疏上奏。其時朝臣分為二黨：一黨幕府，謀沮歸政，以關白為首；一主即許其請。天皇下其事於公卿；公卿會議，薩土諸藩之使者在焉。皆曰：「天下之事將定於一，遲疑不斷，則失時機。」明日，議決許之；天皇更詔列藩來京，會議新政。詔下，九日後，慶喜上表，辭征夷大將軍。逾月，強藩來京，多仇幕府者，會議於小御所，赦長門之罪，許其侯入京，復前此仇幕各藩士之官。十二月九日，天皇詔廢攝政、關白、征夷大將軍、議奏、傳奏、守護等職。俄下諭曰：「自今而後，大小政令，皆從天下公議，裁於聖心。」幕府於是告終。

幕府覆亡之原因

幕府基於源氏，歷北條氏、足利氏而至德川氏，制度大備；前後六百餘年。一旦傾覆，其故繁多，前略舉其一二，茲述其他原因如下：

幕府覆亡之原因

一、奢靡窮困

　　江戶幕府，自中葉而後，將軍多年幼者，無知無能；大權歸於大老、中老，幕吏貪利受賂。德川氏之子孫在江戶者，窮極奢侈，衣服器皿，日趨精巧；美術工藝，大為發達；歌舞盛行，風俗頹敗；將軍雖數禁之，迄不能改。歷代將軍又多好學之人，鼓倡文學，致其子弟專好讀書，怠於武事，漸流怯弱。甚至武士組織學會，講經說道；世受俸祿之戰士，好勇鬥狠之氣，一變而為崇尚禮義，不勝文弱。後值歲歉，人民死亡，國用不足，將軍綱吉嘗至涕泣，以其統治一國竟無十萬金充謁日光寺之費。於是幕吏進策，鼓鑄惡幣，充斥市場。既復良幣，幕府益困；乃更發行紙幣。又因幕府以欠藩侯之款，許其自印紙幣，他藩見而效尤。票類淆亂，價值不一，有金票、銀票、銅票、錢票等各種之異；沿及季世，紙幣流通者，多至一千六百餘種。於是生活艱難，貿易阻滯。幕府欲節宴會之費，改諸侯謁見之期，聽其為質之妻子歸國；強藩遂無顧忌，後雖招之，每不肯至。幕府久困，政令不行，崩亡之勢，自不能免。

二、神道教及忠君說之盛

　　幕府初建，家康陽尊皇室，借服諸藩之心；一方則藩侯禁與朝廷往來，定為律例。適昇平之世，國內無事，藩侯以讀書自娛，其勇敢不馴之氣漸已消磨。至綱吉又講說《周易》，身為提倡。時值中國明亡清興，明臣之不服者，若朱舜水等，遁之日本。舜水抵長崎，水戶藩侯敬其為人，禮聘至藩，親執弟子之禮。舜水講宋儒尊君之學，申王霸之辯，弟子甚多。藩侯化於其教，修理毀陵，建立死王事者楠木正成之墓；編《大日本史》，其規模條例，多仿朱子《通鑑綱目》，尊君誅奸，辨明偏正，以尊氏之亂定南朝為正統；由是朝廷對於幕府之關係乃大明顯。

第十篇　幕府滅亡

　　日本之學者，則藤原惺窩，首倡程朱之學。其徒林道春，博涉群書；復標榜朱子，排斥陸、王，攻擊道、佛；唯於神道，時有袒護。弟子多以躬行實踐相勵；而神道漸盛，流於怪誕荒謬之說，尤以山鹿素行為甚。山鹿初修朱子之學，後斥宋學，鼓倡神道，著述豐富，詳闡武士道之旨。吉田松陰師承其說，流傳甚廣。日本原以神道立國，天皇託於神胤，神道學者即根據此說，謂「天皇之國，萬世一統」；將軍非其分而竊之，義極明晰。忠君思想，日益膨脹；剛烈之藩士，遂有攻擊幕府者。幕府不知其故，數興文字之獄，猶復獎勵藩士讀書，厚賜孝子節婦，忠孝之說，愈益深入人心。及幕府季世，有高山正之者，性好擊劍，跋涉山川，倡說大義，鼓舞志士。每至京師，遙望宮殿，輒跪拜曰：「草莽之臣正之。」又嘗赴足利尊氏之墓，數其罪惡，慷慨言曰，「何物尊氏！殘賊忠良，戕殺皇子，播遷天皇！」且言且鞭，聲淚俱下。風聲所感，志士奮起；幕府歸政之機，漸成熟矣。

三、親藩之離心

　　家康封子於要地，成輔車相依之勢，號曰親藩，羽翼將軍。及幕府季世，首作難者，乃親藩水戶德川齊昭也。齊昭博學能文，留心政事，深喜西洋戰法及醫術等，密遣近臣，南至長崎，求其學術。嘗為幕府所幽；後復起用。值陂理來日，齊昭建議陳不可和之十事，文辭佳麗，語意激昂，流傳一時。其親臣藤田東湖，神道學者也；尤博通古今，尊崇天皇。及美使來之江戶，齊昭上疏，爭論違敕之罪；將軍弗聽。齊昭旋稱疾，辭幕府參議之職，致書朝臣，請其諫止。約成，將軍遣使入京，奏請批准，朝議不許。其所以然者，固由頑固之朝臣囿於祖宗之法；抑亦幕府內部渙散，素為朝臣敬仰之齊昭影響所致。卒之幕府逼於外人，

無策可籌，乃由將軍私自簽約。會將軍無子，忠於天皇萬世一統之藩士，屬意齊昭之子慶喜；齊昭亦自以為必其子也。但幕吏懼其改約，迎立紀伊親藩之世子為嗣，更擯黜齊昭。齊昭乃結尾張、越前二藩，私與朝臣往來；國內志士，奉之為主，天皇至賜敕以勉勵之。此舉也，天皇朝臣始與藩侯結合，二百餘年之《武家法例》，由此破裂。幕吏偵知其謀，大懼，亟興大獄，重罰其黨。於是人心愈憤，浪士蜂起；外藩與朝廷相結益深，共謀幕府；幕事遂不可為。

四、浪士之激昂

　　獄興而後，浪士橫行，聚集徒黨，以攘夷為名，謀殺公使，焚劫外人；尤痛心於主和之幕吏，遂殺大老井伊直弼及其下幕府耳目等。會水戶藩士，託齊昭遺命，傳檄四方，共殲醜類；應者二千餘人，所在騷擾，且襲橫濱——橫濱，外人聚集之所也。將軍令人捕之；群眾失敗，以長門、薩摩方共謀幕府，相率往歸。幕府亦知民人恨己，佯為改圖，崇天皇之命，修因外事得禍者之墓，招還禁錮遠流之大臣，罷黜定約之幕吏；而浪士之患，猶不能止，擾及平安。朝臣恐懼，天皇因詔外藩駐兵於都下，以衛宮闕。長門將士，來至京師；隱招浪士，收之成軍。

　　幕府亦仿其法，募集浪士，給俸養之，名曰新選組；而浪士益無顧忌，勢如火焰，天誅黨之亂遂起。天誅黨者，由浪士相結，潛戮幕吏，自以為奉天行誅也。嘗號於眾曰：「幕吏唯知德川氏三百年之德，而忘朝廷三千年之恩，重賦厚斂，為幕府爪牙，荼毒天皇赤子，故加天誅。」又傳檄曰，「皇祖開國，皇孫御世，天子為天下之主，人民為天子之臣。其辨大義，明順逆者，宜事朝廷。事定之後，得除田租之半。」黨徒眾多，聲勢大振，旋即敗逃，多之長門。未幾，浪士據銀山以叛，傳檄討幕。

略曰：「天子陷在賊中，為人臣者，皆宜切齒奮起。況茲州士民，當南朝之時，討伐逆賊尊氏，大節載於史冊……其共勉之。」一時應者千人。將軍命藩兵進攻，黨眾多死，餘因亡命，紛擾益甚。幕吏畏懼，至不敢私自出入，往來必以侍從；幕府蓋漸失其統治之權。

〇五、強藩驟起

自藩侯之駐兵京師也，時有建議，隱謀幕府；或輸金朝廷，借要天皇之寵。公卿之惡幕府者，復引之為援。強藩之欲望益奢，專圖富強，陽託恭順天皇之詔，隱與外人貿易，購其槍砲兵艦，採其軍制學術。薩、長二藩固嘗構隙於外人；外艦攻之，藩兵敗退。因知舊時代之戰術絕不能禦敵，改組軍隊，嚴加訓練，兵勢頗振。而幕府戰士，器械窳敗，訓練不精。卒至長門之役，幕府衰狀，昭著於外；強藩結黨，請其歸政，固其所也。

六、藩士之尊王覆幕

諸藩之所以服從幕府者，非有君臣之義，力不能敵耳。幕府衰微，兵不能戰；強藩勢盛，久欲起而代之。更觀藩政，自昔家光定會同之期，藩侯歲來江戶，謁見將軍；境內政事，一委於其臣。及其歸藩，耽於安樂，不理庶政。藩內實權，握於藩士之手；藩侯徒擁其名耳。此等藩士多智慧精明，欲望甚奢；欲傾覆幕府，藉以進身，故皆願發難；其中尤以長門、薩摩二藩為甚。二藩奇哲之士，若伊藤博文、井上馨、大久保利通、西鄉隆盛等，皆好功名之士，尊王覆幕，志堅意決，百折不撓；此固為愛國心所驅，抑亦為其進身地歟？

七、外交之困難

浪士以攘夷為號召，殺戮外人；各公使輒與幕府交涉，重索償金。英公使嘗定殺一英人償金五十萬元。外人為浪士所殺者甚多，其賠償之金額皆如之。浪士又毀使館，因由幕府遣兵嚴加保護。自與外人交涉以來，幕府以事繁，已設外交奉行等官，專司其事；及各公使入見將軍，禮儀尤盛，在在需用鉅款。迨訂商約，規定稅金值百抽五；收入數微，只敷費用。其先，荷人通商，地有租金，歲有貢獻，今又廢除。後長門炮擊外艦，其重炮子彈，購於外人；以其火器攻擊其人，各公使乃索償金三百萬元。然償賠款者，非長門藩侯，乃為人民所詬之親外幕府也。內則將軍欲結朝廷，歲增輸粟，時值大饑，田賦減少，府庫耗竭，費用反增。以至長門之役，費用不足，出師遲滯，終為長門所敗。幕府慣為敷衍之策，不能圖久遠以增善其國計民生，終乃威令墜地，藩侯離散而瓦解之局成矣。

總原因：幕府不適於時勢

綜上而言，幕府之覆亡：由於內部衰微，將軍幼怯，幕吏貪庸，府庫空匱，親藩不附，戰士脆弱，神道復興，尊王說盛；及定商約，朝藩相結，浪士蜂起，外艦來逼，開港賠款；其原因至雜，外交適為其攻擊號召之資耳。雖然，幕府不於此時覆亡，終必不能存在。蓋幕府託天皇之命，統治一國；其下藩侯，自為區域，法律不一，錢幣各異，交通困難，阻礙進化。一旦開港，事務繁多，天皇威重，自不能久制於幕府；知識輸入，人民尤不能終困於小藩。就制度而言，朝廷幕府諸藩之官署林立，員吏眾多，耗費巨帑；行政命令，手續繁瑣，其必覆亡，可無疑義。

第十篇　幕府滅亡

幕府對外主和之功

　　舉國上下，以親夷罪幕，而幕府受外人之逼，訂立商約、閉關、開港，果孰利於日本耶？曰：各國之風俗思想，多不相同；外商來至其地者，思想隨之，常能使學者深思遠慮，較其利弊，衡其得失；採人之長，補己之短，學術文化，前進不已。若閉關之國，安於舊習，思想狹陋，改革困難，終亦必無進步。當江戶初年，苟續與外人交通，國內必蒙其益；乃嚴行閉關，妄自尊大，日趨於弱。及定約後，外商貿易，獲利較厚。更細論之，日人以低廉之值，購其精巧之物，國內之剩餘生貨，因得輸出，生產之力增加，而生活較易；幕府雖為此亡，其功績猶在。設幕吏若朝臣之愚，浪士之橫，不量力以拒外人，殺戮公使，劫掠貨物；其損失賠款，將必倍蓰於前。日本能免如中國庚子之辱者，其主和幕府之功歟？

第十一篇
武士精神

武士階級之養成

　　自鐮倉幕府成立以來，武士服從其主，縱橫捭闔，世為戰士，享有特權。迨室町幕府季世，戰爭雲起，全國紛擾，唯利是視，以至風俗陵替，道德淪亡。其大小藩侯，日事兼併；召募戰士，以厚利誘之，結其歡心，收為己用。而武士亦忠於其主，水火不辭。其戰勝者，藩人禮之，厚益其祿；武士因漸驕傲，僭居於農、工、商民之上，自為一階級。及江戶幕府成立，家康重賴其力，削平國內，因與以種種利權。俗謂武士殺人不得為罪，其言或乃過甚；但其氣勢凌人，可無疑義。武士既自成階級，鄙視農、工、商民，不復與之往來或通婚姻。其在幕府，輒與以數口或一家之粟，間亦有給以土地者；若事藩侯，其俸祿如之。彼等戰爭之時，轉鬥於戰場；承平之日，出則為侍從，入則治國政，身佩刀劍，意氣偉然。武士之子，身在襁褓，所有玩具，多係木刀之屬。年始五歲，腰佩小刀；家人父母，輒教以劍術，於每日清晨，練習武藝，及至十五，得佩利劍。劍之狀類不同，武士視之，猶如珍寶，不肯輕易示人。唯得良劍者，則以誇於同儕；自武士外，平民亦不得帶劍。武士之數，約四十萬人；合計其家，凡二百萬人。

幕府列藩獎勵武士好學

家康慮武人難制，諄諄然以學問勸誘藩侯，尊任儒臣，文學漸盛。子孫師承其意，設立學校，教授生徒。幕下武士，因於暇時得能就學；中國之學術，因而流傳益廣。其下藩侯效之，提倡學術。才能之藩士，遂組織學會，深研經典；而農、工、商民，不在其列。武士一身，兼具文學武藝，傲視一切；閒居無事，歌詠詩賦，講論學理，或主朱子，或承王氏，各執一說，詆斥不已。幕府因定朱說為正宗，使忠孝之說，深入其心，故能事上盡禮。武士之讀書者，多為幕藩所信任，與聞政事；因之漸以學術為進身之階，益自奮勉；往往才能英哲之士，出於其列。

淺野長矩之不辱

或藩侯縱於淫樂，境內政事，悉歸於藩士。及將軍綱吉之晚年，百弊叢生，道德淪喪；唯義士復仇常傳名於世。其後武士奉以為圭臬，茲補述其事如下：西元一七〇一年，天皇命使者來之江戶，宣諭朝旨。將軍命赤穗邑主淺野長矩延接朝使，長矩武人，不習禮節，固辭其事。中老曰：「吉良義央嫻知典禮，子從之學，何固辭為？」義央數接敕使，意甚驕傲；學禮於其門者，皆厚贈之。長矩歸邸，謀於家臣，令備儀物。家臣對曰：「是義央之職也，將何贈焉？」長矩從之；義央不悅。會至廊下，長矩問曰：「敕使入內，將迎之於階下乎？」義央嘲之曰：「此等瑣事，子猶未知。朝使若至，子必失禮，將為眾笑。」長矩大慚。義央又借事厲聲辱之曰，「鄙野之夫，不知禮節，何能迎接大賓？」同列聞之，多竊笑者。長矩憤不能忍，其色立變，輒拔佩劍，刺擊義央，遽傷其

首。報至幕府，將軍拘囚長矩，謂其率意鬥狠，以私滅公，殺之，而收其封。

赤穗藩士刺血盟誓

於是赤穗藩士三百餘人，會於城中，大石良雄在焉。良雄，長矩之老臣也，為人任俠好義，長矩疏之。及聞事變，乃慷慨言於眾曰：「主辱臣死，今日吾儕死節時也。自殺非艱，得死維艱，將何以處此？」眾皆曰：「願枕城以死。」良雄曰：「君主雖亡，其弟猶在，奉之為君，得延先祀。宜請於幕府；如不能得，然後自殺，從先君於地下。」眾皆稱善；有一人持異議，即揮之去。因遣使者二人，訴其意於受城使者。良雄復召其黨，議守城之策；至者五十餘人。知眾渙散，不能守城，乃約曰：「俟使者來，重申前請，然後自殺，明心見志。」眾皆曰：「善。」遂刺血盟誓而散。

大石良雄等襲殺吉良義央

赤穗使人，來至江戶，將見受城使者，而使者已發；乃相聚謀，見長矩之戚，述其來意。其戚驚曰：「事達幕府，將重得罪。」立繕書函，詳論利害，令使者速去，還報良雄。良雄得書，告其黨曰：「死於城下，非徒無益，反累君弟，殊為不智。」別議復仇之策而散。當是時也，舉邑驚惶，文書堆案；良雄治之，各得其所，人皆嘆服。及幕吏至，良雄致城與之；率其黨人，來之江戶，散伏城中，偵義央動靜。義央養創於其戚上杉氏之第；上杉氏，望族也，防守周嚴，良雄憂之。既而得間，

第十一篇　武士精神

交結茶侍。其人久侍上杉氏，出入於其第中，知義央創癒歸家之期，以告良雄。良雄召集同志四十六人，裹甲備兵，夜襲義央之第。其家侍從於寢中驚覺，倉皇而出，不及備戰；拒者輒死傷。四十六人者，鬥入義央寢室，不得其人；手撫被褥猶溫，知其未逃，乃更搜尋；走近廚傍，聞其有聲，遂以斧斫門，果得一人。眾爭趨之，以刃斬其首；示戰傷之侍者，皆曰：「是我主也。」眾踴躍相賀，以布裹其首，攜至長矩之墓，伏地哭泣，以首祭焉。

良雄之友天野直之

　　事聞，幕吏拘良雄等四十七人，無一逃者。幕府議罪，初嘉其義，意欲釋之；後恐釋之，將開報復構難之端，判決處死。良雄等遺言請得附葬於其主之側，幕吏從之。時人敬之，號曰義士；幕下臣僚，贈賻豐厚；士民往謁，絡繹不絕；才能之士，或作傳記，演為戲劇；一國之中，莫不知有赤穗義士名者。後更為建祀廟，迄於今日，祭拜弗替。先是良雄謀殺義央，託其友天野直之製造兵器。或告直之於官；官逮直之，嚴刑拷問，身無完膚，終不得情。官憤，收其妻子，備極苦毒，皆不肯言。直之求於官曰：「家人不知。一人犯科，罪宜及身；願身受死，無及無辜。」官從其言，復鞫直之，血肉淋漓，死而復甦者數，終不肯言。僅告官曰：「迨至明春，事自明矣，今苟相逼，身雖虀粉，不能相告也。」官無可如何，置之獄中。及良雄事成，直之詳述其謀；官感其義，減罪放之。時人聞之，益重良雄。

　　武士精神，發揚光大於義士復仇，已見上文。茲略述其生活思想。

武士幼年之訓練

　　武士幼時，父母授以口口相傳之信條，詳於正心修身，勉以勇猛戰鬥，其說浸漬，深入於心，成為習慣。及其稍長，或患疾病痛哭。輒誡之曰：「汝臨戰場，臂為刀斫，將復若何？」又長，從師習藝；黎明即起，練習劍擊，日無間斷；且誦經書，尤重習字。蓋俗謂觀人字跡，知其為人壽祿故也。武士讀書，偏重聖賢名言；忠君愛上之信念益固。

武士戰時之態度

　　其戰鬥也，務服從其上，實踐正義，不主奸謀；正義所在，勇往直前，弱者為強，怯者為壯；能戰則戰，可死則死，命之使然，不願脫逃。其戰敗者，則謂徒死塞責，命如犬馬，猶屬易事，唯能忍辱成功為難。若戰勝時，有屈服者，則憐恤其人，以為不可殺之。

武士在家庭中及社會上之行為

　　武士對於情欲，務自克制，不明示人。其在家中，父不抱稍長之子，夫不近親愛之妻；抱則失其尊嚴，近則似於縱欲。西人故謂東亞之人，罰妻於眾人之前，愛妻於閨房之內，虛矯掩飾，重違人性；其能處之泰然，不知歷若干年之痛苦，始造成此堅不可破之詐偽也。其事藩侯，服從無違，生死趨之；其所以然者，好名之心驅之耳。武士能享令

第十一篇　武士精神

名，為人尊敬，視為至榮；如被輕視，亦引為奇辱。當承平之時，嫻習瑣儀，出入進退，鞠躬飲酒，皆有定禮。若見長上，不得大聲疾言，唯屏氣以對。至待賓客，則言必信，行必果；凡許人者，雖水火不避；見人在困難中者，輒挺身赴救。

武士之自殺及殉葬之風

　　武士豢於幕府諸藩，忠於其上；在患難之中，棄置身家於不顧。主苟受辱，力謀報復；不成，則以死繼之。自殺之風，因大流行。家康時，有謀殺之以復仇者，不成，從者獲之，訊得其故，家康嘉許，命築高臺，聽其破腹自殺以榮之。習尚所趨，社會奉為信條，藩侯死後，臣屬號稱忠者，多自殺以死。舉才能自好之士，殉之地下，殊堪惋惜。後家光之世，此風稍殺。先是家康季年，城主有名藤堂高虎者，惡殉葬之習；年老，製造一函，謂群臣曰：「他日殉我者投名於此。」投者七十餘人。高虎親持其函，謁家康曰：「此皆臣之股肱也，願其輔佐後嗣，敢請公命，止其殉葬。」家康許之。高虎歸藩，召其臣屬，示以家康禁止殉葬之命。其中有一人曰：「臣身被創，久為廢人，願獨從葬，何如？」高虎患之。事聞，家康傳命曰：「凡殉葬者，奪其封土。」高虎病歿，無敢死者。至家光重申前禁，故殉葬之風浸衰。至於自殺，終不能禁：犯罪者，借免受罰；受辱者，假之雪恥；諫主不聽者，用以表明心跡。綜之，生命價廉，不敵忠君之榮名而已。

武士之妻

武士家庭，婦女以盡婦道為上。所謂婦道者，善事翁姑，愛護小姑，敬禮夫君，教養子女，治理家政；凡此美德，非性情溫和、歷久訓養者不能為之。方其幼時，父母抑其不馴之氣，教之讀書，習學女工。稍長，操作家務；更佩短刀，練習武藝。將嫁，父母諄諄然以從夫為訓，並誡之曰：「善事夫子，毋縱其欲。」嫁後，管理瑣務；忠於藩侯，一如其夫。若藩侯受辱，則勉其夫為之報仇。夫為人殺，婦能復仇，必力行之。若其不能，則教養其子，使永不忘，以成其志。或有夫死，將受強暴之辱者，多自殺死，史中所載，多不可數。

武士道與佛教及儒學

武士之道德觀念，皆由揉造而成，頗受佛教及儒家之影響。佛教自鎌倉幕府成立以來，名僧輩出，講說經典，建設大寺。源氏族人，多佛教信徒；其武士亦如之。佛宣輪迴之義，無知之武人，深信其說；身臨戰場者，自謂忠心事上，鬼神佑之，心地光明，無入地獄之苦，有生富貴之樂，故不畏死，戰鬥凶悍。及江戶幕府成立，武士多能讀書，孔孟、朱王之學，盛行一時。孔子作《春秋》，褒賢貶奸；孟子養至大至剛浩然之氣；宋儒主忠君事上；王學重知行合一；皆足勵其精神。其發揚光大神道學者，則山鹿素行，少遊於林道春之門，後倡武士道說；著《武教小學》、《語類》、《配所殘筆》等書，詳闡武士道之主旨。後祖述其說者，連綿不絕；山鹿之義子及孫，頗能光大之，傳之吉田松陰。松陰著《武教講錄》；武士道之學術，遂大盛行。

第十一篇　武士精神

武士流為浪士

　　綜之，武士道云者，殆武士所行之道云爾。其所理想之人格，高尚純潔，吾人只可認為希望，絕不可以其希望而謂四十萬之武士皆聖賢英哲也。試以浪士證之：浪士者，固亦武士；以已脫離藩籍，無所歸依，帶劍周遊，行類乞丐；藩侯有事，亦嘗僱傭之。其所以脫籍者，或因犯罪為藩侯所逐，或懼刑逃亡。當幕府季世，境內承平，藩侯奢靡，費用不足，故嘗去其武士。然浪士浸多，無所管束，遂乃縱意所欲，報仇雪憤，飲酒犯罪。及幕府與外人訂約，彼等奮起。刺死幕吏，屠戮外人，焚毀使館；更傳檄遠近，起兵攘夷，所在紛擾。雖其後與強藩相結，亡幕之功實與有力焉。然設如其所願，莫為限止，則日本拳匪之亂，應先於中國；幸哉日本朝廷之能馭之也！

武士道之在今日

　　武士勇往直前，不畏患難，忠心事上，生死以之；迨其後幕府歸政，而武士階級，隨之俱亡，然其道德之結晶，固日本立國之根本也。然則其影響今猶在乎？曰：然。中日、日俄之戰，日本舉國一致，爭先從軍。每一軍出，父送其子，妻別其夫，當船離岸，脫帽致敬，人無歡呼；歐美觀者，驚為怪事，其強抑情緒，由來久矣。故其軍臨戰場，勇猛前進，寧死毋退，毫無畏懼，其勇敢有足令人欽佩者。方今日人，尊敬天皇，一如昔日；天皇偶臨國會，議員無敢仰視。行政官吏，俸祿微薄，為世界強國中之最，而才能之士，甘為官吏，服務天皇。普通人民富於敬上之心，子敬其父，少禮其長。吾師貝德士嘗述日本人力車伕，

150

不願疾走，超越前車，嘗至數十輛相續；貧女為僕者，工價低廉，若不較者然；主人待之，極其和善；其風亦殊足多。雖然，人民囿於忠君之說，惘然從上，過於模仿，抑亦不能別有創作。蓋創作精神，在於發長個性，不為習尚所拘，而能盡其所長。此或亦日本所缺乏也。唯好勇不屈之人，易為精兵；故數戰之後，躍為強國。今之日本，其猶武士道之日本歟？

第十一篇　武士精神

第十二篇
明治改革
（西元一八六七至一八六三年）

初廢幕府之波折

　　西元一八六七年，孝明天皇患痘而崩；子睦仁即位，是為明治天皇。明治雖年少，然勇於進取，長於決事，尤知人善用。當踐祚之初，全國紛擾，土佐藩侯山內豐信首請將軍慶喜歸政；慶喜從之，上表辭職。尾張、紀伊二侯，自以身屬親藩，扶翼無狀，遂自劾辭官；朝議稱其勞積，優詔不許。於是二侯感悟，誓忠於天皇，親藩離貳，將軍之勢益孤。天皇既詔許歸政，獨令西南藩侯，來至平安，議定國是。藩侯僉謂宜廢幕府；天皇乃即下詔廢關白、征夷大將軍等官。

　　初，慶喜上表，天皇嘗賜以密詔，謂歸政後將重用之。及廢幕令下，慶喜幕吏及公卿黨於將軍者，皆見擯不用；詔設總裁、議定、參與三職，悉以仇幕之親王、藩侯、藩士充之；向之仇幕得罪者，免罪復官，許其入京；其親幕者，嘗握重權，執政時久，一旦失位，心自不服。詔下之日，親幕藩侯有率其眾歸於二條城者，以慶喜在其地故也。天皇更遣人傳命慶喜，令其自辭內大臣及歸封地；當時藩侯，未有尺寸之地奉

153

第十二篇　明治改革（西元一八六七至一八六三年）

與朝廷，獨令慶喜納土，此其待遇之不平，益令幕吏驚擾。慶喜乃與其親臣議，以為「近日朝議，皆奸臣矯詔所為」。因令其兵嚴備不測；諸藩之守闕者，亦爭戒嚴，狀如對壘。然慶喜眾少；從者因謀曰：「如坐而受制於人，孰若據大阪咽喉之地以制人哉！」慶喜然之，遽歸大阪。朝廷驚疑，乃使人說之曰：「官銜例稱前內大臣；幕府管地，其俟公議課稅。」慶喜答謂：非稅全國，不能獨課其地──相持未決。會浪士之在江戶者數百人，匿於薩藩之邸，掠劫財物，襲擊幕吏，慶喜聞之，令發兵燕薩邸，屠戮暴徒；又復上疏，請斥薩臣之與朝議者，朝廷不省。

幕兵之敗

慶喜已使人上討薩表，召親藩、內藩之兵，謂將清君側。但親藩尾張，歸心朝廷，不肯出兵。其來會者，凡三萬人；慶喜命將率之入京。朝廷則令薩、長等藩之兵嚴守要害，阻其前進。幕兵前來，人馬睏乏；入夜，守兵出而襲擊，徹旦不息。明日，天皇更拜親王為征討大將軍，率藩兵在京者，兼程助戰，軍勢大振；幕兵遂潰。初，敗報數至大阪，幕吏猶恃其人眾，不以為意；及聞眾潰，上下驚愕，士氣沮喪；或請慶喜馳歸江戶，力謀再舉，或請其出監軍，背城一戰，爭辯不已。慶喜孱弱無能，不能自決，卒乃於夜，倉皇乘艦東走；城中無主，惶恐紛亂，人爭先逃；但餘屬吏二人，留守空城。三日後，藩兵入城，見其器械糧糒委棄如山，悉據而有之，軍士大喜。大阪既下，西南之路，通行無阻，援軍日集；朝廷乃更聲數慶喜之罪，奪其爵位，令兵進討。

慶喜之屈服

慶喜歸於江戶，征討之師，日漸逼近。尾張藩士，有欲助江戶者；藩侯諭以大義滅親之理，誅其首謀，慶喜之援兵遂絕。且自大阪陷後，將士氣沮。及西軍來攻，或請借兵於外，或主嚴守要害，或說海軍襲據大阪，迄無定議。慶喜與勝安芳謀；勝安芳明大義，力勸歸順。慶喜從之，以書誡其屬曰：「勿拒官軍。不用命者，猶剚吾腹也。」遂退出城外，居於寺中。

海軍之反抗

然將士有不悅其行動者，猶私相團結，各自拒戰。慶喜數使親臣上書謝罪，請求停攻。勝安芳固善於西鄉隆盛，復往見之，陳說慶喜悔罪之狀。隆盛因上呈，說征討將軍，暫勿前進；繼遣使者二人，宣旨赦慶喜之罪，令其歸獻幕府管轄之地及軍艦火器，將士在城中者即出城。慶喜奉詔；將士之不服者，多自逃去；海軍管領榎本武揚率軍艦八艘夜遁。武揚嘗學海軍於荷，其坐艦為日本艦中之最大者，既駛至陸奧，餘眾竄至奧羽者，與其地之藩侯結合，相與共謀報復，聲勢大振。及西軍進討，歷久戰爭，次第敗之；武揚失援，復駛往蝦夷，據有其地；朝廷更追討之，餘眾乃降。亂平，幕府之地歸於朝廷；天皇命人繼慶喜之職，領駿河、遠江、陸奧等地，食祿七十萬石，號曰靜岡藩，又分奧羽為七藩，蝦夷為十一藩，以封功臣。

第十二篇　明治改革（西元一八六七至一八六三年）

廢幕後之外交

　　方慶喜之潛歸大阪也，外人驚愕，各國公使因來至大阪，謁見慶喜。法使問曰：「今後交涉，誰能負責？」慶喜曰：「政體將憑公論定之。事前，余唯崇信義，守條約，以重邦交。」眾退；法使乃進策曰：「戰必難免。苟需援助，法願助君。」慶喜卻之。及戰，朝臣岩倉具視告議定、參與曰：「自慶喜奏開兵庫，朝議主和。今待歐美諸國，其與中國等。」又召薩士大久保利通等，以其所著之《改革論》示之，文中詳論攘夷之非，因使歸藩遊說其上下。復命使者謁見各公使，附書曰：「幕府條約，自後繼續有效。」使團得書，開會議之；英使首主承認維新政府，列國公使，遂相繼贊同。政府對外之地位乃定。天皇尋下詔於國中，略曰：「世事變易；迫於大勢，朝議和外。嗟爾有眾，毋懷疑惑⋯⋯自今對外交涉，從公辦理。」

浪士仇外之餘勢

　　未幾，朝廷復照會各公使，請其勿售火器於叛者；各國許之，宣布中立。西南強藩，以藩士遊說之結果，亦上書天皇，請修外交之禮。天皇延請各公使，荷、法二使，相偕入朝，禮遇甚周。然以世居深宮之神胤，忽接見「夷狄」之使者，愛國志士，拘於舊俗，大怒奮起。當英使入見，途為刺客所擊，賴衛兵之力得免，傷英人二。英公使歸館，天皇即致書道負罪之意，捕行刺者，梟首示眾，復與英人之傷者以卹金。先是，兵庫戍兵，嘗忿英人，揮槍刺之，英使令兵尾追，拘留日艦。事聞，朝命捕兵正刑以謝之。其後土佐藩士，殺法水兵十四人；法使大怒，

提出要求四事：(一)遣重臣謝罪，(二)禁佩刀者入居留地，(三)償金十五萬元，(四)捕誅暴徒。限三日答覆；政府許之。自此以往，外交形勢，國人共喻，無復虐殺外人者，浪士之禍始止。

改革期中之官制

方討幕時，朝廷更改官制，置太政官代，總決萬機；分神祇、內國、外國、海陸軍、會計、刑法、制度七科，科設總督一人；其下為參與，分掌事務，名曰行政官衙；另設議定，陳議新政，贊助訂法。逾旬，改三職七科為總裁、神祇、內國、外國、軍防、會計、刑法、制度八局，總裁局置正副總裁、輔弼、顧問辦事史官等；各局各置督正權、輔正權、判事等。一年之中，官制屢改，始簡而終繁，員吏增多。其所以然者，朝廷自謂復古，模仿古制；其實古制適於簡陋無事之朝廷，必不能存於事務繁雜之過渡時代，且其重要官員，多以皇族親王任之，易啟藩侯嫉妒之心；其下臣屬，皆年少英明果敢有為之藩士，無能之親王，反為所制，故時感困難。又其先各科之組織，分設總督、參與、議定三職，科內事務，無人專治。及改八局，始有專員，各治其事。綜之，維新初年，事無經驗，困難叢生；其所以屢改者，唯求制度適宜於其時而已。

復古、維新之爭

朝臣始以復古為標榜，強藩則以覆幕為目的；故慶喜歸政之後，復古、維新，漸為朝藩爭執之點。復古云者，政出朝廷，由文官輔政，而武人閒居，受其管轄，若昔孝德改革之時，此非強大藩侯所欲也。蓋藩

第十二篇　明治改革（西元一八六七至一八六三年）

侯之所以亟於覆幕者，為奪政權耳。其所議決之政事，輒自謂天下公論。公論根據於藩侯之意旨，顯見其不願受制於孱弱之朝臣；其下藩士，又多英哲知能之士，力主統一，進行改革，益不能與頑固之朝臣共事，相惡漸深。於是天皇乃親臨南殿，率公卿諸侯，祭天祀神，而宣讀誓文：

《五事誓文》

廣興會議，萬機決於公論。

上下一心以盛行經綸。

文武一途，下及庶民，使各遂其志。

破除陋習，從天地之公道。

五，求知識於世界，以振皇基。

《五事誓文》之用意

傷「廣興會議」、「文武一途」，此皆天皇所以安藩侯之心者。會議云者，非謂國會，指藩侯會議也。其「破除陋習」、「遠求知識」，則又示國中有為之士以將欲改革、力務富強之決心。自誓文宣讀後，政府之政策遂定，而朝臣之勢浸衰。天皇又下詔於國中曰：「朕以幼弱，忽紹大統。……今日之事，朕自勞其筋骨，苦其心志，立於艱難之先，纘古列祖之鴻緒，勤求治跡，庶幾不溺天職，無忝為億兆之君。……爾來列強對峙，各自爭雄之時，獨中國疏於世界之形勢。固守舊習，不謀一新其國命。朕若徒居九重之中，偷一日之安，忘百年之憂，恐遂受與國之凌辱，上羞列聖，下苦億兆。故今與百官諸侯誓，欲繼述列祖之偉業，不問一身，艱難辛苦，經營四方，安撫億兆；冀終開拓萬里之波濤，宣布

國威於四境,置國家於山岳之安。……汝億兆,其善體朕志,相率去私見,採公議,以助朕建業而保全中國,使列聖之神靈得以安慰。……」觀上詔旨,辭意空疏,若不知其所指,但以其空疏,政府得因時事之需求,解釋行之,以符眾望,抑亦空疏之便歟?

初,慶喜逃歸江戶,朝命進討。旋下詔親征,車駕發自京師,幸臨大阪,閱海軍會操。大阪在平安西南,瀕於大海,扼交通之衝,貿易興盛,其城建於豐臣秀吉,高巍宏壯。及車駕至,薩摩藩士大久保利通,遂上奏請遷都於此。蓋時舊都,歷史上之習慣已深,難於改革;遷都則遠舊習,顯示人民以維新之意。但朝議不可,天皇復歸平安。俄而慶喜歸命,詔改江戶為府。江戶在本州中部,東臨太平洋,便於交通;幕府建設於其地二百餘年,城池之雄偉,街市之整齊,冠於全國。慶喜獻城後,屋市未毀,人民安堵,故遷都之議復盛。卒至東北亂平,車駕遂幸江戶,改幕府之宅第為宮殿,號曰東京,而稱平安曰西京(一曰京都)。

初期議官之失敗

先是車駕歸自大阪,朝廷復改官制,徙太政官代於禁內。太政官分設議政、行政、神祇、會計、軍務、外國、刑法七官,各治其政。又置議官,分上、下二局;上局有議定、參與,下局分議長、議員,局員多係藩侯所推舉之武士。因薩、長藩侯,連署上奏,請選人材,採納眾議,朝廷借符廣興會議之誓,遂召集之。然藩士與會者,知識陋隘,性偏守舊;政府諮以廢除武士佩劍之例,局員全體二百餘人,皆力反對。後議救濟賤民之法,及期投票,又闃然無人;政府乃命其閉會。西元一八六九年,又改官制,以行政官為太政官,置神祇、民部、大藏、兵

部、刑部、宮內外務六省。西元一八七三年,卒解散二局。議官之所以失敗者,其原因有二:(一)局員多為武士;武士自為特殊階級,唯求保己權利,輕視平民,不能知其需求,自不能有為。(二)議局許可權,朝無明文;其所討論議決者,將何以實行?是其性質猶學校內之學會耳;事無專權,焉能責其有為?

民始信教自由

青年敢為之藩士,漸握朝權,進行改革,乃易衣冠,禁喝道,許民遊歷,去邪教之禁,令民得信教自由。初,外人在住留地者,得建教堂,國中耶教之勢復盛。西元一八六八年,政府嘗令曰:「嚴禁邪教,凡為教徒者,當受重罰。」令出,各國公使,嚴重抗議,謂為輕視其國人所信仰之宗教。外交官答曰:「數百年前,嘗禁耶教,今懲教徒,蓋本於舊律。且事屬於內政,外人無干涉之權。」結果教徒之在長崎左近者,朝令徙之;然遠徙者殊少。蓋是時官吏,懼攖外怒,不敢實行也。西元一八七二年,朝議始許流者歸鄉,宗教之禁告終。

維新三傑合謀廢藩

內亂定後,維新之基礎,日漸鞏固,其猶能為朝廷患者,厥為藩侯。以藩侯擁據封地,自治其人,儼若列國;其下臣屬,復忠於其主,赴水蹈火不辭,不易統一也。長門藩士木戶孝允,深悉其弊;歸說其主曰:「倒幕復政之功雖成,諸藩分據之勢如故。萬一不逞之徒,一呼而起,人心搖動,將釀政變。為今之計,莫急於正名,而使諸藩奉地歸

朝。」藩侯稱善，戒之曰：「汝謹勉之，毋激成變。」孝允往告大久保利通，利通以為然；說西鄉隆盛，亦如之。長、薩已定策，乃聯合土、肥，由四藩上奏。其文曰：「朝廷不可一日失者大體也；不可一日假者大權也。自聖人建國開基，皇統一系，萬世無窮，普天率土，莫非其地，莫非其臣，是為大體。一予一奪，以爵祿維持天下，尺土不能私有，一民不得私擭，是為大權。……方今大政維新，天皇親總萬機，千載一時之會也。有其名者，不可無其實；欲舉其實，莫如以明大義，正名分為先。……臣等所居者天子之土；所牧者天子之民；安可私有！今謹收版籍以獻，願朝廷善為處置，可與者與之，可奪者奪之。列藩封土，宜下詔命，從新改定。自制度、典刑、軍旅之政以及戎服、機械之製，一皆出自朝廷，使天下事無大小咸歸於一。然後名實相副，始足與各國並立於海外。……」書上，諸藩效之，爭請歸土。時朝廷猶不敢輕決，天皇乃詔親王大臣、行政長官及諸藩使者議之；始許其請。其有未請歸土者，令自上書。旋下詔委藩侯二百六十一人為藩知事，定其俸祿，約當其封土收入十分之一；廢公卿諸侯之稱，號曰華族。其下藩士，改為士族，朝廷給以廩祿。於是廢藩之基始立，實西元一八六九年也。

　　自朝命藩侯為知事，治理其地，封建之餘習，未能盡除。木戶孝允、大久保利通憂之，籌謀實行廢藩置縣之策，曰：「非得薩、長之助，事必難成。」議定，天皇命岩倉具視為敕使，偕木戶、大久保二人，至鹿兒島山口，厚慰薩、長之主，賜以御劍，諭以朝旨。皆無異議。一八七一年，政府謀合強藩之力，實行廢藩，罷行政長官數人，而以土、肥之士代之。朝議將決，獨西鄉隆盛之意有不可測者。政府使人說之；隆盛曰：「諾，吾將以死任之。」於是天皇召藩知事之在京者，諭之曰：「……朕曩納諸藩奉還版籍之請，命藩知事各奉其職。但數百年之因

第十二篇　明治改革（西元一八六七至一八六三年）

襲已久，或有名實不符，將何以保億兆對萬國乎？朕深慨之！今廢藩為縣，去繁就簡，除有名無實之弊，免政令多歧之憂……」藩侯咸奉命；其在外者，召之入京，朝廷更委任知事，以治其地。封建割據之勢遂終。藩侯在京，享十一之俸。其下藩士，政府仍如其祿以與之。

廢藩之實行

諸藩封地，多自其先祖於鋒鏑萬死之中艱難辛苦以得之，傳之子孫，期於無窮，一旦朝命廢之，藩侯不敢有違，其故何耶？試分述之。（一）自東北亂平，朝廷收幕府所轄及諸藩與亂者之地，面積過於全國三分之一；天皇又嘗揀西南精兵為其親衛，朝廷之權日隆。覆幕而後，君臣之義益著，藩侯所封，莫非天皇之土地。分散之小藩，何敢違拒？（二）薩、長、土、肥四藩，地大兵強；幕府之亡，多出其力。自四藩相結，力主廢藩；苟有拒絕反抗者，將生戰事，自顧力不能敵，唯有奉命而已。（三）藩侯庸弱，不能有為。自朝廷委為藩知事，每不能盡其職，大權仍歸於藩士之手。又其先治藩也，歲入之粟雖多，然須支付武士俸金行政費用，偶值歲歉，常患不足。今朝廷以其收入十分之一與之，屠庸者，得安享重金，才能者，更借謀入京以求高位。（四）廢藩之後，四十萬之武士，政府仍以其祿與之。武士力能養家，廢藩與否，初若無關己事者然。其具才能掌握藩權者，政府復收而用之，向為藩侯之下，今為天皇之臣，好名之士，殊樂為之。（五）日人忠於天皇；天皇之命，輒不敢違。美人郭立富斯（Griffs）時在日本，記其所見之事，略曰：「廢藩令下，藩侯召赴京師。一侯將行，武士送者數逾千人。上下悲泣，若離慈母，藩侯慷慨而去。」二百餘侯之中，竟無一人肯抗皇命，其忠君

愛國,有足多者。綜之,廢藩置縣,勢在必行。其能於數年之中廢之,和平無事,則木戶、大久保籌謀之周,殊足欽佩。

廢藩前後之農、工、商

廢藩置縣,其影響於農、工、商民者,至為重要。先是農夫耕於藩侯之地,歲納田稅,嘗過其收入之半;居於其鄉,不得他徙,困苦類於農奴。其工人居藩內,製造貨物,不能銷售於外,價值低廉,家多窮困。商人則限於藩禁,運輸不易,地位最低。及廢藩後,農夫自有其田地,出入自由;貨物輸運,途無所阻,需求供給,各得其宜;工業漸盛,貿易亦漸發達。

廢藩後武士生活之困難

唯於武士則有不利焉。武士自昔享特殊權利,傲視一切;及政府採行徵兵制度,彼此遂一律平等。及西元一八七三年,政府令藩士年俸在百石以下,而願悉領其俸者,得領半數現金,半數公債;世襲之俸,領六年公債;終身之俸,領四年公債;公債利率,按年八分。其所以然者,武士俸金,若按月與之,僅能贍養其家,不能資以經商、耕種,故今悉數與之,助其獨立謀生;且國家財政困難,發行公債,亦藉以輕擔負。唯其時領俸自謀生活者,為數甚少。至西元一八七六年,政府因又下令,強其領取公債;其全數俸金逾千元者,利息五分;百元以上九百九十九元以下者,六分;百元以下者七分。結果以武士素尚忠信,

鄙厭詐欺，驟出經商，往往喪失資本；其耕種者，購買田地，資先耗去，遂致生活困難，情殊堪憫。

賦稅之改良

　　昔日藩內收入，唯賴田賦。其標準不一，種類繁多，制度雜亂，賦稅奇重。及土地歸於朝廷，政府謀整理之，始丈量田地，估定價值。其納稅者，錢可代米，又許人民得售買田地。由是朝臣主張漸分二黨：一主立改田賦，一請繼續緩進。但前說勢盛，進行益力。至其田稅標準，係取西元一八七〇至一八七四年之平均收入，定為稅率，百分取三。房基較重；森林山地，納稅極少。其後減稅，改納百分之二點五。高原山地，不能耕種者，收為國有。神社田地，道路溝洫，概免納稅。凡此經營，歷十年之久始竣其事，耗庫金三千餘萬，亦云奢矣。但其制度公平確實，可以一勞永逸，維新之大政至是乃定。

第十三篇
黨爭及立憲運動
（西元一八七三至一八九〇年）

文治、武功二派征韓論之爭

　　四藩合作，政府之地位鞏固，進行改革，毫無顧忌。數年之中，上自海陸軍制，下及庶人服冕，詔令改革者，事以百數。及西元一八七三年，征韓論起，武功派之朝臣，力主出兵，文治派之首領，爭論不可，黨爭漸盛。文治派者，其黨議謂內政需改革者甚多，尚非外征之時，以岩倉具視為首。武功派者，其黨議專主用兵，揚國威於外，以西鄉隆盛為首。二黨之人互相疑忌。先是西元一八七一年，朝命岩倉具視為大使；其黨大久保利通、木戶孝允、伊藤博文五十餘人從之，遊說歐美，謀改條約。大使臨行，與閣僚約曰：「我儕行後，不可專斷大事，擅改政治。」其時文治派之勢力蓋較武功派為盛。及其去後，隆盛謀宣國威，又值朝鮮事起，朝議一變。方幕府之歸政也，天皇嘗遣使告朝鮮。朝鮮王以其國書違背慣例，卻之不受。使者歸國，有倡議伐之者。至是，兩國之間，嫌隙又生；日使在中國者，質問朝鮮之事。清廷答曰：「朝鮮雖為我藩屬；其內政中國概不過問。」隆盛因有所藉口，其黨板垣退助、江藤新平等和之，武人在外者，更為之聲援；獨大隈重信等數人以為不

可。大隈，佐賀藩士也，自親政以來，入為參與，其聲望威權，尚不及隆盛。於時廷議將決；文治派在歐洲聞之，遄程歸國。既至，詳述歐洲大勢及俄人之野心，力主和平，排斥眾議；武功派之氣漸餒，乃迫太政大臣三條實美，仰請聖裁。實美惶恐，不知所為，託疾不朝，請以岩倉代己；天皇親視其疾。但岩倉又託病，杜門不出；天皇問之，因為詳述用兵之害。俄而開御前會議，天皇遂否決征韓之議。於是西鄉隆盛、江藤新平、板垣退助等，悻悻然上表辭職而去。

江藤新平起兵佐賀

隆盛歸其故鄉鹿兒島；其徒相繼辭職者尤眾，散居國內，互相標榜，為時所重。時政府大權，歸於岩倉、大久保二人之手，人心不服，隱謀抵抗，佐賀之亂遂起。佐賀者，江藤新平之故鄉也。其地初有征韓、憂國二黨，凡二千五百人。至是黨徒合謀，迎新平西歸，其勢大張。縣令之僚屬，多為其黨，因遂侵掠豪商，強借軍需，終乃舉兵，襲破郡縣。變聞，天皇委任征討都督，令其率軍平亂；未幾即定，捕殺新平。然謀應之者猶眾，內亂將復起。

熊本藩士因怨望而起兵

日本自廢幕以來，行徵兵之制，農、工、商民，皆得為兵，武士之權利，根本廢除。西元一八七六年，天皇詔改祿制；華族、士族之祿，限期改領公債。於是慣恃豢養之武士，始自謀生；其人素鄙農、工、商

業，毫無經驗，類多失敗，心中憤悶，群思叛亂，而熊本之變遂起。初，熊本藩士嘗倡言尊王攘夷。及改革令下，始懷怨望，私自相結，夜飾武士裝服，襲擊兵營縣署，殺傷甚眾，聲勢大振。同時山口、前原、一誠繼之而起。一誠初立軍功，嘗為參議，會罷免歸，居常鬱鬱不樂。及聞亂起，聚其私黨，號召士族，詐言曰：「將防熊本。」其他起兵應之者凡七，皆怨望之武士，隱謀已久，原約同時舉事。會熊本以機迫先發，黨人先後應之，勢力分散，故易撲滅。亂平，朝廷懼農民和之，由天皇下詔減輕田稅。略曰：「曩定稅率為百分之三，今察稼穡艱難，深念休養之道，其減稅為百分之二點五。」

西鄉隆盛起兵鹿兒島

明年，明治即位已十年矣，車駕幸西京，祭祀先祖，西鄉隆盛忽起兵於鹿兒島。初，隆盛勤勞王事，進任陸軍大將；及征韓論起，退居故鄉，時望歸之；將士、武士之不服大臣者，奉之為主，其勢儼然與政府相敵。隆盛設立學校，教練其黨。政府惡之，嘗奪其生徒，又徙鹿兒島之軍械局於大阪，嫌隙日深。會傳政府使人來刺隆盛，其黨聞之大怒，奉隆盛起兵。隆盛之眾，一萬五千餘人，多久戰之士，訓練有素，心懷怨望，分途前進，勢極凶猛。大久保利通時在神戶，伊藤博文親往告之，二人遂同歸京。次晨，朝命削隆盛官爵，罪以叛逆，敕親王為征討大總督，以陸軍卿山縣有朋等為參軍，發近衛等兵討之。令下，伊藤乃知為大久保之策也。天皇更命人渡鹿兒島，慰前藩侯島津久光曰：「逆徒作亂，蔑視朝命，朕命討之。久光國家元功，朕素信賴；今遣重臣來，汝其致爾誠意。」久光得旨，力陳效順，其忠於舊主者，多不與亂。

隆盛圍攻熊本之失敗

　　隆盛出軍，進攻熊本；守兵登城拒之，久不能克，唯出城迎戰者為其所敗。其後援軍大集，轉守為攻；西軍人少，因據險以戰。兩軍遇於田原，炮彈如霰，官軍多死。入夜，官軍潛行，迫近其營。西軍將士，方張宴訣別，意將戰死；官兵突入，西軍大亂；乘勢前擊，遂復田原。及晡，西軍援至，復大敗追兵。斯役也，戰爭之久，歷十餘日，兩軍陣地逼近，炮火猛烈，傍近諸山，先多松木，戰後變為童山，官軍已數敗，西軍勢張，士族之懷怨望者，散居各地，隱謀起兵。然舉事者，率謀洩而敗；朝廷因令府縣徵募巡軍，編為旅團。天皇更幸臨大阪，慰撫戰士之被傷者，賜之酒饌；皇后復以絨絲賞之；人心奮勉，軍氣大壯。卒乃援軍麕集，攻陷堅壘；西軍大挫，解熊本城之圍。初，隆盛起兵，將攻熊本。其弟進策曰：「為今之計，宜先以精兵數千，潛乘汽船，駛往長崎，乘夜登岸，襲擊縣廳，火攻兵營，據有其港，資其米穀、彈藥，以斷官軍之衝。熊本守軍，勢必出援；我更伏兵擊之，進據其地，則鄰地響應，西海定矣。」隆盛不從，遽出兵以攻堅城，故不克而敗。

隆盛破圍重入鹿兒島

　　是時政府海軍之勢頗盛，因運輸軍隊，進據西鄉之根據地鹿兒島。西軍之人心搖動，大敗而遁；官軍因圍之於可愛岳，日夜攻擊。隆盛告其將士曰：「事勢不利，乃困守於此；夫以一隅之士，苦天下之兵，於今半載，大丈夫之事畢矣。貪生貽羞，諸君義不欲為，與其使士卒徒限於

矢石,寧自盡以救之,我志決矣。」語畢,舉座默然,獨一將言曰:「我軍雖敗,尚有眾五千,苟縱橫突擊,必能衝圍而出。夫死於戰,猶留鹿兒島男子之英名,固勝於自戕也。」眾皆從之。夜半,西軍揀選精銳,突前馳擊,勢如風雨;官軍不為備,遂被破圍而逃。西軍素諳地理,善於跋涉;其地居民,復為之耳目,故能避實沖虛,三破重圍,復入據鹿兒島城,官軍追及圍之。

隆盛死後政府之威權

隆盛登城拒守,遣使者二人謁見參軍。參軍告以所傳暗殺之誣及征伐之故,留其一人;其一遣歸,報告隆盛。將行,山縣有朋復附書致隆盛;使者還述參軍之言,且曰:「菊次郎無恙。」──菊次郎者,隆盛長子也。隆盛默然;既閱山縣之書,更愀然曰:「我義不負山縣。」因召集將士,使者複述參軍之言,舉事證之,眾皆驚悸;或曰「可降」,或曰「戰死」,眾議不一。既約明日再議,又不果。時官軍來圍者益眾,日夜炮擊;城中將士,各送要物歸家,沐浴更衣,為戰死之計,約期將破圍而出。官軍諜知其期,先期一日,四面襲擊,西軍大亂。有欲退者。將士厲聲曰:「敢逃者斬。」立殺四人,眾殊死戰。隆盛在壘,幾為官軍所獲;從者恐其受辱,殺之。其下將士,知事不可為,多自殺。戰後,驗隆盛之屍,見有肥而無首者,股有傷痕,手有刀瘢,皆其少時所傷,知為隆盛也;並搜得其首葬之。此役也,政府出兵六萬,耗四千餘萬元,閱八月而克之。於是政府威權,非武士之力可得抗拒,成為昭著之事實,自後國內遂無內亂之憂。

第十三篇　黨爭及立憲運動（西元一八七三至一八九〇年）

大久保利通被刺

　　所可惜者，武士不忘報復，謀刺主謀平亂之大臣，俄而智勇兼備之大久保利通，竟於入朝之時，為凶徒六人所殺。其因戰敗死亡者，多國內奇傑自好之士，激於私義，動於蜚言，釀成戰爭，至於流血，亦可哀也已！

板垣退助請召集民選議院

　　初，西鄉等辭職而去，板垣退助因不服文治派之專政，西元一八七四年，始上書天皇，請求召集民選議院。略曰：「今日政權，上不掌於天皇，下不在於人民，獨為朝臣所壟斷，政令無信，朝出暮改；任免出於情私，賞罰由於愛惡；言路壅蔽，困苦無告；長此不改，勢必土崩。欲救斯弊，在於採天下之公議，召集民選議會。」此論流傳，風靡一時。有反對者，作書駁之，而和者殊少。或更反駁其說，輿論紛紛，遍傳於報紙。

地方會議與民權自治說

　　政府迫於眾議，知不可拒，天皇乃下諭先開地方會議，略曰：「朕踐祚之初，曾以五事誓於神明。自是而後，久欲推行斯意，召集人民代表，憑公論，定法律，以期上下和協，民情暢達，務使全國人民，各安其業，共擔國家之重任。今特先開地方會議，使人民協同公議。……」

地方會議者，國民自治之基礎，由府縣知事及人民代表會於一室，議訂府縣法令之議會也。人民未得參與國家立法之權，自為板垣所不滿；板垣因歸其鄉邑，召集子弟，組織講社，盛倡民權自治之說。應者風起，設立黨社，互通聲氣，勢力漸大。值木戶孝允，以爭伐臺灣之故，辭官而去；政府大懼，力籌調和朝野之策，由井上馨遊說木戶、板垣，徵其同意。西元一八七五年，各黨會於大阪，大久保、木戶、板垣、井上、伊藤在焉，議決政體君主立憲，採泰西議院制，設立元老院、大審院等。天皇旋下詔曰：「朕即位之初，大會群臣，以五事誓於神明。……今擴充誓文之意，設元老院，以廣立法之源；置大審院，以固裁判之權。……」其元老法官，皆由天皇委任；木戶、板垣再為參議。終以板垣力主急進，與朝臣不協，辭官而去。益痛詆朝政，鼓吹立憲。

政府許召集會議

西元一八七七年，西南亂起，板垣黨徒，來至京師，倡信三權公立，開民選議院；元老院之激進派議員，有謀舉兵立憲者，事洩被拘。明年，亂平，緩進派之大久保斃於刺客之刃，政府乃頒府縣法令，許其召集會議。

板垣退助之期成國會同盟

板垣自再棄官後，糾合約志，四出演說，組織愛國社；及西南亂平，國內怨望之武士，無所洩其憤，漸與板垣之黨結合。黨人以立憲自由為號召，值此改革之初，醉心歐化之青年學子，為其所動，黨徒日增。西

元一八七八年,黨人會於大阪,各地分社咸遣人與會;由大會議決,選舉才能之士,往各地演說,鼓吹黨義,廣收同志,鼓舞人心。明年,復開大會於大阪,人數大增。又明年,復開會議,代表與會者,數千人,議決向政府請願。政府聞之,急頒集會條例,嚴令官吏解散其會。大會已先知之,因改其名稱日期成國會同盟;且揚言曰:「繼續前進,迄國會成立。」遂舉代表二人,分道上京。二人遞請願書於太政官,太政官謂人民無條陳政事之例,拒絕弗收;詣元老院遞之,又謂非建言,不納。於是人心大憤,進行愈力,時人多以志士稱之;益各自奮勵,或上書親王,或遊說大臣,奔走陳說,不辭勞苦。俄而期成國會同盟,設本部於東京,分全國為八區,組織機關,勇猛前進。各地之請願委員,又復相繼入京,請願政府,歷訪大臣,官吏不勝接應之煩;政府遂下令曰:「凡上書建言者,其書必經地方官廳提出。」於是倡民權者,失其所以進行之路,一轉而向民間運動。

大隈重信謀開國會

黨人久謀報復,專俟時機以攻擊政府。先是政府以一千四百萬元經營蝦夷。值西元一八八一年,有薩摩商人,謀以三十萬元購買其地之國有產業。蝦夷開拓使,薩人也,言之於朝。政府將許其請;獨大隈重信堅持不可。大隈自翼贊改革以來,心惡藩閥之專;及議販賣官產,毅然力排眾議,由是議未能決。會天皇出巡,主其事者,追及車駕,請批准;天皇從之。事聞,報紙宣傳,肆力攻擊,尤以大隈派之機關報紙為最烈。人心奮怒,結社演說,詆譭藩閥;大隈謂唯開國會可絕藩閥政府之根,竊與岩倉等謀,將上奏天皇,請以明治十六年(西元一八八三年)

為開設國會之期。謀洩，朝臣震駭；天皇歸京，開御前會議，取消前令。明日，詔曰：「……向以明治八年設元老院，十一年開府縣會，莫非創業開基，循序漸進之道。……顧立國政體，列國各異其宜。……我祖我宗，照臨在上；揚遺烈，擴鴻謨，變通古今，斷而行之，責在朕躬。今將以明治二十三年（西元一八九〇年）召議員，開國會，以成朕初志。俾在廷臣僚，咸得假以時日，專任經畫之責。至於組織，職權，朕將悉心裁定，及時頒行。……若仍有喜躁急，煽事變，害治安者，自當處以國典。特此明言，諭爾有眾。」此詔文中所謂「變通古今，斷而行之，責在朕躬」者，明示人民政策皆其所自定，隱為藩閥辯護。日本人民忠於天皇，天皇詔令，無敢或違；故特申言之，借免攻擊政府。至云將處急進黨人以罰，特防其聚眾示威，詆訾藩閥，使人不安耳。於是即日詔免大隈之職；其黨於大隈者，皆辭職去。

自由黨、改進黨與立憲帝政黨

詔下，深惡藩閥圖謀報復之士，輒於國會未開之前，號召同志，組織政黨，謀握政權。板垣先以其期成國會同盟之一部分會員，組織自由黨；復與其各支部聯合，建立黨綱。大隈糾合其徒，設立改進黨；當被舉為總理，揭其黨綱，布告國內，聲勢儼然。於是藩閥大懼，因創立憲帝政黨，力主保守，袒護政府；然勢甚微。自由、改進二黨，相與對立；就中板垣氏偏於理想，專鼓吹自由、平等、民權之說；大隈則富於政治經驗，其策劃多可實行。大黨而外，各地方之小政黨聞風繼起，或附大黨，或自獨立。

三政黨之解散

西元一八八二年,朝命伊藤博文考查歐美憲法。適自由黨黨魁板垣退助,出遊歐美,與官吏偕行;時人疑其費用出自政府,改進黨之報章,首載其事。兩黨因之交惡,忘其公敵,轉相詆諆,人稍厭之。又自板垣行後,自由黨無統馭之人,漸趨於激烈,以為空言無效,自由必以鐵血購之,數謀暴動,致起擾亂。政府利用時機,頒布繁苛之集會條例,立憲帝政黨首自解散。板垣歸國,與其黨謀曰:「條例嚴禁分社,總部不能統監黨員,不如使之各自祕密運動。」亦自解散。時獨改進黨猶存,大隈乃揚言脫離黨籍,而誓於其黨曰:「廢除形式,協力進行。」

華族之分極

西元一八八三年,伊藤博文歸自歐洲,聲望益增。蓋是時岩倉已死,在朝諸臣,才能識見,無出伊藤右者;朝廷因委為制度局總裁,兼理華族事務。未幾,遂分華族為五級,曰公、侯、伯、子、男。

伊藤博文組織內閣

明年,太政大臣三條實美上表辭職,請廢太政官等,改設內閣;天皇許之,詔設總理大臣,其下置外務、內務、大藏、海軍、陸軍、司法、文部、農商務、交通九大臣,宮中置內大臣;即命伊藤為總理,組織內閣,而以井上馨任外務。伊藤施行其政策,條理井然,人民欣悅;但在位稍久,民間所期,過於其政績,漸有攻擊之者。

修改條約運動一

會井上馨謀廢治外法權,許外人會審,輿論非之;農商大臣因與意見不合,辭職而去,朝野譁然。後藤象次郎因更別立一黨,號曰大同團結。後藤,西鄉隆盛之黨也,自辭職而後,佐板垣氏組織自由黨。適以其時俄人建築西伯利亞鐵路,東亞危急,不能內訌,遂放言高論,風動一時;自由、改進二黨之分子,有奉之為首領者,勢力雄偉。於是板垣復起,以減輕地租,改正條約,言論自由,集會自由為黨綱;召集黨徒,選舉委員,上京請願,將欲包圍政府。

黨人被逐

政府乃宣布保安條例,即日施行,逐黨人於都門三里之外,限令三日退歸。當時被逐者五百餘人,報章譏嘲,人心憤怒。會政府設立樞密院,乃以伊藤為院長,黑田為總理大臣,大隈為外務大臣,後藤為交通大臣,借和輿論。

修改條約運動二

大隈承井上失敗之後,繼續改正條約,許外人得充大審院之法官數席。事聞,朝野政客,群起非之。井上時任農商大臣,辭職而去;伊藤更率樞密院駁論其非。大隈力排眾議,進行益力;伊藤乃辭樞密院之院長,在野攻擊,輿論益譁。於是自由黨等,互相連繫,為示威運動,慷慨激昂。後藤象次郎復與大隈爭論,請開閣議;俄而辭職;

天皇召集御前會議，久不能決。會大隈歸家，途為凶徒所刺，傷重，乃中止改約。

憲法公布

於此紛擾之時，伊藤等編纂憲法，亦已告成。西元一八八九年，遂由天皇下詔，總理副署，公布於外。

過渡時代政黨之需求與其缺點

憲法告成，政黨運動之功為多；但其攻擊政府，吹毛求疵，毫無建設之指責，時或詈及個人，諸多違法，政府禁之，殊難斷其得失。若就政黨意義及組織而論，日本當時，實無真正之政黨。蓋政黨者，人民所組織之政治團體，須有明顯切實之黨綱或政策，為一部分或全體之有選舉權者所贊同，藉以謀選舉之勝利，期其終能實行；其黨員須於國中占有多數之有選舉權者。今日本政黨之組織，乃皆失意怨望之政客，藉以為號召；其黨綱條文，概籠統空泛，不能實現。時又無選舉法令，規定人民之有選舉權者，自無從得其同意。故其黨綱，皆出一、二領袖之私見或理想。其借義氣相號召，專以攻擊為事者，充其所至，不過破壞；終不能掌握政權，實行其志。故其所謂政黨云者，謂之政治學會可也。雖然，黨人之功，固有不可泯者。當其奔走演說，號召黨徒，設立報館，鼓吹立憲，身遭困難，百折不回。人民因崇而敬之，聞其說者，漸知立憲之義，讀其書者，為之奮然興起。其感動人心，勇往前進，不畏難，不辭苦，固亦過渡時代為國民先導者所應有事也。

第十四篇
憲法與制度

伊藤博文之編纂憲法

　　自西元一八八一年，天皇下豫備立憲之詔，明年，遂使伊藤博文考察歐美憲法。伊藤因遊歷歐洲諸國，較其憲法之異同，求其運用之方法，究其政治學者之論說。顧當是時，德自普法戰後，工業發達，國勢興隆；其憲法雖由各邦批准，實出於俾斯麥一人之手，故能與德皇以任免閣員之大權。伊藤素仰俾斯麥之剛毅有為，居德最久，因深識其統馭國會之術。又明年，歸國，朝廷任為制度局總裁兼宮內卿。伊藤以制定憲法自任，首去華族之名，改稱公、侯、伯、子、男，以為組織貴族院之基；又廢太政官，設立內閣，天皇即任以為總理大臣。西元一八八八年，伊藤復遊歐美，歸而為樞密院長，草纂憲法，與樞密院一一議之；天皇親臨，略加修改。西元一八八九年，憲法告成。天皇乃大會群臣，宣讀其賜與人民之憲法，設宴慶祝，各國公使在焉；又赦政治犯，恢復其自由。是日也，人民歡忭，提燈相慶，實為日本有史以來唯一之大典。憲法共七章，凡七十六節，試舉其重要者述之。

憲法

第一章　天皇之大權

憲法第一章，凡十七條，載明天皇之大權。

（一）任免大權。日本官吏，上自中央大臣，下及地方郡長，名為天皇任委，實總理及各部大臣主之。其受任命者，得隨時免職；故官吏服從政府之命令，不敢少違，而為中央集權之政府。

（二）海陸軍權。海陸軍隊，皆歸天皇統率；其編制兵額，屬於天皇之大權，議會不得過問。

（三）對於議會之大權。天皇召集議會，無論何時，得令其停會閉會，或解散下院。議會議決之法案，必俟天皇裁可，始為法律；其否決者，不能有效。議會立法之權，實與天皇共之。如遇緊急之時，國會業已休會，天皇得發敕令，其效力與法律相等；於法律範圍之內，行政長官得發命令。

（四）對外大權。天皇批准條約，接見大使，宣戰媾和。就事實言之，日本締結條約，皆守祕密，議會不得過問。英、法等國，國會有干涉外交之權，唯以外交事務繁雜困難之故，多以外交大臣或總長任之。外交大臣能以外交手腕而使國會對敵宣戰；但必俟其通過。日本憲法，則載明天皇有此大權。

（五）恩赦大權。天皇授與爵位及各種榮典，並得宣告大赦特赦，減刑復權。

（六）非常大權。國遇戰爭，或非常事變，天皇得宣告戒嚴，暫停普通法律，而以軍政代理法庭；又得施行非常大權。（參見第三十一條）

第二章　人民之權利義務

　　第二章共十五條（十八至三十二），載明臣民之義務權利。其義務有二：(一)服兵役，(二)納租稅。其權利凡十：(一)被任為文武官，(二)移住自由，(三)身體自由，(四)得享法律之裁判，(五)住宅無故不得侵犯，(六)書信自由，(七)享有所有權，(八)信教自由，(九)言論結社自由，(十)請願自由。以上權利，其範圍皆以法律定之。日本法律草案通過於會議者，原須得天皇裁可，始為有效。其第三十一條又明言本章臣民之權利，於戰時事變之際。不妨天皇施行之大權。依此條文，所謂權利自由者，殊無擔保。雖然，此專就理論言耳；專制已久之國，一旦許其人民享有權利，積久則成為習慣，謀欲奪之，勢必不能。法國之現行憲法，雖無隻字規定關於人民之權利；但其人民享有權利，未必少於以憲法載明民權之國也。

第三章　議會法

　　第三章凡二十二條（三十三至五十四），詳載帝國議會法。日本議會為二院制：曰貴族院（上院），曰眾議院（下院）。議會之組織，詳於下篇。每年會期，定為三月。二院同時由天皇召集，其開會、停會、閉會、解散下院，皆以天皇之命。下院解散，必於五個月之內，召集新會；出席議員不及三分之一者，不得開會議事。在會期內，議員在議院中發言，於外概不負責，非犯內亂外患之大罪者，不經議院之許諾，不得逮捕。議院之權有二：(一)議決政府或議員提出之草案；(二)議決預算。按諸議程，議員所議者，尤以政府之提案為多。蓋以行政官吏習知人民之需求；其提出法案，幾經專家考慮審察，然後交議，由下院討論之，修改之，或否決之。當其辯論之時，閣員出席於議院者，得解釋答

難。草案經下院三讀通過之後,則移於貴族院,待其通過,上奏天皇。議案經一院議決而他院欲修改者,由兩院委員協會議之。此項委員凡六人,上、下議院各選出三人,議決之後,上奏天皇,天皇則裁可,或否決之。其裁可者,經公布之後始為法律。二院享同等權利,草案有先由貴族院通過而交下院者,其流程如前。唯預算草案必先交於下院(其詳見後)。議會又有質問之權:質問云者,詢問內閣之政策或外交事件,而請閣員答覆之也。答覆如不滿意,議員仍不得如歐洲大陸諸國提出不信任案,而能必使之辭職。議會討論之時,閣員雖可出席;其身非為議員,不得投票。

第四章　國務大臣及樞密顧問

第四章共有二條(五十五至五十六),規定國務大臣及樞密顧問之職權。第五十五條云:「國務大臣,輔弼天皇,且任其責……」所謂任其責者,何所指耶?憲法公布之初,政治學者,不知國務大臣將對天皇負責,抑對議會負責。伊藤解釋憲法,謂其指對天皇負責。對天皇負責云者,天皇本於其意,委任閣員,不必限於政黨首領;閣員有不愜其意者,無論何時,可免其職也。伊藤初意,以為閣員負責,係指各個人而言。其後慣例,一人免職,全體閣員,皆隨之俱去。其輔弼云者,日人解釋之,以為敷陳意見之謂也。日本法律,天皇敕令,非經國務大臣之副署,不得有效。副署者,示其與天皇同意也。閣員苟為政黨首領,對於議會負責,則天皇大權,歸於國務大臣矣。故必天皇有任免之權,遇有不能與之合作者,可以罷免。

第五十六條,載明樞密顧問(樞密院)之職。顧問皆為曾有勛勞於國

之大臣；遇有國家大事，天皇諮詢其意，始得召集會議。其所諮詢，唯關於憲法問題。樞密院外，又有元老；憲法中蓋無隻字及之。然元老以其榮譽勳勞，介紹新閣，位極尊而影響至大。

第五章　司法之規定

　　第五章凡五條（五十七至六十一），皆關於司法之規定。第五十八條云：「法官以具有法律所規定之資格者任之，不得無故免職。」法官根據法律，裁判訟事，日本司法，可謂獨立。然所謂司法獨立者，非如三權分立之說；乃法官不受立法機關、行政長官之干涉，而能依據法律判決曲直之謂也。其事實如司法組織，必由法律規定；捕獲囚徒，嘗恃行政官廳之助力，非立法、行政皆與司法有關耶？第六十一條，明言行政裁判所與普通裁判所之分。其制蓋取於法國，利益有二：（一）官吏因公事被控於普通法庭者，受審之時，手續繁多，或將礙其職務；設立行政裁判所，可去其弊。（二）普通法官，無專門知識，解釋複雜之行政事務，其判曲直時或不公；行政裁判所，得免此弊。普通法庭，共分四級：（一）區裁判所，處理非訟事件，及法律規定較輕之民事、刑事。（二）地方裁判所，受理人民不服區裁判所之判決案件；其民事、刑事，不受區裁判所處理者，控訴於此。（三）控訴裁判所，審理人民不服下級裁判所之判決者。（四）大審院，為全國最高之法庭。四級之中，區裁判所有法官一人；餘採合議制。裁判所外，又有檢事，補助法庭執行職權之機關也。遇有刑事，代人控訴；對於民事，審查證情；又能代表公益，陳述意見。其性質殆如行政官也，而受司法大臣之統馭。

第六章　預算

第六章關於預算，凡十一條（六十二至七十二）。憲法載明預算必經議會之協贊。然第六十二條則云：「行政手續費金，不在此例。」第六十三條又云：「現行稅租未更改者，依舊徵收。」第六十六條，略謂「皇室經費，依定額支出者，無待議會之協贊」。第六十七條，載明「歲出屬於憲法上之大權及法律上政府之義務者，非經政府之同意，則帝國議會，不得或除或減」。「憲法上之大權」，係指官吏俸金、海陸軍費、勳章褒金等。「法律上政府之義務」，係指公債、子金、神社費等。第七十一條又曰：「若本年預算不能成立，政府可取上年之預算以施行之。」綜觀以上條文，議會關於預算之權，其範圍殊狹。蓋預算與政策，二者至有關係；伊藤深懼議會借預算之權，次第擴張而束縛政府，故於憲法重限制之。帝國議會，召集之後，嘗借減預算，攻擊政府。會兩院以預算起爭執，上奏天皇；天皇因解釋憲法，謂兩院對於預算享平等之權，藉此以減其勢。

修改憲法問題

末節四條（七十三至七十六），其最重要者，為修改憲法問題。第七十三條，明言改正憲法條文之時，所具之議案，當以敕令，交於議會；兩院之出席議員，非各有總數三分之二以上，不得開議；非得出席議員三分之二以上之同意，不為有效。就其所根據之學理言之，天皇原以憲法賜與人民；如其修改，雖為全國人民所欲，而非天皇一人之意，亦不宜為；故其手續困難，較之美國憲法，猶遠過之。而在事實，則其條文，

載明政府組織之大綱；其憲法歷三十餘年迄未修改。至其唯一利益，又在使人民重視憲法，習其條文，保而守之，演為風俗。

日本憲法不規定地方自治

日本憲法七十六條，無隻字關於地方自治。蓋其地方制度，採於德國，與法相近，統一集權制也。日本地方官吏，固由中央派出，奉行中央政府之命令，辦理地方行政之事務；而法律又認地方為自治團體之行政機關。其階級最下，地方最小者，厥為町村，設有町村長及議會。町村長為行政官，執行議會之議決案；議會則由其地人民所舉之代表組織之，議決預算，制定條例。其上則為市；市之組織，大體與町村相似。又其上為郡縣府，三者各有參事會及議會；參事為行政機關，執行議會之議決案；議會議決預算條例公共事務等。凡此團體，皆受知事群長之監督。其職權殊小。

日本憲法之重大缺點

憲法全體，條文空疏，字句廣泛；其細則將因環境變遷而改者，皆以法律定之，故能久未修改。伊藤之起草，其用心良苦，吾人評論，絕不能以今日之理想為判斷。有足為伊藤病者，其即修改憲法之條文乎？其改正之困難，已略述於上。他日有性好動之政客，不願久束縛於憲法，而放棄其預算大權及責任內閣，則困難立生。欲解決此問題，將有二途：(一)因時之需，天皇以敕文移交於議會，令議修改憲法。（二）

第十四篇　憲法與制度

本於民意，解釋憲法，擴張議會之權。又憲法中之條文，常有足令吾人發噱者，厥為第一條所載「日本帝國由萬世一系之天皇統治之」。細思其義，此不過日人之思想習慣，而以之規定於憲法耳。然則日本之憲法，其將與天皇同其始終歟？

第十五篇

立憲初期
（西元一八九〇至一八九四年）

二院議員之資格

　　西元一八九〇年十一月，天皇召集議會。其議會有二院，曰貴族院，曰下院。貴族院議員，凡有五種：（一）成年以上之皇子。（二）二十五歲以上世襲之公侯。（三）伯、子、男之代表，其數約當封爵五分之一；凡年逾二十五歲者，享有選舉及被選之權。（四）勳勞大員及富於政治經驗之大臣，為天皇任命者。（五）府縣納直接稅最多者，凡十五人選出一人：其當選者，天皇命為議員。屬於（一）、（二）、（四）者，在職終身，其屬於（三）、（五）者，每七年一改選。下院議員，由選舉人公選。凡日本國籍之男子，年齡二十五歲以上，納直接稅十五元，居於選舉區滿一年者，有選舉權；三十歲以上，納直接稅十五元以上，居於選舉區內逾一年者，享有被選權。當時人民四千餘萬；有選舉權者，四十六萬，略過總人口百分之一。其被選為議員者三百人，多屬醉心歐化、動於感情之華族地主之子，昔嘗謀組政黨與政府為敵者，政府惡之，嘗禁其活動，黨人大憤。當西元一八九〇年七月一日，舉行選舉，

第十五篇　立憲初期（西元一八九〇至一八九四年）

分散之小黨，先團結聯合，號曰立憲自由黨。獨大隈黨徒，自成一黨，仍其名曰改進黨。二黨在下院者，共得一百七十餘人，占議席之多數；黨人因互相提攜，以求報復。

第一次議會之召集及解散

十一月議會召集，天皇親與開會式禮，致辭曰：「朕即位以來，二十餘年，內治修定。……幸締約諸國之邦交，日益親近。但海陸軍備，為保障和平之故，不得不略事擴充。明年預算及各種法案，朕命國務大臣，提出國會。深望卿等，公平慎重，審議協贊，得使後人取法焉。」政府之預算案，既提交於議會；黨人以報復之故，倡言休養民力，節省政費，減去預算一千餘萬。總理大臣山縣有朋，出席解釋，希望通過原案；黨人仍逞其才辯，嚴辭質問。內閣無奈，自行讓步，許以明年整理政務，節減經費；下院酌減數百萬元，始得通過。會期終了，山縣辭職，天皇命松方正義代之。松方初為屬吏，精明果毅，善於理財。會俄太子來遊，日人患精神病者，於途中擊之，重傷，僅得免死；一時日、俄邦交，驟形嚴重。政府賴調停謝罪，始得無事，遂頒嚴厲之治安條例；議員請其取消，不可。俄而地震，損失甚巨；松方亟於救民，支出災款數百萬元。議員謂距召集議會之期已近，竟不待其通過，支出庫金，大憤。適立憲自由黨，恢復前稱曰自由黨，舉板垣退助為總裁。板垣與大隈相見，開民黨懇親大會，共謀藩閥政府。政府自山縣辭職後，其所承諾節費之前言，未盡履行，下院益憤。西元一八九一年十一月召集議會，政府之重要提案，概遭否決。內閣因議決解散下院，由天皇下解散之詔。

第二次議會之紛擾

　　二黨首領大隈板垣，設有機關報紙；攻擊藩閥政府，臚列其理想政策。日人易為感情所動；其有選舉權者，多富厚之家，其人嘗受教育，醉心歐化，崇信自由。專事鼓吹之大隈板垣，因四出演說，號召黨徒，以期選舉之勝利。內閣懼其勢盛，授意於人，組織政黨，謀與之對抗。其內務卿密飭地方官吏，助其候選人員，或以金錢買票。商人與政府有關者，更令投票助之。人民已知其謀，益惡內閣。及期選舉，警察以武力干涉，全國騷然，民心洶洶，流血死者二十五人，傷者三百八十八人。但其結果，議員袒閣者，不過九十六人之少數。元老在閣外者，爭論其非；天皇因罷干涉選舉之內務卿，而以黨人副島種臣代之，借緩輿論。西元一八九二年五月，議會開會，政府為避免預算之爭，施行上年之預算決案，僅增二百萬元，請議會通過，下院竟否決之，轉交貴族院，貴族院力主恢復原案，相持不決，乃上奏天皇。天皇諮詢樞密顧問；下詔以二院享有平等之權為辭。二院始自讓步，通過預算。於是下院將提內閣干涉選舉案，副島種臣力任調停；會其政策為同僚所阻，辭職而去，輿論譁然。松方內閣因辭職；天皇召伊藤、井上、山縣等使組織之，是謂元勳內閣。

議會削減元勳內閣預算案

　　元勳內閣，伊藤為總理大臣，井上為內務大臣。井上稽核地方官吏干涉選舉明顯者罷免十一人，是年冬，召集國會。議員謀報復者，謂其閣員皆藩閥分子，不可信任。國會開會之日，伊藤適病，井上為其代

表,出席,讀致辭,中述政見,意甚誠懇。讀畢,議員數人,責其僅能誦讀不能演說以窘之;內閣提交預算草案,下院減少政費八百萬元,取消製造軍艦費三百餘萬元。政府不可,下院議決休會五日,促內閣審思;政府堅持原案,更命國會停議十五日。期滿開會,下院議決上奏天皇;其辭有:「國會者,協和上下,進行政務之機關也。自國會召集以來,行政立法,不克共濟,多以陛下之臣不能盡其職守。明治二十六年之預算,臣等稽核細目,費過其實,又未詳細說明。臣等停會五日,請其審思;陛下之臣,竟持前議。海軍船費,亦已否決;閣員乃揚言曰:『將謀解釋憲法,進行前議。』臣等驚惶,請其解答,終皆不能⋯⋯」云云。

議會與政府協商通過預算

越三日,天皇下詔曰:「⋯⋯朕總大權,廢藩改革。⋯⋯又開議會,欲使盡公議以贊大業;施行憲法,今當初步,不可不慎始謹終。⋯⋯顧宇內列國之勢,日急一日;倘或紛爭曠日,遺忘大計,因而誤國運進張之機,是非朕奉事祖宗威靈之志,又非立憲之美果也。⋯⋯朕命閣臣整理庶政,審思熟計,務無遺算;然後朕親裁定。至於軍防,怠緩一日,遺悔百年;朕今節內廷之費,以六年為期,每年出助三十萬元;又命文武官僚,除有特別情狀者外,亦以六年為期,各納其俸十分之一,補造軍艦之不足。朕賴閣臣議會之輔,其各慎其許可權,和衷共濟,克翼大事。⋯⋯」詔下,議員感動,與政府協商,選舉九人為協議委員;伊藤及大藏卿往與之議。且許之曰:「下屆議會召集之前,將必整理行政,節省政費。」議成,國會酌減常費二百六十萬元,通過預算。明年閉會。

國民協會與改進黨合作

伊藤力踐前言，設整理行政委員及海軍委員，調查政務，罷免官吏三千餘人，節省經費一百七十餘萬元。內閣又與自由黨相親，謀得其助，於下屆會期，通過政府提出之要案。大隈嫉之，與國民協會相結。國民協會者，干涉選舉之內務大臣所組織之政黨也。黨員九十餘人，始以伸張國權，擴充軍備為黨綱。及松方內閣辭職而後，驟改政見，攻擊政府，竟與昔日勢不兩立之改進黨聯合。西元一八九三年十一月議會開會，首訐自由黨之領袖星亨氏。星亨時為下院議長。按議會條例，議長任期與會期相始終。而訐之者，竟不之顧，謂議長受賂，迫其辭職，並除其名。星亨之黨為其辯護，視為不法，互相詆詈，秩序擾亂；終以眾寡懸殊，成立通過，除星亨之名。黨人怒猶未已，以農商務大臣有受賂之嫌，議決上奏，請天皇罰之。於是伊藤內閣，上書辭職；天皇召集樞密顧問，諮其意見。俄下詔曰：「任免閣員，朕之大權；汝下院議員不得干涉。」又命伊藤復職，閣員依舊視事。議員終無如何，乃借外交為攻擊之具。

第二次議會之解散

初，民間愛國之士，不願外人居於內地；議員諮請內閣嚴重禁之。閣員答非如此，不能改約。當是時，外交大臣已與各國磋商改約；唯其進行嚴守祕密。議員不知，議決上奏：（一）廢領事裁判權。（二）海關自主。（三）禁沿海貿易。內閣患滋紛擾，徒礙進行；天皇下詔，令其停會

十日。逾期開會，外交大臣，出席答辯；及終，天皇又下停會十四日之詔。後乃解散；預算要案，尚未議及。

第三次議會之選舉及解散

西元一八九四年三月一日，舉行選舉；政府監於前事，諭地方官吏毋得干涉。各黨求得勝利，競爭劇烈。自由黨員，變其故態，力助政府。其謀報復者，與之相詆，擾亂日甚，至於流血；死者一人，傷者一百五十三人。選舉結果，自由黨得一百二十席，占下院少數。其多數議員，皆內閣之敵，以反對藩閥政府為事者，堅持責任內閣，主張對外不得退讓。五月，新會召集，下院首即彈劾內閣，以其解散議會之故；議決上奏。且數內閣之罪，內不進行改革，外喪國家權利。下院議長，上呈表文，天皇不納；議長交與宮中大臣。明日，天皇召見議長，諭之曰：「朕不批准奏文之意，無須詔諭。」議長回至下院，報告始畢，天皇之詔已至。其辭曰：「朕據憲法第七條，解散下院。」於是下院又解散。

貴族院袒護內閣

政府與下院衝突之時，貴族院常助政府。其議員三百十人中，貴族一百六十四人，納直接稅而被選舉由天皇任命者四十五人，官吏受敕命為議員者一百一人。貴族官吏，富於政治經驗，注重政策之得失；富商地主，久與官吏相通，賴政府之提倡工商業，得獲厚利，常袒內閣。是以上院無謀報復內閣之政客，卓然獨立於政黨之外，內部整齊，意見一致。政府因利用之，控制下院，其權浸大。即如憲法第六十五條，規定

預算先提出於眾議院。西元一八九二年，政府預算，列入建築軍艦費二百七十萬元，下院否決之；案達上院，上院主復原案；兩院相持不決，乃上書天皇，請其詔釋關於兩院議決預算之許可權。天皇下詔，略曰：「貴族院及眾議院之權相同；各得本其所見，議決預算；當其意歧，可按議會條例連席會議決之。」政府上院之相互助蓋如此。

政府與下院衝突之五因

西元一八九〇至一八九四年，四年之間，而下院解散者三次。政府與下院衝突之烈如是，果何故耶？茲更舉其原因如下：（一）閣員為天皇所任命，與議員無關涉；而議員專羨英、法之責任內閣。所謂責任內閣者，內閣對國會負責之謂也。其在英、法，閣員皆為政黨之領袖，身據要津，指揮國會；一旦失其多數議員之信任，立須告退。日本議員，謀享斯權，遂啟紛擾。（二）閣員多英哲果斷之士，精強若山縣松方，明毅若伊藤井上，皆國內元老，躬與廢藩歸政之謀，威望久著，故敢斷然解散議會。解散之後，各黨競爭，所耗不貲；且解散之次數愈多，黨人之受影響愈甚，閣員初意，或將藉此以控制之。（三）人民有選舉權者，較之人口總數，比例甚微。多數人民，囿於數千年之專制習慣，視選舉得失，與己無關，對於下院之解散，若未聞知。其活動者，多少年盛氣之士，日與內閣為敵，摘發其短，專事破壞。其行動言語，非多數國民之意。其所以能屢解散者，亦因無援助耳。（四）代議制行於歐美，由其歷史上之習慣而成。日人驟採其法，於其習慣，初或不能相容，人民不知所以用之，衝突勢難免也。（五）解散下院，載於憲法，出於天皇之詔。日本臣民，忠於天皇，對於詔旨，無敢違者。

政府謀移國民注意力於對外

綜之，解散下院，次數愈多，怨隙彌深。內閣知其預算草案終不得通過，遂於西元一八九三至一八九四年之間，皆不提出，施行上年預算。此策抑終不可以久行，則所謂憲法者，將必根本搖動。政府患之，乃謀對外，求國人之同情，議會之協助，藉以鞏固憲法；終遂有中日之戰。

第十六篇
明治內政之發達
（西元一八六七至一八九四年）

　　自明治即位，迄於中日戰爭，前後共二十七年。其政治改革，立憲運動，前已述之。若夫陸海軍之擴充，財政之整理，司法之改良，教育之普及，交通之發達，農、工、商業之前進，宗教之改革，凡此種種，其進步之速，有足令人驚異者。茲略分述之。

陸軍

實行徵兵制

　　朝廷初無直轄之軍隊，自將軍歸政，始設兵部。西元一八六八年，創設兵學寮於京都，教育青年，以充軍官。後二年，山縣有朋等自歐洲考察歸，請採法國軍制。明年，天皇徵兵於薩摩、長門、土佐三藩，以為親兵。俄廢兵部，置陸軍省。山縣主廢士族階級，實行徵兵；議定常備兵服役三年，後備兵服役四年。山縣之言曰：「他日增加軍隊。不能專賴士族。歐洲徵兵，無士族、平民之分，而國勢強盛。長門嘗募農民以充隊伍，兵皆能戰，不必憂也。」於是分全國為六軍區，以東京、仙臺、

第十六篇　明治內政之發達（西元一八六七至一八九四年）

名古屋、大阪、廣島、熊本為練兵地，開始徵兵。將校以兵學寮畢業生充之；其稍有材能者，多居要職。政府聘用法人，編定軍制，教授學生；又遣學生往法，專修軍事學。及西南亂起，民兵與戰者，紀律嚴明，勇敢善戰，過於士族。亂平，更擴充陸軍省。西元一八七九年，又改訂徵兵律令，增加服役年限為常備三年，預備三年，後備四年。旋改預備四年，後備五年；廢納款免役之例；立陸軍大學，教授軍事；又擢下級軍官為臨時學生，授為少尉，以練軍隊。其統兵大將，多為長人。每年特派檢閱使，考察下級軍官教練之勤惰，檢其學術，使不敢怠。及中日戰時，國中能戰之兵，二十四萬。茲列其軍費如下：

年（西元）	經常（元為單位）	特別	合計
1868 年	1,038,120	—	1,038,120
1883 年	9,691,134	570,724	10,261,858
1893 年	12,419,829	2,301,397	14,721,226

海軍

薩人專握海軍權

自昔陂理來後，幕府漸知海軍之重要，設海軍傳習所於長崎，聘荷人為教授；當時共有艦三。旋遣學生至荷，專習海軍；又設建船廠。及將軍歸政，已有軍艦九。幕府而外，薩摩有船十七；其勢浸盛，人才眾多，遂能專握海軍之權。幕府亂定，朝廷收其船隻歸於兵部；俄而並收諸藩船舶，購二軍艦於英，置海軍兵學寮。當時朝議海軍採用英制，專聘英人教授軍官，遣學生至歐。後設海軍省，制定海軍條例，其時有軍

艦十七，共一萬三千餘噸，鐵甲艦僅有二艘。政府知立國於海上，尤以擴張海軍，造船購艦為急務；乃劃海岸為東西二部，指定東京灣長崎為駐泊之軍港。西元一八八二年，天皇下詔，擴充海軍，以八年為期，製造軍艦四十八艘，歲支三百萬元（未盡實行）；後更發行海軍公債。西元一八八八年，立海軍大學，專以振興海軍，教育人才。其後建築之艦，次第告成；但其噸數，尚不及中國北洋艦隊之多。

海軍預算至擴張

西元一八九二年，內閣增加海軍預算；議會人民，深惡薩人主持海軍，由下院將案否決。明年，伊藤內閣，復主張增加海軍預算；議會不可，相持不下。於是天皇下詔，節省宮廷之費，命官吏減薪，補助擴張海軍；預算始得通過。又明年，中日戰起，日本已有軍艦二十八，水雷艇二十四。艦上之炮，多係新式，船身較小，行駛迅速。將校或曾實習於歐洲，或已卒業於海軍學校。其下兵士，自沿海島嶼而來，其期限，凡被征服役者，常備四年，豫備三年，後備五年；若自願投效者，服役八年，預備四年；體力強壯，訓練有素，此其所以戰勝歟？茲列其經費表如下：

年（西元）	經常	臨時	合計
1871 年	886,856	—	886,856
1881 年	2,851,576	256,939	3,108,515
1891 年	5,412,490	4,089,200	9,501,690
1894 年	4,573,605	5,679,549	10,253,154

第十六篇　明治內政之發達（西元一八六七至一八九四年）

財政

太政官票

　　明治初年，列藩自治其地，政府之收入短少，需款浩繁，始發行紙幣，是為太政官票。其始託名振興實業，令藩侯出資，借作準備金；而其數有限，發行者益多，人民輕之，票價低落。政府因禁其折扣，民間愈疑，幾不復通行。政府乃限票額，改兌換法；紙幣價值，始漸恢復。西元一八七一年，廢藩置縣，諸藩之地，歸於朝廷；由藩侯發行之紙幣，遂為財政上之一問題。

新舊公債

　　卒由政府承認擔負，宣布公債條例；號西元一八四四至一八六七年間之藩債曰舊公債，西元一八六八至一八七一年間之藩債曰新公債。舊公債於五十年內償清，唯無利息；新公債於二十二年內歸還，年息四分（百分之四）。至於田稅，向以米穀代錢，苛重煩瑣，因改為納金。朝廷深知農民疾苦，許民領有土地，聽其賣買；又改正地租，特設專局，丈量田地，較其豐瘠，歷五年始成；其稅率定為百分之三，旋改百分之二點五，除去雜稅二千餘種，農民便之。

財政上三大計畫

改定田賦

政府因革除弊政而田賦減少；其增加收入，救濟困難之法凡三：（一）增加奢侈品稅及間接稅。奢侈品指酒、菸之類，間接稅指糖、醬、印花稅等。時值境內無事，人民相安，工商發達，貨物之輸入輸出者，其數大增。故稅率雖低，而收入增多。（二）發行紙幣。政府財政基礎鞏固，所發行之太政官票，漸能流通；其額為四千八百餘萬。又發民部省票、大藏省兌換證券、開拓使兌換證券，共一千八百餘萬。然以票式粗陋，易於模仿，奸民作偽者多，乃以新紙幣代之，託由德人製造，凡一億三百五十三萬。嗣以增發加多，漸將不能兌現，票價低落，而物價轉貴；馴至金銀輸出者多，不足流通。政府知其危險，乃增加稅率，節省費用，以其剩餘之半，收回紙幣而焚之；又以其半，購買現金，以作準備金。後更限制現金輸出。於是紙幣漸能恢復原價。（三）發行公債。政府自定新舊公債之後，續發公債，名目繁多。例如建築鐵道，擴張海軍，皆募集公債以經營之。西元一八八六年，國家財政漸裕，政府因頒布整理公債條例，減其年息。此其國內公債之大略也。又嘗募外債於倫敦，初時利率比較普通者為高；其後信用漸固，在市上價格漸增。

銀行以漸發達

金融流通，多恃銀行。政府於整理財政之初，即鼓勵商民，投資匯兌公司，許其發行金票、銀票、錢票，以經營匯兌放帳儲蓄，是為銀行之濫觴。西元一八七二年，頒布銀行條例；於是匯兌公司，皆為銀行，

第十六篇　明治內政之發達（西元一八六七至一八九四年）

數約一百五十。但其資本，小者數萬，大者數十萬；散布各地，各不相關；銀根緩急，不能調和。且其發行紙幣，名為兌換券，實則不然，是將擾亂金融也。西元一八七九年，政府勸獎商人，設立橫濱正金銀行，初欲借之整理幣制，繼而專營外國匯兌。西元一八八一年，朝命松方正義為大藏卿。松方素有理財之名，及既在位，主張紙幣兌現。且曰：「非振興外國貿易，獎勵出口，無法吸收海外之現金。」遂於出產銷售之地，設立使館，藉以輔助商務。明年，松方切言「銀行散立，無補財政」之害，請設中央銀行，政府許之，設立日本銀行，兌換紙幣，借使紙幣與正貨之價無大差異。其他銀行，屆其規定時間，失其發行紙幣之權。經濟之基礎益固，工商等業，日益發達；政府收入，數倍於前。茲列其歲入歲出表於下：

年（西元）	歲入	歲出	剩餘
1868 年	33,089,313,	30,505,086	2,584,227
1873 年	85,507,245	62,678,601	22,828,644
1878 至 79 年	62,443,749	60,941,336	1,502,413
1883 至 84 年	83,106,859	83,106,859	—
1888 至 89 年	92,956,933	81,504,024	11,452,909
1893 至 94 年	113,769,381	84,581,872	29,187,509
1894 至 95 年	98,170,028	78,128,643	20,041,385

改銀本位為金本位

中日戰後，中國償銀二億三千萬兩。日本政府深知銀本位之害，商於清廷，按照時價，改為英幣鎊數，償金與之。政府驟得多金，遂利用時機，改定幣制，易銀本位為金本位，廢去銀元。蓋當時歐美諸國，概已以金為主幣，銀為輔幣。輔幣之使用每有一定之限制，而普通之銀，直等於

貨物，其市價漲落不一；因之銀本位之國家對外貿易，商人毫無把握，危險甚大。自金幣改定後，始與外商處於對等之地位，不至為所操縱矣。

司法

《新律綱領》

幕府之法律簡陋，人民不知法之為何。其犯罪者，常以刑訊，生殺之權，操於幕吏。而在諸藩內者，法律監獄，多不相同；苛酷黑暗，不可思議。及將軍歸政，設立刑部省，司法制度，始得從事整理。西元一八六九年，天皇敕刑部省編定新律，以寬大為主。刑部省參稽古制，雜採清律，編成新典，號曰《新律綱領》。雖其於短促期內，敷衍而成，不合於刑律學理者甚多；但較前律，寬大多矣。

江藤新平《改定律令草案》成

西元一八七二年，改刑部省為司法省。明年，以藩士江藤新平（時為下院之副議長）為司法卿。江藤建議：司法省總轄裁判所之一切事務，可得專摺奏事；司法卿監督法官，得黜陟之。尋令法庭審判，許人民傍聽；又為養成法律人才計，聘請法人，教授學生，以備改革。俄分司法省之屬為三，曰裁判所（法庭），曰檢事局（檢察廳），曰明法寮（法政學校）；次第設立裁判所於府縣，許人民得控告，上訴。既而江藤之《改定律令草案》成，進呈天皇；朝命頒行。江藤之為司法卿也，整理司法，制度漸備。其後因爭征韓論，辭職而去。木戶孝允、板垣退助等，更倡言司法獨立。西元一八七五年，設立大審院；院為國中最高之法庭，專

理民事刑事之上告及下級裁判所之不合法者。當時法官,概嫻於法律,富有經驗。茲列其法庭之組織如下:

（刑）—— 重罪裁判所 —— 輕罪裁判所 —— 違警裁判所

　大審院

（民）—— 控訴裁判所 —— 地方裁判所 —— 區裁判所

《新律綱領》,已廢除焚刑;罪輕者,許以納金贖罪;梟首者,准其親屬收葬;處死刑者,須奉旨批准。及江藤新平,復參酌各國法律,定為三百十八條;是為《改定律令》,並廢除磔刑,減輕罪罰。

編訂民法商法

西元一八八〇年,政府頒布刑法;其中多採法國之拿破崙法典,以主其事者,法國法律博士巴利拿（Gustave Boissonade）也。刑法既備,益專從事於編訂民法、商法。先是西元一八七一年,設制度考查局,專譯法國法典,以供法官參考之資料。其中關於民事者,漸為法官所採取;又委定民法編纂委員。及西元一八八五年,為謀改正條約,亟於編成民法,遂於司法省內,置法典取調局,以巴利拿為顧問;其商法則聘德國法律博士呂斯列（Hermann Roesler）草之。及其成功,民法偏近法國,商法類於德國,而民法多不適於日本之風俗習慣,且有與之矛盾衝突者。乃延其實行之期,又復修改。

監獄之改良

監獄之黑暗,政府知之,亟欲改良。西元一八七二年,遣人至香港、新加坡、印度等地,調查英屬地之獄制。其明年,制定監獄之圖式而頒布之,惜猶未能實行。西元一八七六年,編定犯人給與之法,定其

供給、飲食、寢具、沐浴之最低限度。明年，令內務省管理全國監獄事務，於是監獄始得統一。旋又頒布保釋條例，凡刑事被告人在審訊期中，苟有保證人而納保證金者，可免於縲絏。西元一八八二年，訂監獄則，分別在監人年齡之大小，及初犯、重犯之男女，各以其類別居於獄中。又定監獄為三等，訂立課程。若年不滿十六，或逾六十及疾病衰弱者，皆得按其體力所及，減免工作。其工作所得之資，聽其贈與親屬，或購買書籍食品。其有剩餘，俟其出獄，如數與之。又規定獄中通訊、接見慰問者之時間。當其暇時，令教誨師訓導之，教以讀書、習字、算術、圖畫諸科。西元一八九〇年，修正獄則，較前益寬。改良監獄之主旨，要在尊重在監人之廉恥，而時其教誨，增其生活能力。其後以建築監獄之費甚巨，非地方之力所能任，遂由國庫補助之。對於不良之孩童，又另設監獄以教養之，等於學校。監獄益進步矣。

司法獨立，法律改良，司法官富於學識經驗，監獄日益進步。日人久欲廢除喪失主權之外人裁判權，終於外人無所藉口，遂乃改約。唯其法律制度，採於法、德，草創之時，未能周詳，多不合於國內之風俗習慣，此其所以數謀改正歟？蓋一國法律之產生，多由於歷史上之遺傳，道德之觀念，固不能率爾採仿也。

教育

學制之制定

當明治即位，誓於神祇，其第五條即曰：「求知識於世界，以丕振皇基。」教育政策，必須兼採東西文化，其意於此可見；故首設立大學

（此猶教育省），統理全國教育事務。唯以亟於廢藩，未能兼顧教育，廣立學校；其後乃改大學為文部。西元一八七二年，訂定學制；天皇下詔，有「自今之後……必期邑無不學之徒，家無不學之人」云云。當時計畫分全國為八區，區設大學一，中學三十二，小學三百有十；唯未即實行，不過對於教育之一種希望而已。文部以需教員急，設立師範學校，造就師資，增設小學、中學。西元一八七七年，創辦東京帝國大學，分文、理、法、醫四科，於是始有大學。其後留學生歸自歐美，呈述所見；政府數改學制。其重要者，小學高等，款由地方稅供給；定六至十四歲為學齡，令孩童入小學讀書，實行強迫教育。小學卒業者，得考高等；高等卒業者，可考中學或專門職業學校；其上為大學。小學課程重要者，為修身、國語、算術、歷史、運動；高等為修身、國文、算術、歷史、地理、理科、英文；中學尤重外國言語科。其所謂修身者，一種保守舊道德之教科書也。天皇嘗下詔曰：「朕唯我皇祖皇宗，肇國弘遠，樹德深厚。……朕願與爾臣民，拳拳服膺，成一其德。」凡此課程學齡，時有更變，蓋其教育，初在試驗時代故也。

女子教育

學校課程，極其嚴重。自星期佳節國慶而外，無甚例假；暑假期短；孩童入學，上課期間逾十月。小學高等，皆採男女同校之制。女子入中學者，其數較少；西元一八八六年，全國女子中學，僅有九校。後雖增加，而入學機會，遠不如男子。其入學宗旨，在養成婦道，為他日之良妻賢母。

教會學校及私立學校

　　官立學校而外,有教會學校。自外人初來傳道,即建設學校,教授生徒。及維新初年,人民羨慕歐化,鄙棄漢學;政府設立之學校,未甚發達,教會學校,其勢漸盛,小學、高等、中學、大學,學生日多。其後政府所設之學校漸多,設備管理,優於教會學校,教會學校之勢漸衰;但其功有不可沒者。教會學校而外,有私立學校。其最著名者,為福澤諭吉之慶應義塾。福澤嘗遊歐美,不求利達,因設義塾,聚集生徒,諄諄然以輸入泰西學術為己任。西元一八九二年,福澤擴張其義塾,增設大學,分文學、經濟、法律、政治四科。其生徒聞達者不知凡幾。次則大隈所設立之早稻田大學,亦負盛名。早稻田初稱東京專門學校,成立於西元一八八三年。其宗旨蓋欲脫離權勢之羈絆而使專研究其所讀之課程,尤提倡國語,專授政治、經濟、法律等科;學生甚眾。其他私立者尤多。蓋以人民愛國,樂於公益,勇於輸捐;而在上者,又能鼓吹勵獎之。學校增多之後,政府之監督漸嚴,教科書必經文部之審定,以求劃一。其後受德國之影響益深,專趨於軍國民教育。

文學作品及報紙

　　學校林立,學生數增。文學及報紙,應時勢之需求,發達殊速。作品多為小說、戲曲、新詩;以作者深受歐美文學之影響,偏於模仿,創作遂少,其影響人民最大者,厥為報紙。報紙始於西元一八六一年。初由長崎奉行,令譯荷報,轉呈幕府,後以不能供讀者需求,始設報館,惜其發行一號而止。西元一八六四年,美人嘗發行報紙,每月二次;又不及十號而停刊。繼之起者,十有餘種。但主其事者,皆非專業,組織編輯,簡陋無序,專詆幕府;幕府禁其出版。及維新初年,木戶孝允發

行報紙,《東京日日新聞》、《郵便報知新聞》、《朝野新聞》等繼之而興。其編輯者,富於才識,時作論說,發表意見,指點政事,勢力大盛;政府檢察之律始嚴。既而政府定議會召集之期,黨人怨望者,發行報紙,鼓吹學說,標示主義;時或不顧事實,偏於攻擊政府。福澤諭吉以為不可,乃與同志創設時事新報館,以不偏不黨為宗旨,專論事實,評其得失,借定改革進行之方針;銷數日增,勢力漸盛。後數年,報紙價廉,流傳益廣。資本家謂可營利,投資於報館者驟多,因而增聘記者,購買機器,訊息靈通,印刷迅速,報紙之進步益速。其所助於普通教育者尤多。

交通

鐵路之建築

日本地勢,山脈連亙,川河短流。當幕府季世,道路不修,橋梁朽壞,行旅不便。及維新初年,伊藤、大隈倡言建築鐵路,而政府無款籌辦。會英商有自華歸國者,途徑日本,英使介紹之於伊藤、大隈,議借英債三百萬磅,以關稅作抵。二人上奏於天皇;天皇許之。英商歸國,募集資本,購買材料,聘請工匠。日本朝野聞之,謂其將奪貧民衣食,斥為非計;其激烈者,復謂借款於外,實為賣國。既而英工程師至,輿論大譁。政府遣人至英,意欲收回;以票價驟昂,乃止。及期興工,築京東、京濱、橫濱鐵路,凡十八英哩。越二年告成,天皇親臨,舉行開業典禮,國人亦漸知其利,益事擴充。迨西南亂平,政府更募集公債,建築鐵道。其明年,興工;工程師多為日人。至中日戰時,鐵路告成者,五百五十八英哩,價值三千六百餘萬元。平均計算,每英哩六萬餘元。

商辦鐵路之發達

　　國辦鐵路發達之初，商辦鐵路繼之而起。西元一八八一年，岩倉具視設立公司，號曰日本鐵道會社；借謀華族財產之保全。岩倉與政府訂約：建築五百餘里之鐵路，營業九十九年；若每年利息，不足六分，概由政府津貼。政府許之，限以七年竣工。於是其他會社踵起。西元一八八八年，內閣始頒布商辦鐵通行證例。西元一八九二年，五穀不登，經濟恐慌，鐵道事業，因之不振。但其已成者，凡一千一百餘英哩；共一千七百餘英哩。

汽船會社

　　幕府末年，解造船之禁。及將軍歸政，有船四十四艘；諸藩之船九十四艘。政府已收其船隻，因獎誘商人，設立汽船會社，借船十餘艘與之。但會社內部，時啟紛擾，外國商船，復與之競爭，遂歸失敗。獨三菱會社，經營海道——其創辦者，土佐人也，由土佐藩侯，借船數艘與之——組織鞏固；岩倉、大久保助之，政府更貸以所有之船，歲助二十五萬元。又設商船學校，藉以培養人才。當西南亂起，三菱會社，運送軍隊軍需，厥功甚偉。亂平，政府因以新購之汽船與之，其勢大盛。後更與共同運輸會社合併，改稱日本郵船會社；政府歲以八十八萬元助之。創辦之初，有船合三萬九千餘噸。西元一八八四年，大阪以西航行內海之輪船，其數大增；亦自合併，號曰大阪商船會社。但以當時進出口貨，由外船輸運者，占百分之七十七；政府因益獎勵輪船航行於海外。中日戰時，賴其運輸軍隊；其後發達益速。

第十六篇　明治內政之發達（西元一八六七至一八九四年）

郵局、電報及電話

　　鐵道、輪船，日益進步。郵局、電報，其發達亦如之。西元一八六八年，政府先置驛遞，司郵便事務，視道途之遠近難易，定取資之多寡；是為郵政之始。後三年，傳令各驛，置信箱，售郵票，定其收信時刻。西元一八七三年，禁民間信局傳遞信件；復改定郵資，無論地方遠近，取資均同。其信局之失業者，政府勸其合併，組織陸運會社，轉運貨物，且與以特權；後改為內國通運會社，掌握國內運輸之權。自是而後，郵政發達益速，信用昭著。西元一八七七年，加入萬國郵政公會。後二年，英國許撤租界內自設之郵局；各國相繼從之。以郵局營業，次第擴充，匯兌儲蓄等，亦大為發達。電報之始成立，自西元一八六九年西南亂後，政府益知其重要。西元一八八五年，幹線遍於全國。政府又與丹麥大北電線公司議訂條約，建設上海、長崎間之海底電線，與國內之電線相接。電話創辦於西元一八九〇年；不及三年，東京一市，使用者大增。大阪、神戶，繼起營業，發達亦速。

農、工、商業

農產與人口之比

　　封建既廢，農夫（猶農奴）領有耕種之地，許其賣買，農產得有輸出，生活稍高。政府亟於改良農業，設試驗場，培植自西方輸入之植物種子，試用農具；擴張農業教育，勸設農會，精選種子，防除害蟲；又復鼓勵人民，開墾荒蕪，田地益闢。農產出品，以米、麥為大宗。但其

所出，不足以養其每年增加之人口，食物之價大昂。農事之餘，養蠶種茶，有以之為專業者。蠶分三期，春季最盛，夏次之，秋為下。茶之出產，西元一八九四年，增至三倍。牛、馬、家畜，無甚增減。

造林

中古以來，各地名山建有佛寺。僧人樂居幽境，於其寺之左近，遍植樹木。德川時代，取之以時，保護甚周，森林尚盛。維新初年，林政廢弛，濫伐者多。政府乃恢復古制，勸民植樹，維持森林。先定官領、民領之地域，宣布條例；設樹木試驗場及山林學校，從事培植。官領高原，多險峻之地，政府收之，極力經營以造成森林。

漁業

日本四境環海，漁業甚盛，政府復獎勵之，創立水產會，考查水產，改良漁具，研究銷路。又設水產傳習所，借授普通漁業知識，改良漁船。由是漁人漸能駛入遠海；從事捕魚，又設公司，製為食品，以輸入外國。

礦產

礦業始於古時，採取之法，殊為簡陋。維新之初，聘用英、法、德、美技師，為開採之計。西元一八七三年，聘地質學者於美，考查諸礦，測量產額。又設專門學校，教授採礦冶金之術。政府急欲求其發達，凡礦山之屬於國家者，皆許人民開採。礦主借用新式機器，出產大增。其重要者，為金、銀、銅、鐵、鉛、煤等。茲列其表於下：

第十六篇　明治內政之發達（西元一八六七至一八九四年）

年（西元）	金（兩）	銀（兩）	銅（貫）	鐵（貫）	鉛（貫）	煤（噸）
1877 年	93,421	294,541	1,051,319	2,191,132	72,691	499,106
1882 年	72,455	4,634,556	1,497,628	3,243,583	62,161	929,213
1887 年	138,838	9,498,097	2,950,338	4071 囗 46	102,810	1,746,296
1892 年	178,348	15,869,021	5,536,061	5,268,417	286,859	3,176,840

紡織

實業之發達最速者，首推紡織：紡業，以國內之棉，不足供給，乃購之於印度等地；織業創辦較遲，其進步亦速。方其初辦，聘用外人，購置機器，悉心經營；政府又力助之。茲將其發達情形列表於下：

紡織

年（西元）	工廠	錘數
1872 年	3	8,204
1882 年	13	28,204
1892 年	45	475,992

年（西元）	匹	價
1884 年	—	5,964,870
1887 年	36,668,368	24,176,622
1894 年	55,950,498	65,515,899

商業

自鐵路發達，運輸便利之後，商業隨之。政府設立專門學校，輔助商業；又設領事，調查各國商情。既而國內銀行，日益鞏固，商業愈益興盛。列表如下：

年（西元）	輸出	輸入	總數
1867 年	15,553,472	10,693,071	26,246,543
1877 年	23,348,521	27,420,902	50,769,423
1887 年	52,407,681	44,304,251	96,711,932
1897 年	163,135,077	219,300,771	382,435,848

宗教

定神道為國教

　　幕府末年，神道學者，倡祭政一致之說。及將軍歸政，遂定神道為國教，設神祇科；復嚴佛寺、神社之分，寺內不得安奉佛像，僧人不得管理神社。政府將借政權，擴充神道，任命管理寺社者，兼教導之職，歲支國帑為俸金；其職等於官吏。神官更借演劇以傳播其教；於各重要之地，設有神社。其社中之神，可分四級。（一）天皇。其數十餘。凡得入社者或曾勝強敵；或經大改革，民受其利；或於大亂之後，嘗能維持治安。（二）親王大臣。因其人忠心事君；或嘗平亂有功。（三）忠心事君之臣民。蓋嘗不辭生死，亟赴王難，以救天皇者。（四）自然界之神。天地日月之類，日人以為其先祖也。神社祈禱之禮儀，政府訂之。

小學生必須致敬神社

　　憲法雖許人民信教自由，而小學學生必須致敬於神社，果得謂之自由歟？其政府答辯，固謂神道非宗教也，豈其然乎？

第十六篇　明治內政之發達（西元一八六七至一八九四年）

佛教之改革

　　維新之初，政府將禁佛教。藩侯之逢迎者，輒沒收佛像，火而焚之。一時僧人大恐，人民驚懼，幾起大變。政府乃謀鎮撫，通諭各屬，謂朝廷之意，非欲如此嚴辦。然猶令皇室親王，公卿子弟之出家者，蓄髮還俗，又迫僧人，不得出入官衙，以困辱之。唯公卿之不欲廢佛教者，謂其尊重國教，於祭政一致，未嘗背謬，因許其高談教義。其先謀改革，能自振拔者，則本願寺也。寺自維新之際，即自釐革寺務，首創普通學校，傳教於上海等地。此外各宗，亦能嚴守戒律。其高僧更研究學問，以闡發妙義；或遊歷歐美，以資知識；且援西方之無神論，以攻擊耶教；刊行佛書雜誌，以為宣傳。其能如是進步者，蓋受外界之激刺而能奮興也。

耶教之盛衰

　　耶教自弛禁後，勢力浸盛。傳教士至者，輒創設學校，教授英語；對於學生，諄諄然勸其信教。時值維新初年，攘夷鎖國之說，不復能存在，西方思想之輸入，若決江河，莫之能禦。又以傳教士富於普通學術，熱心宣傳，教會學生卒業後服務於社會者，率負有盛名。人民因視耶教為文明宗教，傾心歡迎。於是教徒驟增，十字架見於街市村野者，觸目皆是。及西元一八八五年，日本學者之思想，轉趨舊學，反抗歐化之勢漸盛。佛教徒又復忌嫉耶教，即借歐人所盛倡之「進化論」以破耶教「創世紀」之說。二教爭論，紛詄不已。然其後日人亟謀改約，傳教士為之歸國運動者甚多；雖無功效，其熱誠固不當忘也。

綜而言之，日本維新後內政發達之速，誠有足多者。然其能於此短時期內，收穫若此之豐，亦非無故。蓋日本於開港之先，非無文化；其人民非若非洲、美洲之土人。彼以東方固有深淵之文化，兼採西人曾經試驗得良結果之制度科學，而吸取融化之，收效固非甚難。其政府又獎助之，不遺餘力，此其所以勃興歟？

第十六篇　明治內政之發達（西元一八六七至一八九四年）

第十七篇
明治外交
（西元一八六七至一八九四年）

修約大使之失敗

日本與歐美諸國之通商條約，載明至西元一八七二年，經雙方同意，可得改約。日本政府深知條約重喪國權；其時又值維新初年，凡百新政，待款舉行；因謀收回海關自主權，借裕國庫。西元一八七一年，天皇命岩倉具視為全權大使，大久保、木戶、伊藤副之，遊說歐美，冀達改約之目的。大使至美，述其國內廢藩之政績，及外交上親善友邦之誠意；商於美政府，廢除協定稅率及治外法權等。美政府終於拒之。已而至歐，請於各締約國，亦未有許之者。岩倉使命，全歸失敗。蓋其時諸強國，為謀商業發達之故，群起爭奪權利，自不願以其所已得者，轉還主人。其於中國，且力謀攫取，於日本，自不肯放棄。大使在歐，以聞朝臣將構釁於韓，遂遄程而歸。此行也，日本使臣皆奇傑英明之士，願望甚奢；終於無成。其所得者，乃以身歷諸國，目睹其政法修明，工商發達，國勢興盛，而則效之心益強耳。

自內政整理以後，日本始得從事於國外；其步驟為交換土地，收復島嶼，併吞琉球，威逼韓國，中日戰爭，改訂條約等，茲分述之。

第十七篇　明治外交（西元一八六七至一八九四年）

日、俄交換千島、庫頁

先是俄人嘗自岡札德加半島，進據千島，來至蝦夷。及西元一八五八年，中、俄訂立《璦琿條約》；俄人遂占有黑龍江流域北部之地，東至庫頁（日人改稱之曰樺太，一名薩哈連），勇猛進行，與日人之居留其地者，時起衝突。俄皇請劃疆界，幕府拒之。及陂理約成，俄人重申前請；卒議定仍循舊例，兩國人民，雜居其地。顧俄人徙居者眾，幕府驚愕，屢遣使至俄，商議地界，不成。其後俄人侵入對馬島；島屬日本，往來韓國必經之地也，俄人據之，建築軍營，將有久駐之意。且揚言曰：「俄之出此，防英、法之奪之日也。」英人惡其占據要害，因以兵艦迫之退去，俄人納焉。西元一八七一年，天皇託美使致意俄皇，將以北緯五十度為二國在庫頁之界線；俄皇不許。旋美使建議，由日本出資收買，政府將以二百萬元購置之；朝臣又言其無用而止。天皇尋致書於俄，請以劃界事歸美國公判；俄皇又不可。其後數遣重臣如俄京交涉，皆不得要領而歸。西元一八七五年，復與俄協議，決以千島歸日，庫頁歸俄，兩國之疆界始定；然交涉已經十餘年之久矣！

日本收回小笠原島

本州東南，有一小島，始為日人小笠原氏所發現，遂以其名名之。幕府鎖國之時，嚴禁人民製造大船，徙居其地者益少。及十九世紀中葉後，英、美人漸移居其地；幕府憂之，因通告英、美，謂其地係日本領域，將置官吏，對於外人權利，概不侵擾。二國公使不答，將軍遂遣兵戍之。當幕府歸政時，戍者皆歸；未幾復往。美人居留其島者，組織團

體，自訂法律，又有從事劫掠，以海盜為生者；日本官吏，因嚴禁之，時致衝突。美使抗議，交涉頻繁，政府乃勸其人他徙。西元一八七四年，美國務卿告其國人曰：「小笠原島，國會未認為美屬；凡移居其地者，是自流於荒島也，政府不能保護。」英人經審察之後，對於該地之為日領，亦無異言。西元一八七五年，日政府始完全收復其地。

日本與朝鮮訂約認為自主之國

朝鮮自江戶幕府以來，聘報日本，未嘗間斷。維新之初，天皇使人告於朝鮮，其國書有天皇詔敕等字；韓廷謂其非鄰國來聘之禮，拒而不受。天皇復遣使往，勸其報聘；韓廷不許，下令於國中曰：「日本變法，近於夷狄。國人與之往來者，殺無赦。」使者歸國，西鄉隆盛等請出兵伐之，不可，辭官而去。當時韓王年幼；其父李昰應攝政，號曰大院君。大院君性情豪邁，喜事敢為，專欲抑制外戚，攘斥外人。先是西元一八六五年，俄艦來請通商，大院君令法教士勸其退去，教士不應；因疑其為間諜也，遽屠殺之。英、法公使詰問清廷；清廷答謂：朝鮮雖奉中國正朔，至其內政，向不干涉。法、美諸國，遂於此時要求朝鮮許其通商，不得則令兵艦脅之。韓人拒抗，終不肯屈。西元一八七五年，日本軍艦駛入韓國西岸之江華島；戍兵發炮擊之。軍艦還炮，毀其炮臺，旋復報告政府；天皇因命大使往韓，詰問其故，且議修好。大使至韓，提出草約，限其於十日內答覆。時大院君已還政，朝臣會議，逾期不決。日使揚言：「將立去韓，興師問罪。」韓廷不得已，概許其請，致書道歉，交換日、韓通商條約。其第一條曰：「朝鮮為自主之國，與日本享平等之權。」日韓邦交於是恢復。

第十七篇　明治外交（西元一八六七至一八九四年）

李鴻章對於朝鮮片面之外交政策

　　日本自稱東方開化之國，親善歐美各強國。日韓商約成後，美國謀通商於韓。西元一八八〇年，遣使如日，託其駐韓公使致書於韓，請許美國通商。韓王拒之；美使因滯留長崎。李鴻章聞知其事，邀其來津，議訂商約。美使至，李鴻章力主約文載明朝鮮屬於中國。美使初謂不可，後乃由韓王致書於美，自述其與中國之關係。其約文有「自古以來，朝鮮為中國藩屬。但內政外交，概由自主，與美享同等之權」云云。約成，英、法諸國，皆與訂相同之約。李鴻章之為此，其意蓋欲證明朝鮮屬於中國也。初，日本以朝鮮之事來告，清廷謂其內政不能干涉。及日韓商約告成，日本認朝鮮為自主之國。李氏深恐朝鮮屬於中國之事實，將為列強所否認，故招美使至津，藉以表示朝鮮臣服中國，唯上國之言是聽。此其用心甚苦；所可惜者，商約國書，文義矛盾，其外交終歸失敗耳。

西元一八八二年朝鮮之內亂

　　日韓邦交恢復以來，日本在韓之勢浸盛。當是時韓國一般有為之士，知非變法不能圖強，號為開化黨；其親清者以大院君為之魁，號曰守舊黨。二黨在朝，互相傾軋；卒以迫於大勢，遣學生二十四人，赴日留學，更聘日武官，操練軍隊。西元一八八二年，新軍因欠餉怨望，附於大院君以作亂。時大院君已久歸政，以韓王懦弱，其妃閔氏專政，惡之。而閔妃以大院君之故，漸欲親日，積怨益深。大院君謀殺閔妃，事洩，韓王及妃，皆已逃去。亂者殺日武官七人，襲擊使館；日使潛逃，

東渡長崎。於是日政府命井上馨赴韓交涉，議訂條約五款：（一）限二十日內，韓國逮治凶徒之罪。（二）恤死者家屬五萬元。（三）償軍費五十萬元。（四）日本軍隊，得駐漢城，保護使館。（五）遣大使謝罪。韓皆許之。清廷聞變，令馬建忠率軍艦赴韓。建忠召見大院君，拘之，送往北京；更遣兵登岸，守護漢城。大院君至，清廷置之保定，不許歸國。大院君素親中國，至是反為清廷所幽。

日公使助韓開化黨作亂

李鴻章見事日急，亟頒中韓商約，許華商享受特殊權利；委任朝鮮海關監督，整理歲入；復令韓使駐於天津。清廷先命馬建忠協理朝鮮外交通商事宜，其後復委袁世凱為全權委員以代之。袁氏剛毅敢為，干涉朝鮮政務；韓王患之。蓋自始所謂屬國者，內政一任其自主；今驟變政策，韓王心不自安，乃轉而親美，借求援助。開化黨之勢，因之大盛。其黨魁金玉均等銳意維新，且於大院君亂後，如日道歉，羨其進步之速，因交其上下，引為援助。日本政府，隱為籠絡之計，待之甚厚，退歸韓國賠款四十萬元。玉均恃日助己，謀誅大臣之守舊者；而日本自袁氏駐韓後，勢力大減，故公使隱為之助。西元一八八四年，朝鮮舉行慶祝郵局落成典禮；國內大臣及各國公使咸在焉，獨日使託故不至。會宴將終，開化黨人縱火執兵，屠殺大臣；日使更率兵入宮助之，威脅韓王，欲擁之以攬政權。明日，袁世凱率兵至；韓民惡玉均等暴動者，爭來助之；韓王潛歸清軍。日使知事不可為，率兵歸館，途為暴民所辱。當是時，韓民激於義憤而起者所在皆是。日商在漢城未逃者，多遭殺死，焚其屋舍。黨人與亂者，更屠其家族，鮮得免者。日使已逃去，報之政

第十七篇　明治外交（西元一八六七至一八九四年）

府。天皇命井上馨如韓，辦理其事。明年，復使伊藤博文來中國，訂《天津條約》，其結果終有中日之戰（其事詳後）。

修改條約始末

自岩倉具視出使歐美，改約失敗以來，國人漸知治外法權及協定海關稅率之害，群起合謀；歷二十餘年之久，與外國會商六次，始告成功。其勇往前進、慘澹經營之苦心毅力，有足稱者。方西元一八七八年，日政府商於美國，修改關稅條約，美國答謂俟他國許可，美即贊同。及轉商於英，英人以增加關稅最不利於其商業，倡議反對，他國從而和之，遂作罷論。西元一八八二年，井上馨更請於英，廢除治外法權，聘用外人為法官，又不成而罷。越四年，復開會議。是時大審院亦已成立；朝廷又聘外人編纂法典，公布實行。適伊藤為總理大臣，提倡歐化，獎勵交際，外人多稱美之；美傳教士在日者，至為之歸國宣傳，說其政府改正條約。外相井上馨與各國公使會商，許聘外人為法官，廢去治外法權。人民聞知聘用外人之議，橫加斥責，輿論囂然，卒至井上辭職而去。於是天皇命攻擊井上最烈之大隈，繼為外相。大隈謂與各國公使合議，不能成功，因先商於美，議定取消治外法權，唯仍許聘用外人；美國許之。德、俄諸國，尋相繼認可。而攻擊大隈者，仍以任用外人為違背憲法。伊藤至辭樞密院長，肆言其害；閣員反對者，辭官而去；大學教授亦上書天皇，力爭不可。但大隈堅持其說；天皇為開御前會議，雙方相持，入夜不決。適大隈歸邸，途為刺客所擊，重傷一足，改約之議遂浸。其後伊藤復組內閣，陸奧宗光為外務大臣，陸奧謂英在日之商業最盛，得其許可，各國自無異言；因命駐德公使親赴倫敦，商決其事。

西元一八九四年七月十六日，與英國立約調印，其重要者有三：(一)開放全國。(二)定期廢去治外法權。(三)定期取消協定稅率。

十一月，美國繼英許之。其後各國皆許之。

改約成功之主因

取消治外法權，固賴群眾運動；實由於編纂法律，組織完備及法官公明、獄制改良之故。或謂中日戰後，列國因其強盛而始許之，茲以事實證之，未盡然也。中日戰爭，始於七月二十九日，當日艦擊沉中國輸送船，其時英日商約，已簽字十餘日矣。吾人所當知者，協定稅率，誠有不能保護國內工商業之害，但其基礎，當定於改約之先。彼藉口協定稅率而自謂中國不能進步者，其自餒亦太甚矣。

第十七篇　明治外交（西元一八六七至一八九四年）

第十八篇

中日戰爭

（西元一八九四至一八九五年）

天津條約中國對韓勢力之讓步

　　朝鮮西元一八八四年之亂，日本公使參與其謀。韓人憤怒，殺日商民，焚毀使館；公使逃之釜山。於是日本以井上馨為全權大使，率兵艦至韓；謁見國王，呈遞國書，嚴重交涉；並議訂條款：（一）由韓國道歉。（二）賠傷害損失等費十一萬元。（三）嚴治暴徒之殺日人者。（四）償建築使館費二萬元。（五）韓廷為其使館衛兵建築兵營。清廷聞變，遣使者之韓，參與和議；井上峻辭拒之。日人旋謂清兵曾助韓民攻擊日商；其明年，更派伊藤博文來中國，會議韓事。清廷命李鴻章為全權代表，與之交涉。伊藤先入北京，將呈國書；總理衙門，託言皇帝幼沖，拒其謁見。伊藤返之天津，與李鴻章會商韓事；雙方辯論，各不相屈。伊藤將歸，李鴻章讓步，且謂將辦兵士助亂有據者；因締結天津條約，其條款如下：（一）盡撤中、日二國駐韓之軍隊。（二）中、日皆不預聞朝鮮練兵之事。（三）朝鮮有事，一國認為必要出兵時，必先行文知照其締約國。論者嘗以斷送韓國之罪，歸於此條約；為斯言者，實昧於當時之情勢。日本自與朝鮮締約以來，久認朝鮮為自主之國；歐美諸國，亦多以獨立

第十八篇　中日戰爭（西元一八九四至一八九五年）

國待韓；當日、韓交涉，井上故並拒絕清使與會。及伊藤來津，則是認朝鮮與中國有關矣。推李氏訂約之意，蓋以日、韓相近，往來便利，其出兵較迅速；必先知照然後出兵，則能為之備。其所讓步者，唯第一、二條耳。約成，二國之怨益深，亟謀報復，戰機日迫；茲分述之：

一、日、韓之邦交益惡

日本地近朝鮮，人民視之若屬國。維新初年，武人嘗欲構難於韓而不果。其後國勢強盛，工商進步，人口數增；蕞爾小島，不足以資發展，益欲兼併朝鮮。而袁世凱在韓之急進舉動，結果反激增日人之野心，伊藤嘗嘆息之。西元一八八九年，朝鮮官吏託言歲歉，禁止五穀出口；日本食料之來源驟斷，價值奇昂，人心惶恐。後知是歲朝鮮收入之豐，為近三十年所未有，輿論譁然，僉謂朝鮮違背商約。公使嚴重抗議；二月後，韓乃開禁。其後二年，韓復申前禁。公使為其商人，要求賠償損失十四萬元。歷久交涉，韓廷許賠款四萬餘元。政府大怒，招回公使，而以年少敢為之政客大石正己代之。大石與韓廷交涉，要求賠償十七萬元，限十四日答覆；逾期不得要領，即當撤旗歸國。李鴻章聞之，大驚，急命韓廷賠償日商十一萬元，其事始已。日韓之邦交已日益惡；復值日本召集議會之初，下院時與內閣衝突，政府解散下院，至於再三，伊藤憲法，殊多困難；若將修改，又政治家之所躊躇顧慮也。政府為保全其憲法計，乃謀對外以求與國民合作。

二、袁世凱監督朝鮮之嚴厲

自清廷委任袁世凱為全權委員，袁氏因統理韓國交涉通商事宜，實行其宗主國對於屬國監督之責。西元一八八七年，韓王遣大臣出駐美

國，未得袁氏認可，袁氏即令撤回；韓廷屈服。既而公使得其認可，乘輪抵美，謁見各國公使。袁氏謂其不待中國公使之介紹，擅自拜謁，迫令罷之。會美國駐韓公使，勸韓王自立，李鴻章即商於美國，將該使召歸。韓廷又受袁氏之命，請之於美；美遂召回公使，而令他人代之。袁氏為擴張勢力計，嘗經營全韓電報，謀築鐵路。日本請於韓廷，許其建築釜山、漢城間之鐵道，經營釜山通日本之海線；韓廷以袁氏之故拒之。於是日本嫉惡清廷，過於朝鮮；韓之君臣，心不自安，亦有微言。及大院君歸，各國傳謂袁氏將欲立之為王，借並朝鮮；日人大懼，謀韓益亟。當時清廷諸臣李鴻章、張佩綸等，奏請擴充軍艦，倡言練軍謀報復；北洋艦隊，舉行會操。日本日窺伺之，並得其奏文。二國之邦交，各趨極端，險象呈露，遂不免於一戰矣？

三、朝鮮臣民之無能

朝鮮政府，衰靡不振。韓王又庸懦，上秉成於大院君，下見制於妃閔氏。二人爭權，樹黨傾軋。其下大臣，屬於世家望族，積習深沉，改革困難。在朝握政權者，多懦弱文學之士，偏於守舊，而昧於大勢。其謀改革者，則自信過甚，趨於極端，自為一黨，不能合作，徒事破壞。結果乃使庸臣，環顧四鄰，有利我者，我則就之，否則遠之；主見不一，政策無定。其下人民，唯知納稅，視朝廷存亡，若不相關。朝鮮舉國麻木不仁，遂為中、日逐鹿之場，釀成戰爭。

四、中國對韓外交上之孤立

俄自不能逞志於歐洲，轉變政策，經營西比利亞，借伸勢力於東亞。其駐韓公使施其陰謀，漸得韓國君臣之歡。日本見而大懼，其政治

家，固謂內政不修之朝鮮，將必併吞於俄；夫然，將使日本見逼於強俄。其不利莫甚焉。因亟謀奪之於清。至美、德諸國，皆利朝鮮獨立。當袁氏之干涉朝鮮外交，美國嘗向清廷表示不滿。德皇則利黃種殘殺自弱之政策，不願干涉。中國在外交上，全處於孤立地位。日本遂無所忌，竟至決裂。

五、金玉均被刺

朝鮮西元一八八四年之亂，新黨失敗，其領袖金玉均等，逃之日本。韓廷誅其家族，下及僕輩。復求玉均於日；日本弗與。玉均已留日本，心極憤懣，數謀革命，事洩而敗。韓廷大懼，隱謀刺之。其刺客託言與李鴻章之子相善，誘玉均曰：「但得其父一諾，大事立成。」玉均欣然，與之偕至上海（或謂李鴻章致書招之）。次日，遂出手槍，擊殺玉均。各國公使，言於清廷，應處凶犯以相當之罪，且勿辱死者之屍；日使更請以凶犯歸其裁判。李鴻章皆不之許，特令軍艦載犯及屍，送歸漢城。韓王詔分玉均之屍，重賞刺客。於是日人大怒，輿論囂然。日、韓之感情益惡，中、日之衝突，已無可免避。會東學黨之亂作，遂啟二國戰爭之禍。

朝鮮東學黨之亂

東學黨者，朝鮮愚民所組織之祕密會也。黨人倡言保存東方學術，反對宣傳耶教，時起騷擾。其後政變數起，賦稅苛重，人心思亂，黨徒益眾。西元一八九四年，黨人起兵，民爭附之。韓王命招討使率兵八百人往討。兵士行不裹糧，日給銅錢百文，聽其向民間購食，散漫無紀，受其擾者，皆憤而助黨人。旋陷重城全州，得其槍砲彈藥。韓王復遣五百人往攻，中道潰散。於是黨勢大張，聲言誅滅閔黨，匡君救民；全

韓騷動。韓廷大懼，問計於袁世凱。世凱令其請求中國，出師援助，韓王從之。李鴻章深信日本下院、內閣之衝突未已，無暇外顧，議決出兵，令駐日公使依據《天津條約》，通知日本。其六月七日，照會出兵文有云：「我朝素宏字小之仁，斷難漠視藩服之難。」日外務省答謂：「朝鮮王從未自承其屬於貴國。」明日，其駐華公使又照會總理衙門云：「……朝鮮內亂孔熾，本國不得不派兵前往，業已命將出師。……」

中、日出兵朝鮮

清廷請其不必出兵，辯答未已，而日本軍隊已抵釜山，前進漢城；清軍援韓者，則駐於牙山。東學黨聞有重兵來討，恐懼逃散。袁世凱因照會駐韓日使大鳥圭介，略謂亂徒已散，中、日兩國，可同時撤兵；大鳥不應。六月十七日，日本外相又諮請清使略云：「……朝鮮內政，亟應代為修整。兩國擬各簡命數大臣前往朝鮮，同心稽察各弊。其分應整頓……者，如國庫出納，遴選官吏，及募練彈壓內亂額兵等皆是。」二十二日，中國拒絕其請，覆文云：「……其內政作何整頓之處，應任朝鮮王好自為之。……貴國既認朝鮮為自立之國，豈能干預其內政。……」

日本藉口整理朝鮮內政

同日，日外相覆駐日公使文云：「……朝鮮王嘗蓄陰謀，致釀禍變，大為敝國之害。……敝國萬難坐視。……是以決計代為設法，以保太平之局。其所應查辦之事，已詳前牘。……今兩國退兵之先，必須訂定規

模，俟朝鮮王辦理就緒，其執政以次各官，亦各有條不紊，方可奏凱班師。……」清廷終不肯從。七月十四日，其駐京日使乃照會總理衙門曰：「……中國仍執須令日本退兵原議，毫無合力整頓之意。似此情形，兩國若起爭端，實唯中國執其咎。……」文意強硬，不啻二國之絕交書也。

日使向韓廷要求四事

李鴻章初接日本共理韓政之文，大驚；轉謀和平，請駐京各國公使，向日調停，俄使致書於日，勸其撤兵；外相復謂時機未至。英患戰爭妨其商業，出任調停；又以清廷眾臣意見不一而無結果。七月某日，大鳥圭介忽令日軍隊在韓者，悉往漢城。大鳥面謁韓王，詰問中國保護藩屬之意；又呈改革案，促王施行。王逡巡數日，不得已，下詔罪己，派重臣三人為改革委員，協議改革事宜。大鳥旋向韓廷要求四事：（一）日本得置漢城、釜山之軍用電報，（二）朝鮮依據前約為日建築兵營，（三）撤退中國軍隊，（四）廢棄中韓之一切條約；限其三日答覆。及期，韓廷弗許。二十三日，大鳥率兵，迫令韓王，接受其改革內政案。袁世凱見事機已非，託辭請歸；清廷令唐紹儀代之。袁氏去後，韓廷失其憑依，遂於二十五日，承諾大鳥之要求，宣布廢棄中韓之一切條約。

日軍艦擊沉中國輸送船

同日午前，日本軍艦擊沉中國輸送船於海，戰事遂啟；其近因則日本對韓之共同改革案也。歐美學者，有謂中日之戰，由中國破壞《天津

條約》；是說也，殊無根據。清廷痛於數喪屬國，謀存朝鮮藩屬，而朝鮮君庸臣懦，不能自主，以至釀成巨禍，各宜分受其責。至如日本以地理、經濟上之關係，久有兼併朝鮮之心；借其內政不修，託言共理政務，終致戰爭。三國之中，日本應負最大責任，可無疑義。

牙山之戰

清軍駐於牙山，有兵六營，淮將葉志超統之。已見日軍大至，志超催請援兵；李鴻章猶不欲戰。其後始遣輪船輸送兵士，自大沽出發，駛向朝鮮；令軍艦二艘護之。行近朝鮮之西岸豐島，忽被日艦發炮轟擊；輸送輪船，或降或沉。是役也，日本未死一人，中國軍士之沉於海者，近千人。同日，韓廷承受日本意旨，許其驅逐在韓之清軍。淮軍駐於牙山，久弛操練，暮氣深重；器械不一，彈藥不足。統領葉志超專俟援兵，堅築堡壘，防敵襲擊。而日軍在韓者，人數較多，兵器精利，遂於夜半，分軍進圍牙山。守將聶士成拒戰。其兵，每營僅有槍械三百五十；其他一百餘人，皆持矛戟。日軍遠發重炮，彈落如雨，守兵多死，餘眾潰走；諸壘次第失守。葉志超統兵在外，不敢來援，牙山遂於二十九日失守。八月一日，中、日二國，下詔宣戰，列強相繼宣布中立。

中日始宣戰，日韓結攻守同盟

開戰之始，日本海陸二軍，皆奏大捷。懦弱無能之朝鮮君臣，唯日本之言是聽。八月二十日，大鳥圭介與韓締結新約。其重要者如下：

第十八篇　中日戰爭(西元一八九四至一八九五年)

(一)朝鮮政府改革內政。(二)京漢、城仁、仁川、京釜、釜山之鐵道，許日本建築。(三)保存日本所設之京仁、京釜之電線。(四)兩國派員，協議朝鮮獨立自主。越六日，二國遂結攻守同盟之約。

平壤之戰

日本復遣大軍，追擊清兵。時清兵已至平壤；援軍渡鴨綠江來會。平壤者，箕子故都也，負山帶河，形勢險要。諸將議據險以待，建築炮臺，分四軍守之。日將知之，定包圍總攻之策，分四路來擊，清兵不能相應。日軍攻陷北壘，將攻城門。清軍守壘者，懼敵斷其歸路。潰走城中，懸白旗乞降。日軍許不進攻，約其明日獻城。及夜，葉志超率全軍突圍而遁，退守鴨綠江西岸。

黃海之戰

中國軍艦自豐島戰後，嚴守威海衛港，不敢巡弋敵艦。日本因得於此時，運送軍隊，進攻平壤。既而清廷命海軍提督丁汝昌統率艦隊，護送軍隊之大東溝。丁汝昌，淮將也，不甚知海軍；以淮軍之故，統帥北洋艦隊。海軍將佐，多福建人；不願汝昌為其長官。汝昌率軍艦十二艘，水雷艇六艘，駛抵大東溝。值日本艦隊遊弋黃海，見之。其司令伊東祐亨，令作一字陣形前進；汝昌指麾艦隊，作人字陣形以待之。清艦於遠距離先發巨炮；日艦不應，待至炮彈能及之地，突還炮擊。又日艦形小，行駛迅速，突過清艦右翼，包圍夾攻；清艦大亂。獨致遠艦長鄧世昌督戰最力，然船受重傷，傾側欲沒。世昌命開足汽機，駛撞敵艦，冀與之

同命；未及而沉，艦中二百餘人皆死。其餘軍艦，或先逃去，或已起火。其急於逃者，甚至自相撞裂，或觸礁沒。司令丁汝昌方戰鬥時，彈落於其艦中，船身震動，汝昌自上墜下，幾至悶絕；俄而蘇，糾合餘艦，逃入威海衛港。斯役也，清艦沉沒者四；日艦重傷者三；日本大勝。其戰勝者，亦由於將佐勇敢，臨危不驚；且操練有素，發彈命中。而中國艦長，妒嫉猜忌，士卒懦弱，不知所為；艦中火藥，有以細石充之，借圖私利；焉得不敗？由是太平洋西部海上之權，歸於日本矣。

奉天東南部之戰

黃海戰後，日兵分為二軍。第一軍山縣有朋帥之，取道朝鮮。第二軍大山巖統之，自海道來犯大連。山縣駐於平壤，命先鋒隊進據義州。義州隔鴨綠江與九連城對峙，江廣水深，清軍乃棄江而守。日軍偵知其實，夜半渡江。黎明，進攻九連東北之高山，將藉以拊城背，陷之。城中守兵大懼，不戰而逃。日軍已得九連，進陷安東。山縣更分其軍為二：一趨鳳凰城，一向大東溝。聲勢浩大，守兵爭遁。奉天東南之地，幾未一戰，悉歸日本第一軍占領。

金州、旅順之戰

其第二軍自金州東之貔子窩登岸，進攻金州。金州者，旅順之門戶也，前臨海灣，東北有山，形勢險要，皆可據守。清軍棄之，坐守空城。日軍分三路夾攻，兵臨城下，炸毀北門，蜂擁而入。敗兵逃之大連；大連守軍為之氣沮，棄炮臺不守。日軍圍攻大連，發炮擊之，無應戰者；

探之,則闃無一人。大連既失,旅順陸路之交通遂絕,軍艦在港者,先自逃去。日軍分三路來攻。其炮臺為德人所築,依山而立,堅固無比;乃大連失後,敗兵麕集其間,士氣喪沮,不能拒戰。日軍運大連之重炮轟之,進據山巔,摧毀諸壘。守將乘輪先逃,餘兵悉散。由是中國第一要塞,卒乃變為日本海軍之根據地。

蓋平、海城之戰

第一軍占領奉天東南部後,運輸軍實,休養兵卒。明年,轉攻摩天嶺附近之地,進據海城。會清軍萬人,自滿洲北境而來,謀復鳳城。日軍守將,率兵出戰,敗之。清軍遂變策略,反攻海城。海城者,遼陽、蓋平間往來必經之地也,自失守後,蓋平孤立。清軍守蓋平者,轉向北去,集於牛莊,蓋欲從別道以通遼陽,借相援助也。日軍偵知,遣兵襲其後;然寡不敵眾,鏖戰將敗,而援軍大集。其來援者,途中遇雪,深至沒脛;已至,戰敗清兵。斯戰也,斷絕清軍西通遼陽之途,餘兵不敢復戰。日軍別遣支隊,進攻蓋平,陷之。清軍在遼陽勢孤,分兵反攻海城,又覆敗退。

威海衛之戰

日本海軍,自黃海戰後,聲勢大張。李鴻章請於軍機大臣,商遣南洋艦隊與北洋餘艦共守渤海。軍機大臣遲延十四日,始與南洋大臣劉坤一議,拒絕其請。李氏無奈,令丁汝昌嚴守渤海,餘艦匿於威海衛港。

日本謀攻直隸海灣，以分清兵之勢，議決攻取威海衛，掃滅清艦；又偵知登州東南之防備甚疏，乃遣一軍，潛渡榮城灣，猝然登岸。其地原有守兵，大驚潰逃。日軍進據榮城，派艦專伺清艦，知其不出，不能有為。其陸軍駐於榮城三日，未遇襲擊；乃分軍前發，由海軍發炮掩之；且佯攻炮臺以為牽制，而陸軍越險突上。守兵驚愕，爭先逃去，日軍遂得孤山之摩天頂炮臺。摩天頂地勢甚高，日軍據之，炮擊其左近炮臺，陷之；中國餘艦遂失其憑依，欲逃不得。初，榮城陷後，丁汝昌恐炮臺不守；反為敵資，轉攻艦隊，數請毀之；守將不可。及戰，守兵潰逃，汝昌遣兵登岸，毀之，又不及。清艦困守劉公島。日艦炮臺，發炮擊之；鏖戰竟日。及夜，潛放水雷，沉清艦一。明日，復施水雷，破沉重艦。餘艦傷壞，不能再戰；將佐氣沮，不肯用命；汝昌猶望援軍，終不能至。外人勸其出降，汝昌致書伊東祐亨，約其毋傷中西官民；伊東許之。及降，汝昌自殺。北洋艦隊，遂無餘燼，渤海門戶，為日占據。

營口之戰

　　日軍自陷蓋平，固守海城。二月，清兵一萬五千，分三路夾擊，又覆敗退。會湖南巡撫吳大澂，率湘軍來援。大澂身為文士，素不知兵，其軍號曰湘軍，多新募者，遇敵先逃。日軍乘勢，進據牛莊，轉攻營口。營口設有炮臺，在遼河左岸，形勢險要；守將聞敵將至，不戰自退。日軍據之，乃於遼河右岸，排列重炮，轟擊對岸田家莊臺之清兵。戰三小時，守兵六十餘營全潰。

第十八篇　中日戰爭（西元一八九四至一八九五年）

日艦攻澎湖

　　日艦得威海衛後，別遣艦隊，進窺澎湖、臺灣。三月，駛抵澎湖；其陸軍潛渡登岸，同時進攻。守兵潰散，炮臺重城，相繼失守。俄而和約告成，戰事始已。方中日戰爭之時，日軍所向皆捷，其故何耶？蓋中日之衝突已久，戰固難免，日政府早為之備，振興工商，鞏固財政，訓練軍隊，擴張海軍；又於中國情形，瞭如指掌；而清廷幼主懦弱，婦人專政，內治不修，財政紊亂；其所謂改革者，不過疏章上之費辭虛語。人民，則視國家之利害與己無關；海軍，則統領無人；陸軍，則新募未練，器械不完，彈藥不足；驅之使戰，譬猶群羊當豺狼耳。

中國議和大使被拒絕

　　初，清軍數敗，李鴻章知非日敵，商請駐京各國公使，居間調停。英使請於日本政府，日猶未答；德、俄二國，斥英提議，日本因遂拒絕其請。於是清廷更向日本，直接謀和，任天津海關稅務司德人為和使，攜李鴻章致伊藤博文之書東渡。使者請見伊藤；伊藤謂其為李氏私傭，所攜非國書，拒絕弗納。當是時也，旅順已失，清廷改派戶部左侍郎張蔭桓、湖南巡撫邵友濂為全權大臣，赴日議和。日本則任總理大臣伊藤博文、外務大臣陸奧宗光為議和大使。二國使臣會於廣島。清使於邦交未復之時，忽呈國書；伊藤謂其非全權證書，退還不受。張、邵二使，乃以上諭示之。上諭略云：「……茲派爾為全權代表，與日本之全權大臣，會商事宜。爾仍一面電稟總理衙門，請旨遵行。……」會商事宜，意何所指？請旨遵行，又非全權。伊藤因照會二使，詢其許可權；二使

答無專對議決之權。伊藤乃見二使，拒絕談判；且曰：「中國慣以孤立猜疑為政策，外交上缺公明信實之例。」立命輪船送之回國。日本輿論，贊其英斷；歐美列國，咸笑清廷之失體。蓋清廷派遣張、邵二使，意欲得知媾和條件，借誘外人干涉耳。

李鴻章被日人狙擊

　　威海衛陷後，清廷大懼，始派李鴻章為全權大臣，專任議和。李鴻章來至馬關，會見伊藤、陸奧，交換證書，請即休戰。明日，伊藤提出休戰條件，其重要者二：(一)大沽、天津、山海關皆歸日軍暫據。(二)其地所有軍械軍需，繳與日軍。李氏不可，爭持數日。李氏請其提交媾和條件，伊藤約以明日。李氏歸館；日人有不願和者，出手槍，於途中擊之，傷頰。

中日媾和條約

　　伊藤聞之，赴館慰問。歐美諸國，僉不直日人所為。伊藤因主無條件休戰。閣員諸將，多持不可。伊藤乃夜謁天皇，得詔許可。在奉天、直隸、山東三省，兩國休戰二十一日，不得有增派援兵等事。伊藤提交媾和條件，李氏草長文駁之。伊藤請其切實答覆，勿為怨言哀訴。李氏一一改其條件；伊藤不可。最後由伊藤提出修正案如下：(一)中國承認朝鮮為完全獨立自主之國。(二)中國割讓奉天南部(遼東半島)、臺灣、澎湖列島於日。(三)中國賠償軍費二億兩。(四)重訂商約。(五)日軍暫駐於威海衛，擔保和約實行。李鴻章謂其苛酷，力爭修改。伊藤堅持

第十八篇　中日戰爭（西元一八九四至一八九五年）

一字不能再易，期以四日答覆。當是時也，休戰之期將滿，日本輸運兵船，駛過馬關，勢將再戰。李鴻章電告總理衙門，得其覆電：「可爭得一分，則爭一分。」乃簽和約。

三國干涉交還遼東

　　約成，李鴻章歸國。清廷痛心喪失發祥之地，思借俄國為之斡旋。初，李鴻章猶在馬關，即電告駐華各國公使以日本之要求。俄久經營西比利亞，謀得不凍軍港於東方，聞割讓遼東半島之報，固欲出而干涉；李鴻章乃復以利誘之。四月，俄開海陸軍委員會議；又得法人贊助。法自普法戰後，復仇心亟。時值德之工商發達，國勢膨脹，且聯奧、意為同盟。法國大懼，百方結俄；凡俄外交政策，法皆予以助力。俄更說德，德亦許之。德皇初則信黃禍之說，頗利黃種人自殺，故斥英人調停之議；西元一八九五年之初，曾通知日本，謂其苟據滿洲，易啟列強干涉；已見日終戰勝，懼其於亞洲大陸，得有根據之地，遂違國內輿論，顯然以助俄。四月二十三日，三國公使勸告日本政府，放棄遼東半島。俄又聚集東方艦隊，陸軍凡五萬人，借示日本若果拒絕其請，將啟戰爭。伊藤大懼，商於陸奧，決議照會俄國，除金州外，遼東半島仍歸還中國；俄皇不可。中國更利用其時，要求日本展期批換和約。日本內閣會議，謂問題不決，將招不測之禍，主張放棄遼東半島；迅速換約，即由外務省照會三國政府，從其忠告；三國遂無異議。日使來之芝罘，交換條約訖；天皇旋下還遼之敕，令駐華公使，商議其事。中國許償日本銀三千萬兩。

日俄戰爭之醞釀

俄之干涉，說者謂李鴻章實隱與俄訂有密約，許其建築管理中東鐵路。於是俄之侵略滿洲，日亟一日，卒乃釀成日俄之戰。李鴻章「以夷制夷」之外交政策，結果復全歸失敗。

日人欲望之奢

中日之戰，日軍未嘗小挫，群眾心理，不欲即事議和。及李鴻章東渡訂約，日人謂其內閣要求過寬，議員將提質問。未幾，三國干涉還遼，政府許之，輿論譁然，攻擊內閣。一時報章雜誌言辭激烈者，皆被政府禁其出版；反對內閣之議員，開會演說，警察又阻之；於是人心益憤，方開戰之初，為萬民所崇拜之伊藤首相，至是人民乃有謀殺之者。大藏卿松方正義，且以賠款短少，辭職而去。此其故何耶？人之欲望無窮，易生怨恨，群眾心理尤每趨於極端而發生劇變，事實往往如是。至其所實得者，則(一)賠款二億三千萬元。(二)占有臺灣、澎湖之地。(三)商業上之利益。其影響較大者，又有數端。(一)內閣議會始能合作。(二)薩、長藩閥之勢大盛。(三)利用賠款，整理財政，擴張軍備，提倡工商。(四)歐美列強始信日本內政之進步，日本在國際上之地位驟高。綜之，皆其二十餘年維新之結果也。

第十八篇　中日戰爭（西元一八九四至一八九五年）

第十九篇
戰後十年之內政外交
（西元一八九四至一九〇四年）

松方及伊藤內閣與議會之衝突

　　伊藤內閣，自中日戰後，漸為人民所惡。先是外務大臣陸奧宗光，嘗為自由黨員，勸誘其黨，與政府提攜；伊藤又得國民協會之助；政府議員，因得占下院多數，通過草案，毫無困難。伊藤遂薦自由黨總裁板垣退助為內務大臣。會政府之外交失敗，陸奧以疾去職；素負理財盛名之松方亦已辭職，財政待理。西元一八九六年，伊藤遂辭職。天皇召松方組閣，任為總理大臣，兼大藏卿。松方會晤進步黨魁大隈，得其援助；遂延之入閣，為外務大臣。松方，大隈，始以言論動人，廢去報紙條例；其於財政，自改銀本位為金本位外，無他建設。進步黨員，謂松方內閣，不能踐其前諾，漸有憤言。且閣員多為薩人，內部時起爭論。明年，大隈辭職而去。旋以臺灣事務，內閣大為反對黨所攻擊。初，日本既得臺灣，樂於冒險之浪人，相率西渡謀利。有法官保護臺民，官吏罷免其職。其人即根據憲法，法官不得無故免職，訟言於政府；政府答謂憲法暫未能實行於該地。於是法官歸國，詳述官吏之嚴酷；報章登載，輿論大譁；下院各黨因相結，宣言反對政府。及議會召集，提出不信任案；天皇即下解散之詔。

松方知其益為黨人所惡，於選舉之先，自請去職。

西元一八九八年，伊藤繼起組閣，以井上馨為大藏卿。三月，舉行選舉，自由、進步二黨之勢如故。天皇召集特別會議，提交民法，選舉法及增稅案。民法則以收回治外法權之期將至，必須議會通過，始得頒布。選舉法減少納稅之資格，擴張人民之選舉權；增稅則增加農民之擔負。議會通過民法，否決增稅，未及討論選舉草案，政府又令解散。

黨閣之內訌

議會解散之後，黨人大憤，互相團結，成一新黨，曰憲政黨。選舉之結果，議員三百人，而憲政黨員占二百五十二人。伊藤因自請辭職；元老大臣無願組閣者。伊藤乃舉大隈板垣以自代；由天皇下詔，命其組閣。大隈自為總理，兼外務大臣；板垣為內務大臣；除海陸軍外，其他閣員，皆以黨人充之。大隈之黨百十有一人，板垣之黨九十六人；其閣員之分配，為五與三之比例。俄而大隈之黨文部大臣，以妄言去職，自由黨請以己黨代之，不得。值自由黨領袖星亨氏自美歸，其人嘗為進步黨所辱，亟謀報復，內訌日深。於是二黨分裂，板垣之黨仍稱憲政黨，大隈改其黨名曰憲政本黨。內閣旋解散。

議會通過增稅案及選舉法

黨人失敗，伊藤時不在國，天皇命山縣有朋組閣，山縣借星亨之援，與憲政黨合作；又以重利，啖其黨員；當時內務大臣至許星亨得專利電車；放賣山林。政黨之風紀大壞，轉助內閣。是年，通過其所提出

之增加田稅案及選舉法。選舉法之改革，始倡於下院；但為貴族院所阻。伊藤嘗提交改革草案於議會，惜以反對增稅案而解散，未能議及。擴充選舉，固人民所屬望，山縣所提交者，與伊藤之原案無異，故由議會通過。其重要之點凡三。（一）廢被選人之財產資格，減投票人十五元之稅額為十元。（二）改小選舉區為大區。（三）改議員三百人為三百八十一人。於是人民有選舉權者，凡九十餘萬人，視前約加四十萬人。

立憲政友會與伊藤內閣

伊藤歸國，漸與軍閥交惡；一九〇〇年，謀組政黨。憲政黨員，自知為人民所惡，勸說伊藤，加入其黨，以資號召。伊藤欲藉以匡正政黨之弊，許之。改其名曰立憲政友會。憲政黨員，全體加入，舉伊藤為總裁。伊藤召集黨員，演說政見，否認政黨內閣之說；倡言：去私為國，改良政治，謀人民之幸福。黨人本其所述，發刊宣言，氣象一新。旋星亨要求山縣，許黨人入閣；山縣不可。黨人宣言與之脫離；山縣遂辭職。是年十月，伊藤繼為總理大臣，以黨人中影響最大者為閣員。及議會召集，下院通過內閣提交之增稅案，轉交貴族院。初，伊藤為貴族院議長，聲望素著；及其與政黨接近，貴族院之議員，漸與山縣相親，山縣黨員，因否決其議案；朝令停會者二，促其審思，始得通過。於是軍閥派之元老，皆謂伊藤內閣，託天皇之詔，逼令議會通過議案，而使至尊之天皇，加入黨爭，內訌漸深。伊藤之黨，唯有井上，其勢不敵；而其閣員，又不能融洽，互相傾軋。伊藤意甚怏怏，因上表辭職，奉還爵位，天皇許其辭職，不許還爵隱居；並令樞密院長西園寺公望暫時代閣；西園寺素親伊藤者也。既而元老會議，井上馨欲組閣，不得。

第十九篇　戰後十年之內政外交（西元一八九四至一九〇四年）

桂太郎內閣

　　元老既不組閣，天皇命陸軍大將桂太郎為總理大臣。桂太郎長人也，其家與井上有舊；嘗至歐洲，專修軍事行政組織，數與戰爭，立有戰功，仕至陸軍大臣；復與山縣相親，及其組閣，閣員多為山縣之黨，因得貴族院之助；伊藤又無報復之心，政友會遂不反抗，妥議預算。一九〇二年，政府發表「英日同盟」，舉行選舉，下院得終四年會期者，始於此時。選舉之結果，政黨勢力如故。既而召集，否決政府增加地稅、擴張海軍案，朝命解散。再選之後，反對黨之勢大增。一九〇三年，議會開會；桂太郎乃與伊藤協商，議定整理政務，節減經費，以擴張海軍。政友會已與政府合作，遂通過其重要議案。伊藤身為元老黨魁，聲望儼然，山縣等憚之，因欲其脫離政黨。會議會閉會，天皇委伊藤為樞密院長，伊藤遂於其時辭政友會總裁，舉西園寺代己。及日俄邦交，益趨嚴重，人民憤內閣外交之緩慢，有倡議開戰者，組織對俄同志會，大隈之黨與焉。迨議會開會，奏答敕語，不依議會慣例，遽彈劾內閣之外交，朝命即令解散。一九〇四年二月，日俄開戰；舉國人民援助政府，舉行選舉，毫無擾亂。八月，議會開會，復上下一心，共謀對外，議定臨時軍費三億八千萬元。是冬，又擴充軍費七億八千萬元。其議決也，並未詳細討論，時間至為短促；人民愛國之精神，有足誇者。

軍閥勢力下之日本內閣

　　自三國干涉還遼之後，國人僉知軍備之重要；又值臺灣之事，樞密院通過法令——山縣有朋時為院長——屬地總督，海軍及陸軍大臣，

必以在職之海軍或陸軍中將以上之大員任之。其意蓋恐無軍事經驗之文官,得居陸軍、海軍大臣之職,將妨軍事之發達及進行也。原夫大將、中將之在職者,必受命於陸軍或海軍之參謀部;其得更新,固其才能勝任,亦必其人為軍閥所喜,而願服從其命令。由是軍閥勢力下之陸軍、海軍大臣,必將與軍閥合作;遇有內閣之政策與之不合者,無論何時,軍閥得令受其指揮之閣員辭職。閣員一人辭職,則共同負責之內閣,勢將去位;其繼起組閣者,苟為軍閥所惡,亦必不能告成。軍閥又得利用閣員,於內閣議會之時,陳述所見,以影響及政府之政策。其關於屬地軍事者,總督必先商於陸軍或海軍大臣,其關係又至重要。而其大將、中將,陸軍則長人為盛,海軍則薩人最強。長、薩二藩之軍閥,各謀其利益,鞏固其地位勢力,遂不可侮。伊藤嘗憂其事;後以與山縣不合,且其勢小,不能與敵,自一九〇〇年失敗之後,遂終不能組閣,軍備則以軍閥勢盛之故,增練師團;添置軍艦;擴張兵工廠以造新式軍器;推廣軍事教育以訓練將佐;結果國家預算遂以軍費為最多。一九〇〇年,國庫支出共二億五千五百萬元,就中軍費占八千八百萬元,竟逾全數三分之一。

軍備以外之各種內閣

然擴張軍備之內閣,固未嘗忘其他事業也。教育則提倡甚力,肄業於中學專門學校者大增;女子教育,進步亦速。又文部定例增加小學校員之薪,復令府縣置視學官,以監督教育,考察學生之衛生事宜。交通則鐵路、輪船、郵局等,甚為發達。且以鐵路之成者獲利甚厚,投資者其數驟增,各地公司,爭謀路線,尤以一九〇〇年為其極盛時代;政府因訂鐵通行證例。輪船自中日戰後,政府知海運之重要。宣布航海獎勵

第十九篇　戰後十年之內政外交（西元一八九四至一九〇四年）

法，獎助國內製造輪船，航行國外。西元一八九六年，日本郵船會社擴張航行歐洲之路線。東洋汽船會社亦於此時成立，航行美國；次第擴充達於澳洲、印度等地。其往來上海、朝鮮間者，船數已增，而航行於中國之長江者，根基復漸固。郵局因交通便利之故，日益發達；經營郵政而外，兼營匯兌、儲金。電報、電話，隨之俱進，工商業等同時進步。貨物之輸出輸入，數額大增，其售銷於中國者尤多。政府又設特種銀行，若勸業銀行、農工銀行，專以獎助農工為務。其放出借款，期長而息薄；國內實業，因得改良。

朝鮮改革之難

中日戰爭之始，日、韓二國，締結條約：韓王允許改革內政。戰後，日本遣井上馨為公使，助朝鮮改革。井上至韓，進行各種計畫，上自行政、軍隊，下至庶人服制，多有改易。韓人習慣，成立已久，人心偏於守舊；一旦施行激烈之改革，非其所願，朝臣有辭職去者，法令不出於都門。井上令民剪髮，由韓王父子身為之倡；民多不欲。旋以在漢城者，被強迫剪髮，鄉民大恐，相率不肯入城，柴米價昂，幾釀絕糧之患。井上既為韓人所惡，日本政府因以三浦代之。三浦軍人也，亟欲增其國威；朝鮮諸臣，多諂事之。

朝鮮王后閔氏被弒

而王后閔氏，患其母族之失勢，漸親俄國，排斥日本，因欲盡逐新臣，首即解散新兵，以孤其勢。於是軍士憤甚，謁見大院君；大院君鼓

令反抗，西元一八九五年十月之亂遂起。大院君於夜間率叛軍入宮；宮中大亂，王后因被弒。天明，日使三浦入宮，日兵隨之，分守宮門；俄、美公使，繼之而至。三浦與亂之說，宣傳於韓，各國輿論，皆非日本；日本黨人，群起攻擊政府用人之不當，內閣乃召回使館人員而拘之，代以精幹之小村壽太郎。

俄人在朝鮮之勢漸增

韓王既為開化黨所制，從事進行改革，西元一八九六年，因與俄使相結，託保護使館為名，由俄國遣兵駐守。未幾，韓王乘間出奔俄國使館，尋下詔革諸臣之職而殺之，代以親俄派之守舊諸臣，時變起倉卒，親日大臣，鮮得免者；日本在韓之勢力，喪失殆盡。韓王在俄使館且一年，事實上行政之大權概歸於俄國。俄人獲得種種權利，並得採伐鴨綠江附近之森林，以築西比利亞鐵路。日本不得已，先後由山縣、小村與俄締結條約，互相承認二國在韓之利益，處於平等。既而俄忽背約，迫令韓王，聘俄將校，並罷英人總稅務司之職而改用俄人。英國大怒，嚴重抗議；韓王始復英人之職。於是朝鮮上下，僉患俄人之橫，又轉而親日。

列強分割中國之議

馬關條約，中國許日本開沙市、重慶、蘇州、杭州等地為通商口岸。日本在華之地位，始與列強同等。俄而訂中日通商行船章程，許日汽船，得航行於長江及其他內河；中日之貿易漸盛。中國敗後，清廷之

第十九篇　戰後十年之內政外交（西元一八九四至一九〇四年）

腐敗無能，昭著於世。李鴻章既利用俄國，干涉還遼，旋與之訂立喪失主權之密約，各國聞而驚起。

　　西元一八九七至一八九八年之間，德、俄、英、法，各占據中國土地，分割之議遂起，乃有勢力範圍之劃定。勢力範圍者，始於法國之要求海南島，清廷許以不得租借或割讓於他國；於是英、俄諸國，繼之而起。日本且以臺灣逼近福建，要求總理衙門，不得割讓福建於外國。於是各國瓜分之勢既成，戊戌維新之政又敗，國民排外思想，無所發洩，遂卒然盲動而不可遏，因有一九〇〇年拳匪之亂。

拳匪之亂

　　當時各國公使，困於北京，勢甚危急；而聯軍猶躊躇不進。其原因雖複雜，然欲待拳匪，屠殺公使，然後有所藉口，可以饜其欲望，固不可諱之事實也。日本地近中國；英國以有非洲亂故，乃勸日本出兵，更照會俄、德諸國，擔認其軍費。日本派軍一師團，向大沽出發。聯軍旋攻陷天津，復逼北京。日軍攻朝陽門，城堅守固，猝未能下。英軍乘虛，不戰而先入城。時清帝已逃，德、俄、法各軍，遂大肆淫掠。斯役也，日軍應戰最力；及城破，於其管轄之地，維持治安，保護住民，日、美二國皆為聯軍最。既而俄軍占據東三省，聯軍恐其復進，駐兵嚴守山海關以防之。及和議告成，日本得銀三千三百七十餘萬兩，當全數百分之七點七；較之俄、法、德、英，其數為少。

美國倡議開放中國門戶

自中日戰後,李鴻章深恨日本,乃結俄國,議訂密約,以至列國紛紛占據要地,已述於前。西元一八九八年,俄國已強租旅順大連灣;拳匪之亂,俄又逞其野心,亟欲兼併滿洲。英謀抗俄,結德自固;而德忽背約。俄國益橫,迫令中國締結喪失滿洲主權之密約。各國知之,先後警告中國,且曰:「中國若批准該約,無異自開瓜分之端。」俄國無奈,申明廢之。先是西元一八九九年,美國倡議開放中國門戶,意在維持列強在華經濟上之機會均等。蓋其時列強方謀瓜分中國,劃定勢力範圍;而美國獨未有尺寸之地,深恐以此妨害其在華之貿易。

其國務卿蔣斯該(John Hay)因致通牒於列強,述門戶開放之旨,列強許之。中國因列強在華利害之衝突,未即於亡,滿洲地方之危急,抑可知矣。

英、日兩國締結同盟

當是時,英、日以防俄故,外交政策相同,兩國漸相親近。先是英國已首許日本改約;拳匪之亂,復勸其出兵;及戰,日軍勇敢,紀律嚴明,大為英人所稱讚;而俄國方欲囊括滿洲,兼併西藏。俄有滿洲,或將大伸勢力於中國,破壞英國商業上之利;有西藏,則英屬之印度且危。十九世紀之末、英國嘗以防俄為事,其占威海衛,亦自以為防俄故也。日本已以朝鮮、滿洲利害關切之故,須與英國合作,久有與之訂立同盟之意。主其事者,則駐英大使林董也。林董於一九○○年至英,先以其意見告新聞記者;輿論贊成其說。又以其外交才能,深得英國政府之

信任。明年，德國駐英大使，提議三國同盟。林董以私人名義，陳述德使之意見於英國外交大臣，適首相他往，未有結果；乃電告本國政府，旋得其認可之訓令，唯令以私人接洽。既而英國駐日公使歸國，謁見林董，提議同盟。林董數商於英外相，益相接近。九月，小村壽太郎為外務大臣，始令林董正式協商條約；林董數謁外相，會商其事。十一月，英國提交同盟約文於林董；林董以其全文電告政府；政府令其會商伊藤博文於巴黎。時伊藤託言養病，遊歷諸國；已至美國，接受耶魯大學之博士學位；方將之俄。蓋伊藤嘗以日、俄地位相近。意欲親俄，與之締結條約，俄得處置滿洲，日得處置朝鮮。及其抵法，二人會晤，深疑內閣之外交政策；蓋結英親俄，根本相反，絕無可以調和之理。林董返英，伊藤徑往俄京；英外交大臣，深起疑慮。林董示以政府訓令，英始釋然。伊藤抵俄，俄優待之，意許其請；但政府要人，除伊藤、井上而外，皆主聯英。十二月，開御前會議，天皇否決親俄之議；乃議英日同盟約文，修正者三。一九〇二年一月三十日，約成；由二國簽字。

德國不加入同盟之故

德國初欲三國同盟而終未加入者，德國大使，自初言及同盟，其後絕未提及；德皇意素輕日，又不欲助英抗俄以攖強鄰之怒；英嘗謀與德國締結同盟條約，德皇不許；時值英國、非洲戰後，其仇德之心，輒未泯除；及議約文，英謂德國於遠東利益，無重要關係，因不願與商。約成，始通告德國，德亦無表示。

重要條款

　　二月，二國公布同盟約文。其重要條款，厥有三端：(一)英、日互相承認其在華利益。英認日本於韓，有政治經濟上之特殊利益。二國利益，若受侵害，各得執行必要之手段以保護之。(二)締約國之一面。因保護其利益，與敵國交戰，其同盟之國，遵守中立，努力宣傳，以防第三者加入，出兵助敵。(三)交戰期內，其他一國或數國加入敵國，其同盟之國當即出兵，協同戰鬥，共同議和。此同盟條約，期為五年。綜觀兩國所得之利益，日本則增進其國際上之地位，借貸利率低微之外債，終敢對俄宣戰；英則素以獨立自詡，今始結日以鞏固其極東之權利。後又賴同盟國之助，戰敗其數十年之大敵。一國之外交，其關係之重大何如也！

第十九篇　戰後十年之內政外交（西元一八九四至一九〇四年）

第二十篇

日俄之戰
（西元一九〇四至一九〇五中午）

俄國不肯撤洲駐兵

　　俄國自干涉還遼以來，經營中東鐵路，據有旅順大連；一九〇〇年，更進據滿洲，強脅清廷，締結密約，攫取種種權利。由列強抗議；俄始宣言廢之。一九〇二年，中國與俄，締結滿洲撤兵條約，分十八月為三期，盡撤滿洲駐兵。第一期至，俄國如約，撤退錦州遼河左近之兵。第二期至，俄不撤兵，提出新約，要求中國承諾，意將封鎖滿洲門戶，而使其為俄國保護下之特種範圍地也。美以其違反門戶開放之旨，倡言不可。日、英二國，亦提出抗議。然俄終不肯撤兵；又於鴨綠江附近之地，託言保護伐木公司，遣送軍隊，侵入朝鮮。其公司股份，俄皇皇后及皇族大臣，皆嘗投資，但假託營業名義，從事遠東之侵略；因強租要地於韓，自築炮臺；增多駐軍，改其地名。

第二十篇　日俄之戰（西元一九〇四至一九〇五中午）

日、俄猜忌漸深

　　日本以俄不僅以占據滿洲為滿足，其所力謀併吞之朝鮮，逼處強鄰，危險殊甚；且自中日戰後，人口數增，工業發達，倘韓折入俄人勢力範圍，即出口米穀一項操於俄人之手，其於日本利害，已至重要。於是全國上下，主張開戰，尤以大隈之進步黨為最烈。未幾，俄國陸軍大臣克魯巴金（Aleksey Kuropatkin）來遊，留住東京四日；日俄邦交，終未進步。克魯巴金回至旅順，開重要會議；決定於遠東增加駐軍。俄皇因特設遠東總督，以素主侵略之亞歷氣哲福（Yevgeni Ivanovich Alekseyev）充之，與以遠東外交行政及軍事上之大權。蓋將根據滿洲以對待日本也。

開戰前之協商

　　日俄之邦交嚴重。一九〇三年七月，日本外相小村壽太郎令其駐俄公使，協商二國特殊利益於俄；俄國許之。日本提出草案：(一)尊重中、韓兩國之獨立及其領土之完全。(二)俄認日本對於朝鮮之特殊利益；日認俄國對於滿洲之特殊利益。俄國外相訓令其駐日公使，會商於遠東總督。結果覆文盡去尊重中國獨立等語，只就朝鮮言之，且於日本權利加以限制。小村接收覆文，會商俄使，欲解決滿洲問題，但毫無進步。小村更提交修正草案於俄國公使，而其遠東總督亞歷氣哲福，態度強硬，恃其兵力，意輕日本。

日俄邦交斷絕

　　蓋方自信戰爭和平，唯視俄國之所欲；不知日本之堅決，卒出於一戰也。至日本之所以敢出於戰者，蓋以其時俄國除法國外，美以其違反門戶開放之宣言，英以與日本同盟及商業之關係，德以其於自身利害無甚重要關係，無願助之者。及交涉破裂，日本毫無所懼，由天皇開御前會議；議決召回駐俄公使。一九〇四年二月六日二國之邦交斷絕。

旅順、仁川之海戰

　　俄國軍艦駐於東方者，分為三隊：一在旅順口，一泊仁川，一駐海參崴。勢分而力弱，又不設備。七日，日艦分二隊出駛：一向旅順，一往仁川。俄艦以旅順一隊為最強；八日夜間，日艦施放水雷，破傷其戰艦二、驅逐艦一，皆俄艦中之大者，其勢漸弱。明日，交戰，俄艦受傷，逃回港內。其駛至仁川者，炮擊俄艦，俄艦三艘，無得逃者。十日，二國宣戰。時日本已握海上交通之權，急輸軍隊，來至仁川；及已登岸，即直趨形勢雄壯之平壤，據之。

朝鮮誤認日本為仁義之師

　　初，戰端已啟，日本遣派軍隊，駐守漢城。朝鮮深感俄國之橫，又以日本宣戰詔書有保全其領土之語，即視為仁義之師。日使林權助與韓廷締結條約，韓接受之，與以軍事上之便利，日本且保障韓國之獨立安

251

全；於是韓廷宣布廢棄俄、韓間之一切條約。八月，日、韓二國又締新約。日本得薦財政、外交顧問各一於韓廷，贊理事宜；朝鮮實已不啻為其屬國。

中國宣布中立

至中國以深惡俄之侵略，戰爭初起，一部分人心理，比較表同情於日。但以東北壤地遼闊，國內無備，竟不能驅逐他國勢力於國外。時列強皆謂中國，應守中立。美、英、德諸國又通告日、俄，除滿洲交戰區外，應尊重中國之領土中立。中國乃發通牒，劃遼河以東為交戰區，其西為中立地。蓋河以東之地，俄國駐兵不肯撤退，事實上已無可如何。中國宣言；日、俄二國，皆承認之。

鴨綠江之戰

日軍前隊，進據平壤，援軍來會者，共三師團，因編成第一軍，由大將黑木維楨帥之。俄宣戰後，命陸軍大臣克魯巴金為總司令，於三月二十七日，始抵哈爾濱。當黑木統軍前進，俄軍守鴨綠江者將退，忽接克魯巴金之命，堅守防地。黑木分軍，先攻下游之敵；復以重炮掩護工兵架橋梁七，遂渡河。俄駐重軍於九連城，分守安東。日軍攻其要壘，陷之。是役也，日軍人數，多於俄軍，黑木作戰計畫，尤周密謹慎，奪獲軍器甚多，士氣大振。歐洲人士，始知俄國遇勁敵矣。

艦封鎖旅順

俄艦伏於旅順港內，乘間而出，猶能妨礙黃海上敵船之輸送軍隊。日軍乃謀封鎖旅順口，使其不得出港，歷三次始告成。當其招集將卒驅之塞港也，應者爭集，數過定額，嘗至三十倍以上。明知將死而趨之若鶩，終收其效，宜其受人讚嘆為勇敢愛國也。

金州南山之戰

旅順既塞；五月五日，大將奧保鞏所帥之第二軍，自貔子窩上陸。其地駐有俄軍，進擊破之；更分軍進攻金州，餘守要害，以防自遼陽南下之俄軍。其攻金州者，先陷其險要，轉戰城下，卒被攻破；遂乘勝而進，圍攻南山。南山者，旅順之門戶也，俄軍設有炮臺，駐重兵嚴守。日軍冒炮火而上，鏖戰十六小時；又得海軍之助，破敵右翼，遂攻下南山，獲其重炮。斯役也，俄軍死者一千餘人；日軍死傷者四千餘人，遂得大連。

得利寺之戰

時大將乃木希典所帥之第三軍組織已成，專攻旅順。第二軍更轉戰而北。遼陽、旅順之交通既絕，克魯巴金之作戰計畫，將聽俄軍困守旅順，俟援軍大集，然後反攻救之。乃其遠東總督誤信日本軍力，將破旅順，勸克魯巴金遣軍往救；會其計畫得陸軍參謀部之贊同，俄皇遂令克

魯巴金出援。克魯巴金派大軍三萬三千人，於六月十四日，遇奧保鞏之第二軍於得利寺。其地在蓋平、南山之間；俄軍沿鐵路進攻，為第二軍所大敗，旅順之援遂絕。日軍追之，攻陷蓋平。

旅順之第二次海戰

日本艦隊，泊於旅順港外，以防俄艦逃出。會六月十五日，大霧，戰艦二艘，觸水雷沉沒；驅逐艦一，自撞而沉。日本有戰艦六艘，忽去其二，損失甚巨。同時俄艦在海參崴者，潛出遊弋，數沉日船。既而日艦隊遇之，沉其驅逐艦一，重傷其三；俄艦不敢復出。八月之初，旅順圍急，俄軍艦困於港內者，奉命逃出。十日，俄艦自旅順駛出。日本海軍總司令東鄉平八郎，率艦隊圍之。交戰五小時，未有勝負。俄而旅順艦隊之司令，飲彈而死；俄艦大亂，勢漸不支，多數遷歸港內，餘四分散。於是遠東艦隊不能再戰，屏伏港內。

遼陽之戰

第一軍自鴨綠江戰後，略取鳳凰城等，轉戰至摩天嶺。第二軍則沿鐵路北進，其勢不能相應；乃命大將野津統率第四軍前進，借謀第一、二軍之連繫。七月，總司令大山巖移其司令部於滿洲，令三軍會攻遼陽。第一軍為右翼，出遼陽東北；第四軍為中軍，攻其正面；第二軍為左翼，出其西北。克魯巴金統軍二十二萬人拒之。戰線延長一百餘英哩。俄軍於形勢要害之地，皆築炮壘，深掘戰壕，據之以戰。日軍自八月二十三日進攻，交戰數日，俄軍固守不退。三十日，黑山之第一軍突

破守軍而進。克魯巴金懼敵斷其歸路，改取攻勢以迎之，鏖戰三日，不能取勝，下令各軍退守奉天城。其退也，軍隊不亂，毫無損失；克魯巴金固良將也。俄軍既退；日軍進據遼陽。是為遼陽之戰，前後歷九日。

遼陽之反攻

俄軍退守奉天，西比利亞鐵路之兵車數增，援軍大集，其勢甚銳。十月二日，克魯巴金下令反攻，恢復遼陽，分三路而進。五日，兩軍相逼，交戰歷四日，至九日，終為日軍所阻。蓋其時俄軍蹣越險阻，備歷辛苦，人馬困憊，勢力漸衰。明日，大山巖令全軍反攻。第一、二軍同時並進，俄之東路重兵，為所擊敗。克魯巴金之大軍退至三河。十六日，兩軍復會戰，俄軍死者四萬餘人，日軍僅及其半；克魯巴金之進攻計劃，全歸失敗，其損失之巨，為日俄戰爭以來所未有。說者謂氣候嚴寒，途中積雪，不便於大規模之攻擊也。

旅順之攻下

大將乃木自陷南山後，專攻旅順。八月十月之間，大舉進攻者三。俄軍據有炮臺，拒戰勇猛，炮火威烈；日軍不顧死傷之多，逼進不已，軍力漸薄，不克再進。十一月，援軍大至，又復進攻。五日，占領高地，依為根據，轟擊炮壘，死亡益多。十二月，次第占領諸山。明年一月一日，轉攻旅順背面之炮臺。旅順守將，知不能守，遣使議降。其將校誓不再加入日俄戰爭，而欲歸國者，許其返俄；士卒皆為俘虜。明日，出降，將校八百七十八人，兵卒二萬三千餘人。日軍獲大炮

五百四十六尊，快槍三萬五千餘枝，彈藥無數，馬一千九百餘匹，戰艦四艘，驅逐艦二，水雷艇及汽船甚多。斯役也，歷時六月之久，死傷極多。

奉天之大戰

旅順降後，克魯巴金改變計畫，乃取攻勢。一月八日，俄將率騎兵潛渡遼河，侵犯中立區域，突擊日軍，欲斷其交通，不成。二十五日，克魯巴金統大軍二十餘萬，敗日第一軍於渾河右岸之黑溝臺。日軍退守，俄軍不能再進。俄而日軍援至，擊退俄兵；克魯巴金之計畫覆敗，其傷亡者，約二萬人。然俄軍雖敗，其來援者益多，俄皇且命波羅的海艦隊，駛往遠東。大山巖謂久待不擊，將貽大患，因主張亟戰，請發援兵。及援兵大集，乃木之第三軍亦加入前線。二月，開始大戰，大山巖令第五軍自鴨綠江先發。第五軍者，大將川村所統之後備軍也，初至戰線，其勢甚銳。克魯巴金分四軍禦之，因誤信第五軍為乃木之第三軍，將攻海參崴者，悉令預備軍隊往援。於是日本之第一、二、四軍同時進攻，惡戰十日，相持不決；而乃木之第三軍已潛渡遼河、渾河，繞道北進。三月一日，直抵新民，西出俄軍之後，斷其退路。俄軍力扼乃木之進路，自四月九日迄十六日。日軍各路之攻擊益猛；俄軍漸不能支，終遂向後敗退。日軍追之，占奉天城。斯役也，兩軍兵力，凡七十萬人。大山巖報告俄軍死者二萬六千，傷者十一萬；日軍獲其軍需無數；日軍死傷者，數約四萬餘人。戰爭之烈，固二十世紀大戰之一也。

克魯巴金辭職

　　克魯巴金以戰敗辭職。俄皇命大將代之。克魯巴金位在其下，贊助軍事。日軍進擊，次第占領鐵嶺、開原等地。

波羅的海艦隊之喪失

　　自俄艦敗後，旅順圍急，俄始決意派波羅的海艦隊駛往遠東，以求最後之勝利。一九○四年十月，艦隊出發，過北海，繞非洲，日需煤三千噸，非得法國殖民地之供給，固不能至遠東也。明年四月，過馬來半島之麻剌甲海峽。五月，駛往黃海，將歸海參崴。日本海軍總司令東鄉，知其不敢冒險駛過對馬海峽，統率艦隊，俟之於對馬島西之朝鮮海峽口。二十七日午後，俄艦過朝鮮海峽。東鄉下令前攻，海上之大戰遂起。日艦久有所備，臨戰不亂，發炮輒能命中，俄艦漸不一致。及暮，日艦更施水雷擊之；俄艦多沉，餘遂四逃。明晨，戰終，俄國戰艦八艘，沉者凡六；巡洋艦九，擊沉其四；海防艦三，擊沉其一；驅逐艦九，擊沉其五；其他郵船等，或沉或降。日艦與戰者，戰艦五艘（一不能戰），巡洋艦十八，驅逐艦二十，海防艦一，水雷艇六十七；共獲戰艦二，海防艦二，驅逐艦一，武裝輪船二，病院船二；所喪失者，僅三水雷艇耳。於是俄國戰勝之希望全失，二國議和於美，並未休戰。日本遣兵至庫頁島，占據其半；又派軍隊至黑龍江下游。二軍相持於滿洲，無大勝負。俄而和約告成，二國撤兵。

第二十篇　日俄之戰（西元一九〇四至一九〇五中午）

日本戰勝之原因

　　自開戰以來，日本海陸戰爭，幾無不勝。夫以拿破崙之將才，統帥全國之師，且為俄人所敗；今乃以強大之俄國，敗於蕞爾之日本，其故何耶？曰：日本久知俄國之一意侵略，欲阻其進行，唯有一戰。故於戰爭之先，陸軍改組已成；擴張海軍，又不遺餘力。其編制組織，陸軍蓋取法於德，海軍乃取法於英；器械精利，將校皆嘗受軍事教育，士卒皆精壯之國民也。朝鮮之得失，為日本經濟生存之問題，議會嘗以責問內閣之外交，不守常例，致被解散；國民嘗組織對俄同志會，主張開戰；其同仇敵愾之心，又舉國上下之所同也。至於交戰之始，日本海軍已握海上運輸之權，國內汽船輸送軍隊，綽綽然有餘力，固不若俄國輸送之困難；而國民之赴戰者，父勉其子，妻勵其夫，相率效死，誓不回顧，其武士道之遺風，猶有存者。若其內閣總理大臣，為一精明果敢之軍閥桂太郎，陸軍大臣寺內正毅，海軍大臣山本權兵衛，又皆戰將，留學歐洲，精通軍事；故於戰爭之時，處置一切，有條不紊。議會又協助政府，凡提出之預算，皆得通過。二年之內，增至十七億元。其統兵大將大山巖、乃木等又皆名將也。至在戰域以內，滿洲居民或惡當前俄軍之橫，聊求快意而為日軍耳目。相傳滿洲鬍匪，嘗乘隙毀俄鐵路，焚其輜重，克魯巴金至遣重軍護鐵路以防之云。

俄軍失敗之原因

　　更就俄國言之，訓練之精兵，多在歐洲。俄自聯法，又以巴爾幹半島問題，深遭德、奧之忌。二國與俄毗連之地，皆密設鐵路，為後日進

兵之計。故當日俄戰時，俄國數敗，終不敢盡撤其歐洲設防之精兵而至滿洲。又俄軍在歐者，其來遠東，唯恃單線之西比利亞鐵路，道路遙遙，行程近月，殊非行軍之利。且其軍隊，設備不完；統兵將校多不稱職；士卒多高加索人，不守軍律，無日人愛國之心；克魯巴金雖帥大軍，其能指揮自如者，不過數月，欲其戰勝，得乎？至於俄國人民，知戰爭由於軍閥之野心，固不欲戰者多；其反對政府者，或欲舉兵，時致紛擾。政府為國內安寧計，須駐軍防之，益不能竭其全國之軍力，以與日軍一戰。然陸軍雖不能勝，海軍艦多，實有可勝之勢；乃分軍艦為四隊，勢不連繫，致使日人握海上交通之權。設其合為一隊，遊弋海上，日軍殊無用武之地，固不知鹿死誰手也。克魯巴金嘗深咎海軍之失敗。其以此歟？

日俄議和

奉天大戰之後，法國承俄國之意，倡言議和，未有效果。及海軍戰後，日皇致書於美國總統羅斯福（Theodore Roosevelt），請其調停。六月九日，羅斯福勸告日、俄政府，息戰議和。日先許之，俄國繼焉。日本派外相小村壽太郎為和使，俄亦命首相微德（Sergei Witte）為和使，於一月後相繼抵美。小村拙於宣傳交際；而微德乃接見記者，身赴宴會，藉以促進美、俄之好感。俄僑未忘祖國，更宣傳助俄；終以黃、白人種之別，美國輿論亦漸趨近親俄。羅斯福因定會場於樸資冒斯，借免受外界影響也。八月十日，和會開幕，微德請許記者旁聽，小村不可。蓋外交慣例，非大敗不能再戰之國，其議和必經雙方讓步，無接受全部條件之可能。苟許記者旁聽，則討論之流程及條件，將公布於報紙；和使上為

國家尊嚴,下以人民監察,必難有所退讓,和議勢將決裂。(其故將訊息傳出者,另有作用,不在此例。)所謂外交公開者,特於和議成後,公布其所訂之條約,非若密約祕而不宣也。微德知其必為小村所不許,故假此以博報界之援助,美國報界遂多袒俄。會議之中,關於朝鮮、滿洲問題,次第解決。其最困難者,厥為割讓庫頁及賠償戰費。

《樸資冒斯和約》重要條款

初,微德自俄出發,俄皇訓令不償戰費、不割土地。及小村提出要求,微德拒絕,談判幾將破裂。賴羅斯福為之調停,雙方讓步;小村旋接政府之訓令,放棄賠償戰費。九月一日,議決休戰。五日,條約告成,二國簽字。是為《樸資冒斯和約》,其重要條款如下:(一)俄國承認日本於韓有政治、軍事、經濟上之特殊利益,日本有指導、保護、監理韓國之權。(二)俄讓旅順、大連租借權及長春、旅順間之鐵路於日。(三)俄割庫頁北緯五十度以南之地於日,許其享有西比利亞沿岸之漁業權。

日本願和之原因

綜觀俄國所讓與之權利,多其侵略所得者。日本對於此役,共耗戰費十五億元;將卒死傷者十餘萬人,皆其國內壯士;自宣戰迄於議和,海陸大戰,日無不勝;而結果如此,固由美國輿論袒俄,小村非微德之敵,抑日本政府何竟願和耶?蓋當是時,日本常備、預備、後備兵役,均已召集,加入前線;人民直接、間接與戰者,數約二百萬人;國內

男子工作者，不過一千萬人；其不能久戰也明甚。又戰時國債，增至十七億二千萬元；日本國貧，國內公債，僅及其數之半；戰爭持久，將必募之於英、美、德諸國，額數增多，利息愈重，其所得之權利，徒間接付諸債主而已。俄國陸軍雖敗，終未失其戰鬥能力，援軍源源而來，將士益慎，軍氣漸振；其欲和者，迫於大勢，非國內軍閥之所欲也。設使和議破裂，彼將有所藉口，號召國人，一致應戰；勝負之數，猶不能定。日本元老內閣，深悉其情，決計讓步，和約故能成功。

日人對於外交失敗之憤激

當日本讓步，條約將成之時，人民憤怒，輿論闐然。九月一日，各地報紙，皆有所揭載，或謂外交降服於俄，或請拒絕批准。其明日，紛擾漸起。又明日，激烈之報紙，公然主張暗殺元老閣員；議員自相集會，通過要求內閣辭職案。又明日，報章紛紛登載閣員之汙穢行為，尤以對於總理大臣桂太郎為甚。五日，更於東京公園召集市民大會，內務卿先命警察閉門，群眾大怒，奪門衝入。及夜，激烈分子擁至內務卿之邸，傷其僕人，且縱火，幸警察來救驅散之。亂民益怒，乃焚警署，毀職位，襲擊維持治安之官署。內務卿因引咎辭職。明日，擾亂益甚；警察亂民，時致巷戰；東京職位，幾無存者。亂民更擾及交通，火焚電車，一時東京全入於無政府狀態。七日，政府宣布戒嚴，紛擾漸定。斯變也，人民死者十一人，傷者五百四十七人，被捕者三百餘人；警察傷者四百七十一人，人民恨惡之心，未能全忘。迨小村歸國，防衛極嚴；桂太郎內閣終不能久安於位。

第二十篇　日俄之戰（西元一九〇四至一九〇五中午）

日俄戰後之滿洲

和約批准交換之後，十二月，日本以《樸資冒斯和約》所生之中日關係，遣小村來至北京，締結中日《滿洲善後協約》。中國於承認俄國讓與日本之權利外，又許其在安東、奉天間所築之軍用鐵路，得繼續營業，滿洲之地，依然為日、俄兩國角逐之場所，此固非一朝一夕之故矣。至日本則借鐵路之便，伸長其勢力於中國之東北，又以朝鮮為其屬國，實其所欲得之利益之大者。溯其本源，皆維新之功也。

第二十一篇
明治末年
（西元一九〇五至一九一二年）

西園寺內閣

《樸資冒斯和約》成立，國人以外交失敗歸罪於桂太郎內閣，下院各黨，因要求其辭職。桂太郎知難戀棧，辭職而去。一九〇六年一月，天皇命政友會總裁西園寺組閣。西園寺召集黨員，演說內閣之政績，唯賴財政，請其合作，通過預算。蓋時當戰後，國債纍纍，利息增多，辦理善後，需款孔亟。且以時間迫促，內閣徑提交桂太郎所擬定之預算於議會，凡六億餘元；卒由議會通過。

鐵路收歸國有

三月，政府謀收鐵路為國有，外相加藤高明謂其強買人民之私產，違背憲法，徒增國家之擔負，且以對華困難，自辭職去。報紙復攻擊內閣；政府概置之不省。未幾，眾議院通過鐵路收歸國有之議案；貴族院又略加修改，復交眾議院；內閣因承認其修改，勸黨員贊成。議員反對

者，爭論不已，繼起扭鬥，傷者數人。及至投票，反對者知為少數，各自離席；下院遂得全體通過。收買鐵路之款，計共四億餘萬元，約倍商人原有建築之費；政府發行五分利息之公債；防其跌價致令商人受虧，於五年後，始交與之。又定一九〇一至一九〇三年平均所得之利為公司之盈餘，以後凡二十年，每年仍如數與之。其優待商人，獎勵實業，亦云至矣。

人民負擔益重

十二月，議會復召集。明年，政府提交預算案，計六億一千餘萬元，海陸軍費，幾占三分之一，仍由議會通過。然人民之擔負益重，怨者漸多。會交通大臣要求擴張關於鐵路之費，大藏卿初拒其請，後乃雙方讓步，減額與之。元老井上馨負有理財之名，謂其額過大，大藏卿辦理不善，內閣將全體辭職；天皇因詔准財政、交通二大臣辭職，其事始已。一九〇八年，議員四年期滿，於五月舉行選舉。政友會議員共得百八十九人，占議席多數。而總裁西園寺忽於七月託疾辭職，舉桂太郎以自代。其辭職原因，說者謂因財政困難，及外交備受指責之故。

桂內閣減輕公債息，改定關稅率

桂太郎得西園寺之助，與政友會合作，起而組閣，身任總理大臣，兼大藏卿。因鑒於前閣之失敗，厥為賦稅繁重，人民怨望，編成預算，減少一億元。明年，政府擬加官吏俸金，較上年預算，增加一千七百萬

元,提交下院。政友會主減田稅百分之一,其不敷之數,則減增加俸金之半及其他經費以彌補之;政府不可。桂太郎與黨魁相商,互相讓步,結果稍減田稅,增加俸金。報紙代表商人利益者,因攻擊政友會,以其但知代表地主農民,為其爭利益也;政府財政問題,終未解決。一九一〇年二月,政府召集銀行代表,議換戰時所發之國內公債為四分利息公債。銀行嘗賴政府之助,與內閣關係至密,因得其贊同。政府又改訂海關稅率,藉以保護國內未甚發達之工業,且裕收入;其明年實行,原夫各國改約,允許日本於一九一一年關稅自主也。其外交則於是年兼併朝鮮;益思鞏固其在我滿洲之地位。唯時桂太郎在位已久,專橫益甚,屢借天皇詔敕,解除一切困難,大為識者所憂。同年八月,忽自請辭職,蓋知人民惡其政策,而政黨又不易操縱也。天皇許之。

西園內閣整理財政計畫

於是西園寺繼桂太郎組閣,整理財政,以銀行家山本達雄為大藏卿。山本言於議會曰:「財政因循,勢將破產。整理之法,在提倡工業,增進人民納稅之能力,藉以減少苛稅,獎勵商業,免令國內專以有限之現金還債,致生產事業,不能發達。」政府為節省費用,特組織委員會;西園寺自為會長,審查各部官吏人數,及其帳目;其無職者,悉罷免之。山本又減削海軍擴張之費,拒絕陸軍增加二師團之議,頗招軍閥之忌。十二月政府召集議會,提交預算,節省七千餘萬元。明年,議會通過預算。俄而期滿閉會,重行選舉,政友會復得勝利;政府將欲實行其整理財政計畫。

第二十一篇　明治末年（西元一九〇五至一九一二年）

明治天皇歿

　　七月，明治天皇忽遘疾，政府初甚祕之；既而知其不起，始許發表。天皇得疾，一週而崩；在位凡四十有五年（西元一八六七至一九一二）。明治知人善任；方其踐位之初，信任大臣，委以政事，大臣得盡其力，終收維新之效。一九〇〇年之後，元老之黨爭漸烈，天皇親予取決，所贊助者尤多。日本向為列強所陵辱之一小國，自維新後四十餘年之中，經二次大戰爭，遂為世界強國之一，其於日本天皇之功誠有不可泯者。明治既死，舉國人民皆深悲悼；大將乃木至自殺以殉。政府治理喪事，建築神社，費用甚巨，武士道崇拜英雄之精神，備見於此。

軍閥反對西園內閣

　　明治死後，元老山縣有朋，亟欲報復內閣拒絕增兵之議，遂於十二月，令其屬下之陸軍大臣辭職而去。西園寺商於各陸軍大將、中將，請其入閣；無願就者。蓋元老山縣身為陸軍參謀總長；其下大將、中將，多其同鄉之長人，嘗隸山縣屬下，為其所登庸者；前任已承意去位，繼者尤不敢貿然就任。於是西園寺內閣全體辭職。當是時，舉國輿論，皆非軍閥；政友會復與他黨相結，合力抵抗；井上山縣等，皆不敢組閣；天皇乃命桂太郎為總理大臣。

議會反對桂內閣

初,桂太郎遊歷歐洲,考查政黨,或謂其將與德、俄締結條約。及抵俄京,明治天皇病篤,召之回國。及歸,明治已死,山縣等忌之;朝命為宮內大臣。未幾,奉詔組閣;掌握海軍之薩摩軍閥,不肯合作。天皇詔令前海軍大臣不得去職,內閣始成。及議會開會,倡言反對內閣。天皇數下詔敕,令其停會;又詔西園寺調停;議員終不改其仇視之心。其黨謀與對抗,勢終不敵。東京群眾,又復示威,幾致流血。善於操縱之桂太郎,終於失敗以去;民選之下院,聲望大增。

日本謀韓益急

內政之趨勢方漸向於內閣、議會之合作;而外交則自兼併朝鮮,擴張勢力於滿洲,連結英、法、俄等國,漸招美國之忌。先是朝鮮自結日韓協約,日本在韓之勢力大增。一九〇五年,英日同盟之新約、樸資冒斯之和約,皆認日本於韓有特殊權利,負指導、監督、保護之責。其十一月,駐韓日使林權助更與韓締結新約,韓許日本設統監府於漢城,管理外交事務等。於是天皇任命伊藤博文為統監,且分設理事廳於要地。明年三月,伊藤就職,首禁浪人入境;亟謀整理腐敗之政治,紊亂之財政,苛酷之刑法;又建築鐵路,二年後成六百餘英哩,日本所費者,七千餘萬元。韓廷大苦統監之干涉內政,其憤政權旁落者,群起圖謀恢復。一九〇七年,有自稱韓使者,赴海牙和平會,借求列強援助,不得。日本輿論大譁,其軍閥益主擴張統監之權,遂由統監迫令韓王讓位

267

於太子。七月,二國另訂新約,韓王許以其政治受統監之指導。伊藤謂韓軍虛設,徒耗庫金,請予解散;韓王許之。軍隊不服,逃遁抵抗,歷二年始定。日本報紙初為甘言表同情於韓者,至是皆變論調。

安重根殺伊藤博文

軍閥欲即併朝鮮,而伊藤固倡言日、韓親善者也,因於一九〇九年六月,辭職歸國;朝命副統監代之。十月,伊藤漫遊滿洲,抵哈爾濱車站,韓國志士安重根殺之。日本大譁,軍閥兼併之謀益亟。

媚外之朝鮮一進會

日本之滅韓,韓人有助之張目者,實唯一進會,當是時,日本方礙於屢次宣言扶持韓國獨立,其徒乃首倡日、韓合併,為之演說於國中,曰:「合併之後,韓民遂為強國之民。」明年,統監託疾辭職,朝命陸軍大臣寺內正毅代之。寺內主張亟併朝鮮之軍閥也。

日韓合併

七月,渡韓,會商朝鮮總理大臣,議訂合併條約;韓廷君臣,不敢復持異論。八月二十日,公布約文,韓王讓其統治權於日皇,日本保全朝鮮皇室之尊稱威嚴,歲給經費。於是廢統監,置總督以統領軍隊,總理政務;天皇即令寺內任之。並通告各國:(一)廢除韓國之一切舊約,

適用日本現行之條約。（二）海關稅率，將於十年後改訂。當時英為日本同盟，俄因滿、蒙利益，美總統羅斯福素親日本，德、法邦交嚴重，不欲開罪於日，皆無異言。一般輿論有謂朝鮮一隅之地，其政府腐敗，不能有為，釀成中日、日俄之戰，因失各國之同情，而自取滅亡。吾人今按其合併之進程，日本之窺伺朝鮮，實已久具決心。迨事勢已去，韓國君臣，雖固拒之，必不能變其政策。而一進會之徒，必欲自屋其社，以助日人，究不知其何心也。

中日間之滿洲交涉

日俄戰後，中國承認俄國讓與日本之權利。一九〇五年，日本設南滿鐵道株式會社（即有限公司），經營南滿鐵路，又置總督府於關東州。關東州者，即旅順、大連租借地也。其總督以大將或中將任之，總理當地之政務，且保護鐵路，監督會社之營業。於是中、日逼處，採伐森林，撫順煤礦，間島主權，鐵路交涉，種種利害問題次第發生。森林在鴨綠江右岸，材植甚富，日本爭之，中國許以合資採伐，其事始已。撫順煤礦，在奉天城東五十餘里，日本謂其嘗為中東鐵路之附產，要求開掘；中國不可，相持未決。間島在圖們江北部，其初居民希少，韓人有私自移居其地者。西元一八八三年，華官嘗令其退去。日俄戰後，伊藤始設理事廳於間島。中國請其退出，日本答謂保護韓民，不可。

其尤感困難者，厥為鐵路問題。初，日本貿易於滿洲者，勢力日增。英商嫉之，勸說中國，借債於英，建築新民、法庫門間之鐵路，以減日本經濟勢力；而日本抗議，謂滿洲善後會議之紀錄，有南滿鐵路不得建築競爭線之語。俄而美商以錦（錦州）齊（齊齊哈爾）鐵路借款之策

第二十一篇　明治末年（西元一九〇五至一九一二年）

進，未能成功。清廷復請日本撤去南滿鐵路之營口支線，日本竟覆文拒絕。一九〇七年，日本駐華公使林權助與清締結鐵路借款條約，奉天、新民、吉林、長春間之二鐵路，皆借日款建築。明年，又借款於日，建築遼河以東之京奉鐵路。未幾，日本更要求延長吉長鐵路，迄於延吉廳南，得與朝鮮之鐵路連繫；中國不可。日人因謂其政府對華外交失敗，二國之邦交日惡。會安奉鐵路之交涉起。安奉鐵路者，日俄戰時日本所築之軍用鐵路也，中國曾許其營業及改築路線。

日本致自由行動之通牒於清廷

　　一九〇九年，日本請於清廷，同派委員，會勘路線。勘定，日本將收買田地，清廷因委其事於東三省總督。總督昧於外交，欲變更其路線。日本即提交嚴重抗議，責其違背條約；卒乃發最後自由行動之通牒於清廷。清廷力不能抗，所有懸案，皆因一紙之通牒而解決，除間島外，中國多許日本之要求。

美國提議國際共同管理滿洲鐵路

　　滿洲懸案解決之後，美國慮日妨礙其商業發達，違反門戶開放之旨，其國務卿羅克斯（Philander C. Knox）致通牒於中、日、英、俄、法、德，提議共同出資收買日、俄在滿洲之鐵路，由國際委員管理。中國許之；日、俄拒絕；英、法以同盟國之利益，亦不贊同；德國孤立，不欲獨持異言；美國主張，全歸失敗。初，一九〇五年十月，美國鐵路

商人赫業門（E. H. Harriman），以其收買南滿鐵路之策商於總理大臣桂太郎，又欲購買東清鐵路於俄。會外相小村歸自美國，極力反對，乃拒其請。一九〇九年，赫氏說俄，未成而死；美國務卿之提議，蓋本其意也。於是日、俄不肯放棄滿洲之權利，轉而相親。

日、英締結新約

自英日同盟，二國皆受其利。《樸資冒斯和約》未成之先，英、日復締結新約，其異於前約者凡四：（一）伸其範圍於印度。（二）英認日本於韓有政治、軍事、經濟上之特殊利益，又有執行指導、監理、保護之權。（三）同盟國之一，苟因其條約上之利益，受其他一國或數國之攻擊，至於戰爭，其他同盟國，當即加入，協同作戰。（四）同盟期限為十年。綜觀以上條款，其主旨在英承認日本在韓之利益；而日本助英保護印度之安全。萬一英、俄衝突，日本必將助英作戰；其所得者，國際及經濟上之援助耳。

日、英改訂同盟新約

其後日、美之邦交漸惡，戰謠甚盛。戰端若啟，依據約文，英應助日。然英、美同種，加以利害關係，助日戰美，非英所願；而日本在滿洲之勢力，又招英國之忌。一九一一年，英乃與日本改訂同盟新約，其異於第二盟約者二：（一）同盟國之一，苟與第三國締結仲裁條約，在條約期內，不負與第三國交戰之義務。（二）約文中未言及朝鮮。約成，日

本輿論，謂其政府之外交失敗。蓋同盟約文所云仲裁條約之第三國，即指美也。英已不負助日戰美之義務；而日本對於印度之責任，未嘗減少。至其合併朝鮮，列強亦已預設，固無須約文載明也。

舊金山禁止日童入學

在日俄戰爭以前，美國以條約上之義務，數助日本，解決爭論；美人之傳教於日者，常設立學校，輸入西方知識。日人德之，二國邦交，最為親善。日俄戰爭之初，美國輿論猶尚親日。及議和時，始轉而袒俄；和使深受不良之印象而歸，日人漸有攻擊美國之干涉者。一九〇六年，舊金山地震，損失甚巨。日本捐款，救濟災民，除美國而外，多於其他列國之總數。未幾，舊金山之教育會，忽禁日童入其公學。日人方自誇為世界強國之民，而舊金山之美人不以平等之地位待之，自覺其點辱國家之尊嚴，輿論大譁。

日、美協定《紳士同意》

日政府向美抗議，謂其違背條約。美國輿論，亦自謂教育會處置不當。總統羅斯福乃致公文於國會，謂當遵守條約，依據憲法，力保日人在美之生命財產及權利等。既又與日協定所謂《紳士同意》[07]：日本不發工人入美之護照；其本在美歸國者，許其復去；工人之父母妻子，亦得至美；官吏商人學生，不受《同意》之拘束。舊金山之教育會，乃去前禁。

---

[07]《紳士同意》(*Gentlemen's Agreement*)，若譯為條約，殊為欠妥。蓋美國憲法載明條約必須經參議院通過，方能有效；否則皆非條約。《紳士同意》之條款，二國皆甚祕之。

舊金山禁止日童入學之原因

蓋其禁日童入學,根本原因則種族、經濟之關係也。初西元一八八二年,美禁華工入境;當時日人在美者,其數無幾,未禁及之。其後日人移居於美者漸多;至一九〇〇年,共有二萬四千餘人。原以日人容貌膚髮,飲食衣服,習慣風俗,皆與美人異趣,漸被歧視;又以種族界限,少結婚同化之機;而日人之居其地者,練習技藝,漸為良工;性又勤慎,願減薪資;其有積蓄者,更置買田地,大啟白人嫉忌之心。故工人首先發難,農夫從而和之;報章記載,時以猜嫉之辭,煽惑人心,勢力驟盛。及訂《紳士同意》,其事始暫已。旋因日本急急謀伸勢力於滿洲,美以門戶開放為辭,時啟交涉;而日本亦深疑美國之政策在伸長勢力於亞東。美自西元一八九八年,併夏威夷,據菲列賓群島,固已展其驥足於太平洋中。其初猶輕視日本;及見其勝俄,始重忌之,日本政策,益為其所注意。二國報紙,又多誇張挑撥之辭;羅斯福又於其時忽令大西洋艦隊,周行世界,集中於太平洋上,大起世人之疑。

日、美協定對華條約

一九〇八年,駐美日本大使,以私人名義,言及日、美對華條約;羅斯福許之。大使轉告政府;外相小村因會商伊藤於朝鮮。伊藤深非大使未得訓令,擅言條約;又謂美國拒絕協商僑民入境問題,議訂條約,徒為多事。而小村謂大使亦已言之,訓令拒絕,將啟美國之疑;乃卒許之。由二國互相照會,申言遵守對華利益平等,維持中國獨立;猜忌之心,輒未泯除。

第二十一篇　明治末年（西元一九〇五至一九一二年）

日、法締約

日俄戰時，法為俄國同盟，對於波羅的海艦隊，曾有所供給。戰後，日人無仇視法國之心，二國之邦交，漸相接近。然法猶慮日本有所不利於其屬地，又為孤立德國外交之計，倡與日本締約。一九〇七年六月，二國締結維持現狀之條約；已成，外相小村，深受反對者之斥責。其重要理由，蓋謂法國於華之利益殊小；與之締約，進其在華之地位，與日本同等，至為不智。

日、俄發表新約

七月，日、俄二國又締結遵守條約。初，俄使微德於美國議和之時，即以日、俄在滿洲之利益關係，主張本於親善合作之旨，議訂和約，電告俄皇。是時政府方謀報復，訓令不許。後以相持非計，歐洲之勢又急，乃訂此約。及至美國提出收買鐵路國際共管之議，日、俄大懼，益相接近，共謀拒之。一九一〇年二月，二國發表新約，維持其所得之利益；若遇受迫之時，二國當協定辦法，隨時相商。當斯時也，日本國勢膨脹，外交進步，國際上之位置鞏固，鄰之厚，國之薄也，滿洲之供人魚肉久矣。

第二十二篇
內政之嬗變
（西元一九一二至一九二五年）

　　日本自明治崩後，迄於今日，凡十有三年。其間內閣迭更，不得議會之助者，在位皆不能久。茲更就其首相為現今人物之代表者，略述其個人政治生涯，於以見其政治上之趨勢。

山本權兵衛組閣

　　自一九一三年，桂太郎辭職，海軍大將山本權兵衛繼之組閣。山本初卒業於海軍學校；由政府遣往美、德學習海軍。既而還國服役，功勳昭著，進為海軍次長。西元一八九八年，任為海軍大臣。在職八年之中，關於海軍之擴張，組織之計畫，多所規定。其為人也，沉默寡言。嘗奉敕命至美，謁總統羅斯福，亦無多言。故在議會，遇有答辯，或解釋草案，語極簡單。其組閣蓋得政友會之助；當以時間迫促，採用前閣西園寺之預算；仍由議會通過。山本在職，一年有餘；以海軍舞弊案去職，大隈繼之。

第二十二篇　內政之嬗變（西元一九一二至一九二五年）

大隈首相言行之矛盾

　　一九一四年四月，大隈組閣。大隈自組黨閣失敗而後，勢力漸衰。其再起組閣者，或謂以其曾許軍閥，建築戰艦三艘，並增加陸軍二師團之故。然大隈於日，深得人民信仰，尤有二原因：（一）大隈曾創立早稻田大學。其教授多激進之學者，學生卒業後，服務社會占據要職者甚多，時或為之鼓吹；大隈遂為社會所敬仰。（二）大隈曾組織政黨，設有機關報紙，攻擊內閣。其所持言論，雖近於不負責任之理想計畫；動於主義之青年，輒易崇信之。大隈又時接見新聞記者，向之發表意見。及其在位，乃特設一室，備記者來見；大隈則縱橫論議，每見或歷一、二小時。然其言行，常不免矛盾。最顯明者，則為反對軍閥之擴張軍備，而以增加陸軍案解散反對之議會。

日本對德宣戰

　　是年八月，歐戰爆發，戰爭之烈，為前此所未有。日本輿論，偏於親德；而英國政府，依據同盟約文，請日援助。於是由元老會議，本於同盟國之精神以助英。十五日，日致通牒於德，要求其艦隊，即時退出遠東，或解除武裝，並交膠州灣於日；期以八日答覆。德國置之不理。二十三日，日本對德宣戰，遂出兵二萬餘人，會同英國艦隊，進攻膠州灣，陷之。其明年，更以繼續德國權利問題，提出《二十一條》之要求於中國（詳見下篇）。然日政府雖已宣戰，不欲深啟德人之惡感，其報紙甚有攻擊英國政策者；英、法諸國，頗疑日本。蓋自戰端啟後，歐洲列強

國內之報紙皆為其政府之宣傳機關；德人在敵國者，咸失其自由，待遇如囚；而在日本不然，其報紙又如是，是以見疑。

日人對華之輿論

大隈內閣以增加軍隊二師團，受議員反對，否決預算，天皇乃下詔解散議會。一九一五年三月，舉行選舉，結果反對黨失敗。五月，日本政府迫令中國承認其所要求《二十一條》之四章（章或作號）。國內軍閥，恣其侵略之野心，猶以其重要之第五章未得中國承認，謂其政府外交失敗。其表同情於中國者，則反對之，謂其將增二國之惡感，徒為日本之害。政友會領袖原敬，曾與其黨員提出不信任內閣案，但終屬少數耳。大隈進行擴張軍隊原議，內務大臣，至賄賂議員，冀其通過。事聞，輿論大譁。日本慣例，閣員全體共同負責，已成不文憲法，大隈因欲辭職。但元老山縣有朋，知非大隈不能擴張軍隊，仍予以援助，使得改組內閣；唯內務大臣及外相加藤高明終辭職而去。加藤，大隈黨也，時為憲政黨總裁。於是政府復為超然內閣；大隈所鼓吹之責任內閣，歸於失敗。

元老不滿意於大隈

一九一六年十月，大隈自請辭職，舉加藤高明代己。其原因傳說不一，表面則但謂年老力弱耳。初，朝鮮總督寺內正毅，應山縣之召而歸國，說者謂山縣將欲薦之為總理大臣。大隈因勸說寺內，欲其與加藤合作，共組內閣；寺內不可。大隈辭職後，意甚不適。記者謁

見，叩其辭職之故；大隈轉言他事，益為人所疑。蓋大隈素重衛生，嘗自言壽當百歲，何遽自諉為老。推其辭職之故，大抵由於元老不滿意於其政策耳。既而元老推舉總理大臣，山縣果薦寺內；寺內遂受命組閣。

寺內軍閥內閣主借款於中國

寺內幼年從軍，十九歲遷為將校。西南之亂，嘗統兵力戰，至左手傷廢。西元一八八二年，政府遣之至法讀書，遂精通名學。及歸，遷陸軍參謀次長，精明勤勞，桂太郎器之；及其組閣，遂以為陸軍大臣。寺內在位十年；其治軍也，極重操練；陸軍組織，多其所訂。日俄戰時，寺內輸送軍隊，有條不紊，愈益顯其才能。一九一一年，天皇命為朝鮮總督，至是見召始歸。其組閣也，閣員無一政黨領袖，報紙詆為軍閥，暴民有欲暗殺閣員者。寺內遂施其軍事手腕，高壓輿論，大捕社會黨人。唯當就職之初，協約國謂其親法，將出兵助戰；寺內終未遣兵。其外交政策，但主借款於中國而已。當是時也，英、法諸國，竭其全國之力，從事戰爭；日本貨物，在市場中，無與競爭者。因之商業工藝，發達迅速；國中生活程度，隨之增高。會一九一八年，國內大災，米食缺少，價值騰貴，生活維艱。社會黨因鼓動工人，為示威舉動，紛擾大起。寺內迫而辭職；天皇命政友會總裁原敬組閣。

原敬內閣改訂樞密院之律令

　　原敬起自平民，深究法律。初卒業於大學，出為新聞記者，鼓吹自由憲政，攻擊藩閥政府。既而變其態度，受官報主筆之聘；旋入宦途，為井上馨下屬。精敏忠謹，井上愛之；原敬因娶其繼女。西元一八八四年，出為天津領事；不久歸國，漸居要職。一九〇〇年，伊藤組織政黨，原敬贊助之，遂為政友會幹事。後三年，西園寺繼伊藤為總裁，其人好靜，事務多委原敬治之；及其組閣，遂以為內務大臣。一九一二年，西園寺辭職，脫離政治生活，推原敬為總裁。原敬之為人也，忠誠廉潔；自知其責任，不敢稍怠；一大政治家也。其政績最著者二：（一）改樞密院所訂之律令，文官得任屬地總督，退職之大將、中將可為陸軍或海軍大臣。先是西園寺第二內閣時，陸軍大臣隱受山縣之命，拒絕合作，內閣因迫而去職。其繼起組閣者，復以海軍軍閥不肯贊同，幾不得成立。大隈嘗得天皇許可，其閣員陸軍或海軍大臣，得以退職之大將、中將充之。至是原敬訂為律令，其制與法國相同。至文官所以得任總督者，以朝鮮、臺灣等地，屬日已久，無所用其統兵大將；而時勢所趨，民族自決之說大倡，因欲藉此以安屬地之民心。（二）減選舉人之納稅資格。依西元一八九〇年之法令，凡納直接稅十五元者，有選舉權。其後五年，下院通過議案減少元數，為上院所否決。三年後，伊藤提交修正案，仍無效。至一九〇〇年，始改十五元為十元。選舉之人數大增。一九二〇年，原敬提交納稅資格改十元為三元之草案；反對者更進而主張普通選舉。原敬因解散下院，重行選舉。結果政友會大勝，遂通過草案；選舉人數，增至三百萬人。計當時三元之價值，僅當西元一八九〇年初選時一元而已。其不廢除納稅資格者，蓋以國內政黨之黨綱，語意空泛，群眾無選舉經驗，一旦悉為選民，其危險殊多也。

第二十二篇　內政之嬗變（西元一九一二至一九二五年）

華盛頓會議期間原敬被刺

　　原敬之政友會，占下院多數，又得貴族院之助，政局頗安靜。一九二一年，美總統哈丁（Warren G. Harding），召集華盛頓會議，提倡限制軍備，解決太平洋問題；日本與焉。會議之初，暴徒刺殺原敬；其影響及於日本者，損失至重。元老國人，不欲改變其外交政策，群望西園寺組閣，不得，天皇命大藏卿高橋是清繼之，以原敬將死時，曾推高橋繼己為總裁，故有是命。高橋已組閣，原有之閣員，皆未變動。但高橋無如原敬統馭之才能，內閣自起紛擾，政友會勢將分裂，議案又有為上院所否決者。高橋自謂威信墜地，奏請辭職。

加藤內閣撤回西比利亞駐軍

　　高橋去職，元老推舉出席華會之代表加藤友三郎為首相。加藤，海軍大將也，久任海軍大臣。其組閣曾得政友會之助，依據華會之精神，更動軍官，裁減海軍人員；撤回西比利亞駐軍，除庫頁島外，無一留者。先是一九一八年，日軍會同美軍，進駐西比利亞。迨美軍撤歸，而日軍不去；俄國請其撤回，又不許。至是一九二二年十一月始召歸。

中日郵便條約

　　其對中國所謂山東問題，亦本於華會議案，與中國代表，議決一切；又訂中日郵便條約，許於一九二三年，撤廢其在華所設之郵局。唯以英法等國，未肯放棄其郵務長及副郵務長之專權，日本亦要求中國，任用

日員,中國不許;其在南滿鐵道區域之郵政,則俟日後再議。十二月,樞密院忽上奏,謂內閣外交失敗;下院少數議員復謀提不信任案。國人大譁,評論樞密院之失常;多數議員,未為所動。加藤意欲辭職,賴攝政太子優渥之諭,其事始已。一九二三年八月,加藤病死。

山本內閣時之大地震

加藤歿後,山本權兵衛組閣,招集各黨總裁,請其入閣;除小黨外,皆拒絕之。就職之初,九月一日,東京橫濱地震,房屋傾圮,死傷眾多,電線走火,化學用品,同時爆發,警察力不能救。政府即令在京軍隊,出衛皇宮使館,保護公共建築物,施行救火等事。兵士毀屋以斷火勢;鐵路、電報、電話、水廠,皆已毀傷,交通斷絕,唯賴飛機以傳信息。大亂之中,海嘯驟發,風雨繼至。人民無家可歸者一百餘萬人,皆無飲食,兵士以其軍糧食之。俄令左近駐軍入京;艦隊來集,頒戒嚴命;兵士從事修理鐵路、電報、電廠、水廠,輸運糧食救濟災民。於是治安交通,次第恢復;人民死於難者,十餘萬人,損失約五十億元。先是亂時,人心惶惑,謠傳韓人放火,輒怒殺之,竟累及華民,日本政府,幾於不能維持治安。唯東京有一監獄,其中囚徒,曾由監長率之外出,救濟難民,無一逃者。說者謂其人格較為可欽佩云。

內閣興復計畫遭議會反對

地震之後,天皇撥內帑一千萬元,並由政府支出庫金以為賑濟。各國皆捐助鉅款。於是內閣設復興院,籌劃興復,減少預算一億四百餘萬

元,以海軍費為最多。首相更召集地方長官會議,謀撙國用,提倡農業,振興商務;又以保險公司無力賠償,議減賠款至百分之十,由政府貸款助之。十二月,天皇召集特別會議,政府提交本於興復計畫之預算。政友會因生內訌,欲借一致對外以謀團結,竟攻擊政府,改減預算;並謂將否決貸與保險公司之款。山本出席解釋,毫無效果;但以災民待賑孔急,不欲解散下院;報紙有詆其庸弱無能為內閣所未有者。

皇太子被刺不中

二十七日,召集常會,攝政太子專乘汽車赴會,宣讀敕文。中途有凶徒出槍擊之;不中。太子鎮靜,終事而回。太子生於一九〇一年;歐戰之後,嘗遊歷英、法。一九二一年,其父大正天皇,身罹重疾,詔令攝政。凶徒自供社會黨人,下院議員之子。斯變也,至尊無上、萬世一統之皇儲,幾遭不測;內務大臣、警察總監,上書辭職,山本亦以非常之變,共同負責;於是內閣全體辭職。樞密院長清浦奎吾,奉命組閣。

清浦內閣解散議會

清浦組閣,閣員多貴族院之議員。下院三大政黨憲政黨、政友會、革新俱樂部,聯合反對,詆其違憲。於是政友會之內閧日甚。黨員之一部分,謂前助內閣,而今反對清浦,詆其違憲,殊無理由;遂脫離黨籍,另組新黨,號曰政友本黨,凡一百四十餘人,力助政府。其反對內閣者,則益相團結,氣焰大張;東京群眾,更遊行示威,報紙又復助之。會三黨領袖,乘車遠出,途遇障礙,或謂政府故謀覆車;議員遂藉以為

攻擊責問之具。及議會開會，內閣出席，首相演說政策；議員大嚷，責問覆車之謀。既復有暴徒數人，闖入會場，喧聲四起，秩序大亂。議長不能維持，暫告休息；而內閣即議決解散下院。及解散詔下，議員驚愕，因不知內閣即藉此為解散理由也。報紙皆非議清浦之輕舉。於是政府採用上年預算；不待議會之協助，貸金於保險公司。樞密院起而反對；內閣謂災民情急，特負責借之。又以收入短少，借外債於英、美，實收九二點五，年息六分半，以償到期四分半息之外債；餘以興復首都。國內輿論，謂其利率過大，重詆內閣政策。俄而美國國會通過排斥亞洲民族入境之議案，國人大憤。於此外交失敗紛擾之中，議會舉行選舉；結果憲政黨得一百五十五人，政友會一百一人，革新俱樂部二十九人，政友本黨一百十九人。其他小黨，無助內閣者，護憲三黨，占議席多數。清浦迫而辭職；憲政黨總裁加藤高明繼之組閣。

加藤高明內閣之政績

　　加藤卒業於東京帝國大學；其妻富商女也，聲勢赫然。初出仕於外交省，為大隈祕書，得其信任。西元一八九四年，升為駐英公使；後入閣任外交大臣者二。一九〇六至一九一三年之間，出為駐英公使。及還，桂太郎組織政黨，加藤佐之；桂太郎死，繼之為黨魁。一九一四年，大隈組閣，加藤率其黨助之；日本之要求中國承認《二十一條》，正其為外交大臣時也。一九二四年，其黨為下院中之大黨，加藤遂受命組閣，政友會總裁高橋及革新俱樂部總裁犬養毅皆入閣。革新俱樂部之黨員雖少，以犬養毅精敏明達，善於演說，所影響於政治者甚大。二黨以護憲之故合作，政局初甚安寧。近者高橋、犬養毅皆辭職去；政友會以稅制

問題，拒絕合作，內閣改組。加藤內閣，自成立以來，其成績較著者，則為增加奢侈品稅，成立普通選舉案，及締結日俄協約也。

政黨黨綱之空泛

日本政黨，以黨綱空泛，名分數黨，實無重要相異之點，較之美國政黨，蓋為尤甚。美人嘗徵文於雜誌，求民主黨與共和黨之別。其得首獎者，乃謂民主黨執政，則共和黨非之；共和黨執政，則民主黨非之。其言雖或過於其實；然以評論日本政黨，固甚當也。又其黨員得自由脫離黨籍，或加入他黨，或另組新黨；故國中政黨名目繁多，不時改易，吾人但知其一、二大者而已。其所以然者，日人素漠視黨綱，重視候選人員，其被選者，並不受黨綱之約束，況其本相類似，無甚差異者耶？近者政友會總裁高橋是清辭職，陸軍大將田中義一代之。田中擴張黨勢，不遺餘力；因合併革新俱樂部，仍其名曰立憲政友會。以軍閥而加入政黨，足證其自知力不能敵，超然內閣，已不可行。前此山本、清浦，未得政黨之助，備受困難，清浦終至辭職，無非以此之故。

日本漸成為民治國

蓋日本政治，今昔之情形迥異：昔者選民，始而不足五十萬人，繼而一百餘萬人，其後將近三百萬人；下院議員為三百萬人之代表，軍閥固不敢攖其怒也。近者普選案，廢除納稅資格，亦已通過，選民將逾一千萬人，日本乃始近於民治國矣。民治國云者，其含義至廣；就政治言之，即人民由其選舉代表，掌握政權，或居於監察、指導之地位是

也。是以英國雖屬君主立憲，實為民治之國；而號稱民主之美國，猶遜一籌。日本政治學者，皆以民治為其政治之正鵠；吾人唯願其能早成熟而已。

歐戰後日本經濟狀況

以上言其政治，茲復略及經濟、教育、屬地等事。財政自日俄戰後，負債累累，殊覺困難。及至歐戰，工商各業，發達神速。一九一二年，全國資本三百二十億元；至一九二一年，達八百七十餘億元。同時國內預備現金，由三億四千萬元達二十億元。其外債，英欠一億八千五百萬元，法欠一億五千七百萬元，俄欠二億四千萬元，中國約二億元。英債雖已歸還，而法債猶未償清，俄債未能解決，中國則反增。

工商等業之發達

至其工商現狀：有工廠數逾二萬，機器二萬三千，馬力一百十六萬。工人一百三十萬，其中婦女八十萬。工業最盛者，首推紡織：工廠約一百七十；平均計算，各廠資本在百萬元以上；其需用之棉花，則賴輸入，據前統計，印度供其百分之六十，美國百分之三十，中國百分之八，埃及百分之二；出品價值三億元。磁器、玩具、紙等，亦甚發達。土貨輸出者，厥為絲、茶，暢銷於美國。貿易價額，明治初年，一千餘萬元；歐戰時，其數大增，後又稍衰；一九二四年，凡三十五億元。往來貿易之國，為中、美、英、法、德、俄等；其最盛者，首推美國，中

國次之；他日猶可推其市場於印度、安南、南美、南非等地。國中商人，近謀與外商直接貿易，借去其經理之弊，唯尚無明顯之效。礦業進步亦速。西元一八七五年，礦物出產二百五十萬元；近增至六億三千五百餘萬，其中以煤為最。然實業之進步，多賴運輸便利。國內鐵道，凡六千五百餘英哩，商有者僅及二百餘里。航業亦極發達，每年造船，近六十萬噸。

教育之進步

教育，注重實用。兒童年在六歲十二歲之間，必須入學。小學卒業者，投考高等小學；其入學試驗殊嚴，不及格者，約有半數。五年後卒業，可考中學或專門學校。中學，教授普通學科，為入大學之預備。專門學校，教授專門技能，為入社會謀職業之計。大學國立者五，學生五千餘人；私立大學，亦甚發達。人民受教育者雖多；其於文學，無甚貢獻，明治四十餘年，幾無有永久價值之著作。報紙、雜誌，殊發達；其所討論者，一時之問題也。近時著作極多，嘗受外國文學之影響。

日本改良韓人待遇

朝鮮物質之進步與臺灣相似。一九一九年，民族自決之說，傳至其地，韓民爭謀獨立，所在皆是；然不久即平。於是天皇下平等待遇韓民之詔，由原敬內閣改委文官為總督；去法律上之歧視；凡韓人仕宦者，享受同等之俸金及其他之榮譽；總督又嘗召負重名之韓人，來至漢城，令陳述意見；設地方會議，議員三分之二，由民公選，其餘則由長官委

任;更改組警察,歸於地方。又為連繫韓人之感情計,國內重要會議,皆請其參與;又獎勵日韓人民之交際。顧韓人經濟狀況,雖優於前;但以痛心亡國,不服者多。其在外者,急謀獨立自主。惜猶自分黨派,互相仇視耳。

　　總上所述,於最近十三年內,日本下院之權力漸盛,政黨之聲威大張;國內教育、工商等業,同時發達,屬地亦顯呈異象。其外交則以複雜之故,載於下篇。

第二十二篇　內政之嬗變（西元一九一二至一九二五年）

第二十三篇

外交政策
（西元一九一二至一九二五年）

日人贊助中國革命

　　日本自於亞洲大陸得有根據地後，亟欲擴張其勢力，攫取種種之利益。會中國內部政治主張未能一致，日人更乘機侵略。一九一一年，中國革命爆發，黨人頗得日本之助。初，孫文提倡革命，黨人舉事失敗，多逃之日，漸與留學生接近，組織機關，努力宣傳。及康有為維新失敗，乘英艦，抵新加坡；孫文欲見之，先謁英國長官。英長官詢其革命運動；孫文答辭，曾謂日本之公司，為其利益起見，將以其一份餘利，贊助革命。[08] 英長官竟不許其謁康氏，令即離港，並電告香港總督，禁止其登岸；孫文乃至臺灣。一九一三年，孫文演說於大阪，亦謂神戶為其革命機關所在地。方革命事起，日本售軍火於黨人，價值三百萬元。時清廷及南方政府，皆聘顧問於日。日本不意革命成功之速，難於應付，遂皆遣之；政策自相矛盾，報章有倡干涉者。其政府之居心，吾人不能盡知，或則以為贊助中國革命者乃其黨人而非政府也。

---

[08] 見 A.M.Fooley: Japan's Foreign Relations, pp.56-59

第二十三篇　外交政策（西元一九一二至一九二五年）

中國二次革命與日本

革命告成，袁世凱掌握大權，翦除異己。一九一三年，黨人不服，舉二次革命於南方。日人助之，大為北京政府所惡。既而張勳率兵，攻陷南京。有日商三人，持日旗奔往使館，兵士殺之於途中。事聞，日本大譁，要求張勳親至使館謝罪，及建築滿蒙五鐵道之權；經中國承認，其事始已。

青島攻陷後日本不許撤兵

明年八月，歐戰爆發，英國駐日大使，以英日同盟，請日援助。日本因對德宣戰，出兵二萬餘人，來攻膠州灣；英軍二千餘人助之。德軍拒守者，一萬餘人。日軍自龍口登岸，途遇大雨，進攻甚難。是時中國劃龍口、萊州為交戰區域，宣告區域以外，嚴守中立。而日軍藉口「斷絕德人接濟」，竟占據膠濟鐵路，直逼濟南。既由中國抗議；日本又謂其為德國財產，與中國無關。十月二十二日，開始圍攻；越十六日，德軍屈服。斯役也，日人謂其共需軍費，三千萬元；中國請其撤兵，日本竟不許。

日本對中國之二十一條要求

歐戰正烈，列強竭其全力，借求戰勝，無暇及於遠東；美國雖守中立，其艦隊陸軍，未必能勝日也。日本久患歐洲各強國之侵略亞洲，得

此千載一時之機會，急思逞志於中國。而中國自革命後，內爭未息，貧弱如故。袁世凱時為總統；其人嘗於朝鮮之役，仇視日本，日本尤忌之。當青島降服後，中國因請其撤兵不可，乃宣言取消劃定交戰區域。明年一月九日，日使覆文謂中國獨斷，沒卻國際情誼；帝國政府，不勝驚愕憤懣，絕不令山東之帝國軍隊，受此等取消之拘束。十八日，日使又破壞國際慣例，不經外交部，逕向袁世凱提出《二十一條》之要求，隱寓挾制袁氏個人之意。初時二國皆守祕密；直至三月，列強始有知之者。原文共分五章：第一章凡四條，關於山東之權利；第二章共七條，要求日本在南滿及東部內蒙古之優越地位。第三章凡二條，關於漢冶萍公司之權利。第四章一條，要求中國不得將其沿岸之港灣島嶼割讓或租借於他國。第五章凡七條，關於聘用顧問，合辦警察，建築鐵路及傳教權等。外相加藤知第五章難於實現，訓令駐華日使：「陳說中國政府，勸其按照提議中所定前四章之方針，與帝國政府訂立條約及合約。……至於第五章所提出者，雖不過帝國政府一種之願望，然亦望勉進行。」

　　二月二日，開始會議，中國代表陸徵祥、曹汝霖駁復日本之要求。日使因至外交部宣告，謂奉本國訓令，須貴國對於《二十一條》，全行提出修正案，方能開議。於是袁世凱更命代表讓步，重複會議，久爭不決。四月二十六日，日使更提出二十四條新約，謂為最後之修正。中國旋加以修改，於五月一日，轉交日使，謂為最後之答覆。越六日，日本竟致最後通牒於中國，其要旨謂：「中國要求日本，無條件交還膠州灣，擔任各種損害之賠償，及認中國加入將來之日德和會，皆為日本所不能承認。南滿洲與東部內蒙，於地理、政治、工商上，皆與日本有特別關係；今所擬出之條件，中國政府，乃輒任意改竄。至於聘用顧問等，與條約並無牴觸，中國數以為言，幾無繼續協商之餘地。茲為維持和平圓

第二十三篇　外交政策（西元一九一二至一九二五年）

滿了結起見，將原案第五章各項，除關於福建業經兩國代表協定外，其他五項（日本亦已撤回中日合辦警察之議，故餘五項），可認其與此次交涉脫離，俟日後協商。期以五月九日為圓滿答覆之期；否則將執必要之手段。」所謂第五章中之五項，係指聘請顧問，學校、病院地基，南方鐵路，軍械兵工廠及傳教權也。其時袁世凱且欲帝制自為，又不能利用國民對外之同情，雖曾開軍政特別會議，卒以無力抵抗強暴，不能不忍辱承認。及期，許之。二十五日，締結中日條約。其關於山東者三條，關於南滿東部、內蒙者八條；關於礦產、福建者，皆以照會申明。中國政府又頒沿海不得割讓之令；至於第五章，則以「容日後協商」了之。

日本不顧中國民情

綜觀日本之要求，固遵歐洲列強侵略中國之故智，抑且較為進步。自昔德據膠州灣，俄侵東北，法倡勢力範圍，英人監督海關、協理郵政，中國之為人魚肉，已非一次；日本之要求，直乃總括或引申列強之侵略政策於一約文中耳。其為世界輿論所共惡者，以中國民智已開，乃以種種喪失主權之條約，加諸其身。若各強國以利益不能相容之故，評論日本之外交政策，固亦不能服其心也。

寺內內閣與段祺瑞

中國政府訂約之後，輿論大譁；日本亦猶未忘其所深惡之袁世凱。會袁世凱謀稱帝，日本代理公使小幡酉吉，約同英、俄二使，口頭拒議，警告者二。是後中國亦成為南北對峙之局矣。既而寺內繼大隈為首

相，又變其對華政策。初，美國加入歐戰，中國輿論，多主中立。段祺瑞欲借外交問題，解決內政，隱結軍閥，與德絕交，終不能弭南北之戰。是時北方需款孔亟；而日本自歐戰以來，國內富力驟增二十億元，爭謀投資於外。段氏因向借款，練軍參戰，建築鐵路，整理交通銀行及政府費用等，凡一億三千餘萬元；省政府借日款一千六百餘萬元；公司商人借款三千四百餘萬元；合計一億八千餘萬元。及寺內辭職，原敬繼之。適歐戰告終，中、日二國，各遣代表參與巴黎和會；對於山東問題，雙方相持不決。卒以英、法受密約之拘束，遂許日本享有德國在山東之權利。中國代表因不肯簽字。

華人主張國民外交之失敗

初，日本嘗宣言交還膠州灣。五月七日之通牒，附言中國承認最後之通牒，則交還膠州灣之宣告，依然有效。日本之政策，為欲得德國在山東經濟上之特權；其奪之於德而宣告歸還者，蓋以避列強之忌，及表示親善中國耳。至是中國人民，激於愛國熱忱，學生罷課，遊行演說，重懲國賊，排斥日貨。一九二〇年，日使致山東直接交涉之通牒於中國。中國置之未覆；日本又致第二通牒。中國輿論，倡言「國民外交」，請拒其議；政府覆文拒之。日本又致第三通牒；中國仍不覆，暫為懸案。一九二一年，美總統哈丁發起華盛頓會議，「國民外交」拒絕「直接交涉」，竟歸失敗。明年，中、日二國，各遣代表，開委員會議於北京，解決山東問題；由中國分期出款三千萬元（華幣），收回膠濟鐵路，日本撤軍，交還青島。於是山東問題告終。

山東問題解決後，日人對華注重之點

　　山東問題，雖已解決，一九一五年之中日條約，依然存在；中國國民仇日運動，迄未盡止。日本雖自寺內而後，盛倡中、日親善：廢撤郵局；退回庚子賠款，作為文化事業用費，及補助留日學生；又於大學組織日華協會等；而中國人民，則以此種喪失權利之條約，痛恨已深，何能遽忘？更就實際言之，青島歸還；漢冶萍公司，日人投資過其總額之半，握其實權；福建為日本勢力範圍，久已承認；第五章之五條，原在保留之中；則夫日本之所注重者，專在旅順、大連、安奉鐵路等之租借期限，展至九十九年耳。一九二三年，中國國會，議決取消該條約，由政府致通牒於日者二；日本覆文拒絕，世界輿論，無甚助我者。原夫國際慣例，締結之條約，簽字批准之後，則當遵守；若欲修改，必經雙方同意；其一面廢約者，時或出於戰爭，非強國不敢為此。若以威迫承認之故，即能宣言取消，則所有一切不平等之條約，皆可自由廢除，外交固無若是之易也。故政府此舉，手續不無失當，僅為人所嘲笑而已。

取消一九一五年條約正當辦法

　　至於取消辦法，蓋有二途：（一）直接交涉。締約國之一面，直接與他方協商，取消條約；或以比較不喪主權之他約代之。其非直接交涉者，外交因受仲裁而讓步，功多歸於仲裁之國；締約國之邦交，不能進步。至讓步之國，其國民又往往謂受仲裁之威迫而成，勢將攻擊政府，政治家不敢行此下策。此魯案所以直接交涉也。（二）中國可謂一九一五年之條約，關於世界和平，請求國際法庭公判。唯其辭必須和平，毋深觸他

方之忌；肆意詆擊，徒唱高調，固無補於事實也。比較上述二種辦法，前者較為易行。但吾人尤當深知國際交涉，多以外交、政治、經濟上之利害為斷，固無所謂人道主義也。

日、美對華宣言

日、美邦交，自明治崩後，未嘗進步。及歐洲戰起。日本侵略中國，破壞平等之貿易機會。一九一五年，美國致通牒於中、日，不認妨害美國政府及其在中國條約上之利益等；日本置之不理。明年，美國大增軍艦，其國會辯論之理由，謂以防守太平洋也。一九一七年，美國已對德宣戰，日本為去二國誤會，及協商作戰事宜，遣子爵石井菊次郎等赴美，述其政府外交未違門戶開放之旨，倡言亞洲門羅主義。石井已會商美國務卿蘭辛（Robert Lansing），交換照會；終由二國共同宣言，大旨無論何國，不得侵犯中國獨立與領土保全，美認日本之實際地位，日認美國之機會平等。中國初恃美國之助，及聞其共同宣言，大驚，遂亦宣言：「嗣後他國有以文書交換，互相承認之事，中國政府，絲毫不受其拘束。」國之不競，徒恃人援，結果往往失望，亦可哀也已。

美參議院保留《凡爾賽和約》中之要案

美既對德宣戰，出軍援法；德人謀竭其全國之力，於援軍大集之先，一戰敗之，終不能克。既而聯軍反攻，漸占優勢；德軍雖未大敗，而戰勝之望殆絕。會革命軍起，新政府成立，德人以誤信和平條約，將本於威爾遜（Woodrow Wilson）之十四條宣言，開始議和；終乃被迫而承

認一九一九年不平等之《凡爾賽和約》，威爾遜所主張之人道主義不知何往。又以和約允許日本享有山東權利，中國代表拒絕簽字。美國共和黨員，固威爾遜之反對黨也，占參議院多數，議決保留和約中之要案；山東問題，亦為其中之一。是時朝鮮之獨立運動雖失敗，而排日盛行於加州，美、日二國之感情益惡，戰謠哄傳於世，於是有華盛頓會議。

華盛頓會議

美總統哈丁初以教會之請，又得英國同意，召集華盛頓會議，中、日、英、法、意、比、荷、葡諸國皆被請與會。一九二一年十一月十二日，會議開始，重要之議案凡三。（一）限制海軍。由華會議決各國主力艦隊之比例，英、美各五，日本當其三；期限十年。唯以法國反對輔助艦之限制，日、意助之，其比例未議。（二）締結日、英、美、法四國協約，借代英日同盟；其內容承認太平洋之現狀，若遇交涉嚴重之時，則由四國會議定之。（三）議決九國協約，載明門戶開放之意義，於是門戶開放，遂成為國際條約。又會議之時，日本允許撤退西比利亞之駐兵，復議定山東直接交涉之大綱。其明年二月七日閉會。在此會議之中，英、美之外交政策相同，互相援助，日本未免孤立。國內輿論，因評論政府之外交失敗，謂合英、美海軍，與日本乃十與三之比例，其將合作以御日也。

美人排日運動

於此有堪注意者，華會始終未曾議及日僑入美問題。先是自《紳士同意》成立，此問題暫時解決，二國已可免除困難，皆遵守之，儼如條

約。一九一三年，加州議會通過地律，凡不能入美國籍之外人，不得購買或暫租土地過於三年。其國籍法，則載明白人及在美之黑人，得入國籍，其初蓋為華人設者也。及地律案通過，其所據之理由，則為日人數增，任其購買，加州將成日本之殖民地。但揆之事實，或未必然。依一九一〇年之調查，日人在加州者，其數占加州人口百分之二，有地九萬九百畝，價值六十萬元；而加州之地，共二千七百萬畝，價值三億一千七百萬元，比例甚微。於是日人聞之，大憤，謂其僑民之地位，乃不如在美之黑人；由政府提出抗議。總統威爾遜遣國務卿，來至加州，謀廢地律；不成。既而訴之大理院，判謂地律合於憲法。一九一九年，地律益嚴，日本大譁，嘲譏威爾遜之人道主義；政府再提抗議。美國中央政府，許償日僑之損失；日本以其非根本解決，表示不滿。未幾，太平洋沿岸之各州，共謀排日，勢力浸盛；其所持之理由，則謂日人不能同化；其生於美國者，依據憲法，得為美民，而又為日本臣民，有服兵之義務；日人之生活較低，許其入境，與美人競爭，則美國之生活程度，將日低下。日本已知排日運動之勢盛，為免美人藉口，謀改國籍法令；而排日運動，輒未稍止。蓋此運動，實非國籍、經濟問題。就實際言之，日僑生於美者，未嘗召回入伍，其生活狀況，亦未必劣於歐洲中部之白人；乃後者見許，而前者見斥，其根本原因，固以黃、白人種之不同，有種族之見存於其間耳。

一九二四年美國之移民律

一九二四年，美國下議院通過移民律，禁亞洲人民入境，轉交參議院。按亞洲人民，除日人而外，久已禁其入境，律文之意，蓋指日人

第二十三篇　外交政策（西元一九一二至一九二五年）

也。於是日本駐美大使埴原正直，提交抗議書，謂其違背《紳士同意》，礙及日、美邦交，措詞強硬；參議院謂其含有恫嚇之意，遂通過禁律。旋由埴原解釋，謂無恫嚇之意，美國務卿休士（Charles Evans Hughes），亦表同情於日。但參議院復議，結果維持原案；美總統又以移民律全部之關係，不肯加以否決。日人因而大譁，舉行示威，排斥美貨，仇視教會，致電美國，表示反對；甚有剖腹自殺，以促美人反省者。美國輿論，頗非國會之所為；倫敦《每日新聞》（Daily Courant），謂其違反國際友誼，及華會條約精神；而印度詩人泰戈爾（Rabindranath Tagore），更斥責美人——謂其侮辱亞洲民族。日本抗議者再，皆無效果；加藤內閣，乃請於美國，容後再議。

日本在歐戰和會之目的

明治末年，英、日之邦交漸疏；但以英國忌德，親善法、俄，而日本已與法、俄相親，此數強國，遂得竭其全力，攻擊德國。當時英之印度等地，俄之西比利亞，法之安南，皆無重兵。日本接受英國之請，攻據膠州灣，遣派艦隊遊弋，保護英國於太平洋、印度洋之商船，又嘗命艦，輸送澳洲、紐西蘭之軍隊於歐。

英人殊賴其力；首相路易喬治（David Lloyd George），深謝日本。及美國宣戰，日本又遣船六十六艘，共五十餘萬噸，助美輸送軍隊。卒以日本在亞洲之地位與其所施行之政策，咄咄逼人，英、法諸國，自不能無疑。

一九一五年，英、法、俄、日始宣言，戰爭和平，諸國共同議之。旋列強議分德屬殖民地，日本乃要求英、法、俄、意，許其享有山東權

利，及赤道南太平洋中之德屬群島，四國許之。其後德國屈服，日本和會代表西園寺等，出席於會議，席上慎不發言。蓋其時日本國際上之地位方孤立；西園寺之威望，又不如威爾遜、路易喬治、克勒蒙梭（Georges Clemenceau）；加以日本之對德宣戰，原無重大活動，不為英、美、法所重視；歐洲問題，又於日無關；其代表之目的徒為山東而已。

日人提議人種平等案

及國際聯盟成立，日本得為永久行政委員，代治德屬赤道南之太平洋中群島，日人於其南方之勢力，不可謂無進步。至其於和會有足引起世人注意者，厥為提議人種平等案。各國代表，本於道德上之觀念，多贊成之。而美國反對最力，議案未得全體通過，不能成立。抑亦各國間民族之關係顯有差異，利害不能從同，自無一致之可能也。

日、法訂約

英、日之邦交既疏，及同盟期限將終，英屬殖民地之政府，遂主張廢除條約，英固以日、美之邦交嚴重，不願繼續同盟，華會乃以四國協約代之。澳洲則以種族及經濟原因，禁止日人入境；英國政府復建築新加坡軍港。此軍港之計畫，雖為防守而設；其不信任日本政府之友誼，不能謂絕無其事，無怪日本之疑之也。英國而外，法自戰勝後，侵略德國，要求無厭，漸覺與英不合。日本利之，二國漸親。一九二四年，安南總督來遊東京，議訂條約，與日人以貿易之特權；二國為避免孤立計，益相接近。

第二十三篇　外交政策（西元一九一二至一九二五年）

日、德邦交恢復

德自敗後，批准和約，日、德之邦交，於是恢復。二國更議訂通商條約，日人求學於德者漸多。

歐戰後之日本與俄

日、俄初以滿洲之利害相同，締結條約，俄因無遠東之慮，轉求發展於歐洲。及塞爾維人殺奧太子，交涉嚴重，俄隱袒護之，先發全國動員之令。德皇謂其攻德，限令取消，大戰遂起。俄軍數百萬人，其無軍械者，三分之一，因請日援助。日本供以軍火，在一九一五年中，價共一億餘元；除炮而外，槍凡七十五萬枝；又貸以鉅款，凡二億餘元，二國之邦交益親。一九一七年，俄國革命，建設蘇維埃政府，單獨媾和；廢除舊約，否認前債，實行其共產主義；且謀宣傳之於世界，勢力大盛，浸及西比利亞，其地之德、奧俘虜，起而應之。俄舊黨因謀抗拒，乃請援於日。日本初視俄患，固甚於洪水猛獸，商於英、法，謂將出兵。法國許之，英則始尚猶豫，後亦許之。卒由內閣會議，多數主張暫不出兵。一九一八年，有捷克斯洛伐克軍，逃至西比利亞。其人原屬奧國，以謀獨立，投降於俄，轉攻德、奧，約五萬餘人。及德、俄媾和，捷克餘軍因逃去，紅軍追之入西比利亞。捷克軍因請於協約國援之出險；由威爾遜商於日本，共同出兵援救，日本遂接受其請，出軍二萬餘人。俄而捷克軍出險，送往歐西戰線；日軍乃進駐西比利亞，占據要害，隱助舊黨。及美國撤兵，又託言保護僑民，不肯退去。

俄國遠東農民之結合

　　一九二○年，俄國農民起兵，設立臨時政府於海參崴，為蘇俄之附屬；以請日本撤兵，不許，遂相仇視。日軍警告臨時政府，致哀的美敦書，要求不得阻礙日軍之行動，禁止祕密結會；其黨人不得宣傳反對日本之文字於滿洲、朝鮮。臨時政府逾期許之；日軍竟收俄軍槍械，迫令履行日本之條件。於是黨人大憤，潛之尼港（或作廟街）。尼港在黑龍江口，有日軍六百餘人，駐守之。黨人既至，憤恨之餘，遂屠殺日人。日本大譁，舉國認為國恥；日軍因藉口復據其地，更進占庫頁島之北部，駐守西比利亞沿海要區；將於貝加爾湖右近，設立緩衝國。一九二一年，俄國農民設立遠東共和國。其明年，日本始撤回西比利亞駐兵（庫頁島除外）。

日俄締約

　　自一九二○年以來，日、俄開始交涉。其所難解決者，厥為尼港謝罪，庫頁權利，宣傳主義，履行舊約，償還前債等問題；會議者三，皆歸失敗。一九二四年，中、俄之邦交恢復；日、俄二國皆有謀和訂約之意，因開會議於北京。一九二五年，訂定條約，於一月二十日簽字。大旨俄國承認《樸資冒斯條約》，不作妨害政體之宣傳，與日以採辦石油、煤礦之利，且謝尼港之罪；日本承認俄國政府，撤回庫頁駐兵，允許舊債將來與他國同樣解決。綜觀約文，日本維持其已得之利益，又獲庫頁石油礦產，得經營西比利亞，擴張商業；俄則借日本之承認，與夫經濟

第二十三篇　外交政策（西元一九一二至一九二五年）

之援助,增進其在國際上之位置。此條約之所以能成功者,良以二國在外交上處於孤立之地位,而壤地相近,關係密切,不得不急求解決困難,而趨於親善。

日本最近十餘年中之外交,始則擴張其權利,儼然以亞洲之主角自命,因而大遭美國之忌,喪失英人之同情。於是國際上之地位漸形孤立,急思改變方針,已倡言中、日親善,又復親法聯俄。一國之外交,各有其自身利害之關係,彼日本政治家何嘗一日忘之哉?

第二十四篇
結論

日人對於世界文明之貢獻

　　於讀本史之後，讀者苟以日本對於文化上之貢獻見詢，其可無辭以對耶？夫由狹義言之，上下古今，國家之能對於世界文化有所貢獻者，其數不能十；雖以歐美今日之文化，仍不過由埃及之科學、希伯來之宗教、希臘之思想、羅馬之法律等等推演而成。由廣義言之，英、美、法、德，因其民族、環境、政教、思想、美術、宗教等種種不同之點，亦各有其所貢獻。吾人茲於日本，苟舍其嚴格之狹義評論，自不能武斷其一無所貢獻也。因略述如下：

　　（一）日人忠於天皇，除少數激烈之社會黨員外，此種心理，輒未改變。人民由其尊上之精神，轉而敬重長官，頗能服從法律。夫自由、服從，譬猶車之兩輪，互相為用，皆為民治國所不可缺之精神；近人偏重自由，日人或能糾正其弊。

　　（二）日本吸收中國、印度、歐洲之文化以屢改革，遂躍而為世界強國。其收效在能自知其短，而補以他人之長，終又適合於其環境。故其成敗得失，不啻為世界文化之會合大試驗。

第二十四篇　結論

（三）東西文化，於精神物質，取途迥不同。東方之人，難於了解西方；西方之人，對於東方亦然。日本兼採東、西文化。其所知於中國者，西方之人，固遠不如；其所知於歐美者，中國之人，尤愧不如。日本學者嘗以解釋東、西之思想為己任，固偉業也。

（四）日本於維新後四十年內，戰敗中、俄。以蕞爾小國，而政治、教育、工商各業，發達進步之速，世界各國，無能與之比者。是足證明立國於地球上，苟力為之，轉弱為強。易如反掌。

（五）日本族制、美術，初皆採於中國，其進步有足觀者；而日人尚武，對於公鬥，毫無畏怯，尤為美德。前者根本與中國無異；後者乃與歐洲中世紀之武士相似。得失之間，可以取鑑。

政治上重大問題

上就其所貢獻而言，茲複述其國內之問題，以作結論。日人之視天皇，儼若天神，係數千年歷史上之迷信習慣。國民受高等教育者，對於神話，漸不之信；其根本觀念，將能久而不變歟？防患於未然，實為急務。深思之士，頗謀採取英制。英王雖尊，而無統治實權，不負責任，以為全國人民之表率；天皇其願若是乎？天皇之下，元老隱握大權，其人初享大名，位極尊榮。及年已老，脫離政治，不為榮譽利害所繫；但身為天皇顧問，其職權範圍，殊難確定。凡組閣者，必經其推舉，或承認。又往往偏於守舊，不能適應潮流，為激進之青年所不滿意。近年存在者，唯西園寺一人較有聲望耳。歐美學者，以元老為其所無，疑其當廢，且攻擊之；日本學者，則謂其有功於國，應仍存在；西人固不知東

方所謂元老也。至元老所推舉之首相，苟無議會之助，近已不能在位。下院之政黨，占議席多數者，他日必握政權。自普選案成立，投票人數，將近一千四百萬人，視一九二四年增至五倍；下院為全國人民之代表，終非軍閥所能制。唯普選案雖去納稅資格，猶限年齡二十五歲者，始得選舉，婦女不能投票，將來皆應修改。至於上院，就憲法言之，其權與下院相等；但其議員，非人民所公舉，漸形失勢，改革之議，久已宣傳於國中，其將改組，殊無疑問。

軍事與人民生活問題

日本經二次戰爭，躍為強國，結果究於人民何所利耶？當西元一八六八至一九一四年間，人民直接擔負之戰爭軍備，凡五十億元。其死傷之青年，固為永久之喪失；募集公債，則又減少活動之財力，妨礙產業之發達，而增高物價。故日俄戰後，經濟不良之狀況，直至歐戰後始已。承平之時，人民強迫入伍者，二十萬人；為國家之存亡計，自應不惜舉有用之光陰，耗之於訓練，然既增國家之擔負，又賴家庭之供給。據前調查，其軍備關於製造經費，年近八千萬元。一九二一至一九二二年之預算，為十五億八千五百萬元；就中陸軍二億六千三百萬元，海軍五億二百萬元，幾占總數二分之一。夫戰而勝，其所得者，於人民之生活，無直接蒙利之影響；名為強國之民，而擔負增加，困苦隨之。一旦不幸而敗，又將何如耶？此種問題，日本深謀之士，固當早計及之。

第二十四篇　結論

教育與固有道德問題

　　日本以文部管轄教育，小學之功課嚴重，假期短少，常妨礙學生身體之發達。其卒業於小學高等者，以中學校少，半數不能受高等教育，人才廢棄，自不能免。教科書籍，必經文部審定，偏於劃一而無變化；其弊徒使讀者知識，囿於文部之成見，束縛個人之思想。故如美國學校，課本饒有變化之可能，數里之隔，所用書籍，或不相同；其利遠過日本。而日本所以若此者，緣彼文部注重保全國民固有之道德觀念，又嘗借宗教之力以輔助之。其神道教固隸屬於政府，佛教與政府之關係亦密切，唯耶教之勢力稍衰。地震之後，山本首相深嘆道德之淪亡，嘗召宗教首領謀所以挽救之；其能成功歟？

工商業原料器械與婦女問題

　　日本工商發達，雖足驚人，然以與英國之富力相較，相差遠甚；蓋英國平均每人三千五百元，日本每人一千五百三十九元。又英國國債，每人一千八百元，日人僅六十五元；英國貿易，每人二百六十元，日人僅三十元。更就輸入輸出比較之，日本除歐戰時期外，輸入貨物之價值，超過輸出；英固不如是也。夫以工商立國，煤鐵實為必需之品。日本出產之煤，現尚足用，而鐵則缺乏；其所以力爭漢冶萍公司者，未始不由於此，然猶不敷供給。故當美國對德宣戰時，禁鐵出口，日本所計畫之軍艦，遂不能如期造成。況其工廠器械，多購自歐洲，又將若何解決困難耶？國中婦女作工於工廠者，八十萬人，所得之薪資不能維持其

相當之生活。既奪其家庭之樂,又棄其教養幼孩之責,日人素重家庭,他日之問題必多。

資本集中與社會主義問題

自工商進步,資本集中,社會主義,隨之而至。其宣傳最力者,片山潛也。片山固農家子,嘗為印刷工人;後至美國,半工半讀;歸國後乃提倡社會主義。大隈之徒,從而和之,謂其嘗行於江戶幕府之世;又謂帝國憲法適合於社會主義。青年學生,樂聞其說,勢稍稍盛。嘗於日俄戰中,反對戰爭;其後更鼓動罷工,漸為人民所惡。一九〇七年,組織政黨。激烈分子,主張改變社會制度,普通選舉,反對武力,廢除宗教,緩進者與之分離;政府始重視之。其明年,黨員有自獄中出者,二黨開會歡迎,忽舉紅旗,高唱革命歌曲;警察因捕其領袖,定罪下獄,報紙指為社會之敵。一九一一年,國中捕殺激烈領袖;片山渡美。但社會黨人,多屬青年;為領袖者,數嘗下獄,備受困難,毫無恐懼,因漸得工人之信任,大為資本家所嫉。一九二三年,國中又搜捕黨員,約近百人。當地震之紛擾中,陸軍將校,更殺素負盛名之社會黨員大杉榮全家;黨人之勢,卒未嘗稍衰。一九二四年,議會通過治安條例:凡人民結會,希圖推翻帝國憲法或破壞私產制度者,定罪下獄,不得過於十年。此條例之成立,實以貴族院、樞密院之反對普選,欲藉此為協調,雙方互相讓步。一九二五年,日俄約成,俄國更承認不為破壞國體之宣傳。然治安條例,固以專防激烈派之社會黨人者也,其能久而不變歟?

第二十四篇　結論

人口增加問題

　　於上所述而外，其尤難解決者，厥為人口問題。據一九二〇年之調查，日本人口共五千五百九十萬；女子年未十五而結婚者大減。雖一九一一至一九一八年間之生產略少；但其比例，已較歐美為高。人口增加，土地有限，失業者多，自難維持其相當之生活。其移居於屬地者，為數約三十八萬；而屬地居民，亦日增加，不足以彌此缺憾。至如日人僑居於外者，澳洲、美國、加拿大，已拒其入境；往南美、墨西哥者，又漸啟美人之疑。若我中國以農立國，非若英、荷等，賴其貿易工業，維持人民之生活；故就農夫所耕之地而言，中國人口，久已滿矣；欲增加其收入，至能維持相當娛樂之生活，實不可能。滿洲等地，如能開墾，尚自覺其不足；日人謀至其地者，更欲何為？（或謂中國人滿，為其貧窮戰爭之根本原因，其說良然。）今雖與俄國通商，僑民可至西比利亞；但此等曠地，移居者多，終不能容無限制之日人。就根本言之，日本傳嗣觀念，來自中國，輒未改變。「不孝有三，無後為大。」古義深入於人心。婚姻以傳嗣為重；父母年老，政府特免其獨生之子入伍，其意顯然可見。有美國宣傳節制生育之山額夫人（Margaret Sanger），謀至日本，頗感受困難；及既抵日，市民無甚歡迎其說者。政府獎民生子，此種政策，若猶未知人滿之患，其心殊不可問，殆將驅之於戰場耶？抑節制生育，久已行於歐美中等階級之家庭；中、日二國之人民，苟欲解決困難，將必有取於此矣。

屬地同化問題

　　臺灣、朝鮮，外人之遊其地者，頗羨其物質之進步。其記述臺灣者，有謂「屬於中國數百年，不如屬於日本之短時期」。吾人對此，未嘗不喪氣嘆息；然此固不可掩之事實，徒作憤語，亦復無益。抑臺民三百萬人，其謀獨立自主者，時不乏人；政府雖嚴禁之，未能降服其心。朝鮮一九一九年，倡言獨立，至於流血。其人與日人共事，相處雖善，言及日本民族，輒不願屈服其下。現狀若此，屬地人民，其果能同化歟？此政治上之重要問題也。

中日親善問題

　　外交自寺內而後，對華政策，已略改變。中國以一九一五年之條約，憤怨已深，於其對華外交，皆以侵略懷疑之。故其退還庚子賠款，作為文化事業用費，吾人對此，有指其「議會通過」之文為侵犯主權者。平心論之，英、美退還庚子賠款（英猶未能實行），無不經國會通過，此其國會所應有之權也。更就根本言之，一九一五年之條約不廢，中日親善，其勢終不可能。至於經濟絕交，雖能行於一時，實非持久之辦法。凡貨物之能暢銷者，必其價廉物美，拒而不用，將受經濟上之損失。中國嘗排美貨，日本嘗斥美貨，印度嘗焚英貨，究其結果，皆為失敗；非其無愛國心也，為其非辦法也。至華工東渡，雖無護照之繁，驗身之苛，但必先納百元，始得入境；學生留學，多受刺激，嘗推代表回國，宣傳排日。其熱心國事，至堪欽佩，唯亦無較善之具體辦法耳。總之，

第二十四篇　結論

中國以內爭時起，國際上之地位益卑，常不免為人所侮；非去內爭，而自振作，無濟於事。深思之士，固當自勉也。

美、日開戰問題

　　近年以來，日、美猜忌，輒未泯除。美國艦隊，集中於太平洋，舉行大操；又設防於夏威夷島；保護巴拿馬運河。日本則減少陸軍，擴充航空飛機，增造輔助艦。二國將戰，此種神經過敏之宣傳，為日已久；其果終出於一戰乎？今日戰爭之勝負，非徒軍隊之訓練；且恃軍實之充足，器械之精利，財力之雄厚。日本常備、預備、後備軍隊，數逾三百萬人。美國陸軍，為志願兵，組織複雜，訓練遠不如日；但器械飛機，則日不如美。戰爭若啟，陸戰方面，僅有攻擊菲列賓耳。據歐戰觀之，每兵子彈，年需三一三點八噸之鋼鐵，有兵一百萬，應需鐵約三百八十萬噸。日本鋼鐵半數，購自美國；戰時則來源將絕。竭日本、朝鮮、南滿之鐵礦，以之專造軍需，數猶不足；其他工業又將若何耶？且日軍欲攻陷菲列賓，殊非易事；苟相持不下，則往來歐洲之航路，將為美艦所斷。蓋其重要戰爭，尤在海上也。日本戰艦，其力不能及美；需用之煤油，四分之三，來自美國；欲其戰勝，至為不易。唯美艦遠攻日本，途無供給用煤可資駐泊之島；日本則有在赤道南太平洋中之群島足以防之，此為日本優越之點耳。至天空戰爭，日本飛機，猶未發達；其工廠不能製造毒氣，又不必論。假令二國相持，不分勝負，而日本工商勢將破產。蓋與日本貿易最盛之國，必先推美，棉、毛、鐵、油，賴其供給，生絲、茶葉，賴其推銷，戰爭一啟，不啻絕其經濟之生路。他如戰爭期內，英以同種之故，其加入戰爭與否，雖非吾人所能預斷；然輿論將必

祖美，可無疑義。俄若利用時機，宣傳其共產主義，於日本將有大影響。中國之現狀，勢必宣言中立；日本不能得中國原料上之援助，將不能勝；若破壞中立，又將攖列強之怒。故其國中深思之士，慮其危險，政府外交數次讓步。近者議會通過外人租地法案，許外人享有日人同等之權利；唯曾歧視日人之國，詔敕得以同樣之待遇待之。其意蓋謀報復美國也，而識者謂其不能實行。至美國方面，亦知戰爭有百害而無一利，籌謀解決種種問題，以去誤會。

日、美衝突原因仍在中國

　　要之，二國衝突之原因甚多；其重要者，厥為從經濟上侵犯中國，爭奪權利，如無線電臺之爭，事甚明顯。中國為列強經濟競爭逐鹿之場，外交政策，至關重要，絕不能復施其昔日「以夷制夷」之慣技。蓋其終局，徒然引狼入室，李鴻章之聯俄，菲列賓之獨立，皆其前車之鑑，補牢之計。

第二十四篇　結論

附錄　參考書目

01. J. Murdoch: A History of Japan, 1911. 此書共兩厚冊，分述古代之政治制度等，至為詳晰，讀之能知日本當時之狀況；現得此書甚難，余僅得其第一冊讀之。

02. Capt. F. Brinkley: A History of the Japanese People, 1915. 此書詳敘日本之人民、政治、風俗等，材料豐富，惜其略於近代發達史耳。

03. W. E. Griffis: The Mikado's Empire, 1913. 此書共有兩冊，敘述日本發達歷史，迄於明治末年。材料尚豐，頗有價值。

04. David Murray: Japan, 1919. 此書記載日本歷史，迄於大正初年。文殊簡潔，義甚明顯。

05. Joseph H. Longford: Japan, 1923. 此書略記古代及維新期內之歷史。其述近時日本之經濟狀況較詳。

06. K. S. Latourette: The Development of Japan, 1920. 此書敘述日本發達歷史，文雖簡略，內容尚豐。

07. K. Hara: An Introduction to the History of Japan, 1920. 此書係日人所著。內容事實甚少，但能推闡其故；蓋近於歷史哲學也。

08. L. Hearn: Japan an Interpretation, 1913. 此書解釋日本現狀之所以若此，有足為參考書用者。

09. E. W. Clement: A Short History of Japan, 1920. 此書簡記日本歷史，材料殊不豐富；唯其年表，或有助於讀者。

附錄　參考書目

10. Joseph H. Longford: The Story of Old Japan, 1910. 此書記述維新前之日本歷史，偏重故事，無甚價值。

11. J. H. Gubbins: The Progress of Japan 1853 —— 1971, 1911. 此書係演說稿文，詳言幕府末年之狀況，及歸政之原因。

12. J. H. Gubbins: The Making of Modern Japan, 1922. 此書詳記日本維新期內之進步，甚為明晰。

13. R. P. Porter: Japan, the Rise of a Modern Power, 1918. 此書略述日本古史之大綱，及維新後國內之進步。其記日俄戰爭甚詳，有足觀者。

14. W. W. McLaren: A Political History of Japan during the Meiji Era, 1867 —— 1912, 1916. 此書詳敘維新期內之政治，解闡明透；但多攻擊之辭，不免間有偏論。

15. G. E. Uyehara: The Political Development of Japan 1867 —— 1909, 1911. 此書詳論日本政治制度，證以事實，殊有價值。作者身為日人，留學於英時之博士論文也。

16. W. M. McGovern: Modern Japan, 1920. 此書詳述維新後之政治、軍備、工商業等，甚有價值。

17. Alfred Stead: Japan by the Japanese, 1904. 此書係日本名人所著之稿，關於維新後之發達歷史；由 Stead 編纂而成。

18. A. S. Hershey: Modern Japan, 1919. 此書分述明治維新時之社會、教育、工商等業之情形；間有可作參考書者。

19. E. W. Clement: A Handbook of Modern Japan, 1909. 此書敘述維新初年之政治、教育等之發達；歷年雖久，欲知當時之狀況者，尚可讀之。

20. R. Fujisawa: The Recent Aims and Political Developments of Japan, 1923. 此書由編纂演說稿文而成。作者日人，演說其國內最近之政治於美。唯其材料並不豐富。

21. Y. Takenobu: The Japan Year Book 1924 —— 1925, 1925. 此書詳述最近時期之日本政治及各業之現狀。其記述一九二三年之地震甚詳。

22. Barness A. D'Anethan: Fourteen Years of Diplomatic Life in Japan, 1912. 此書係比國公使夫人之日記。夫人記其一切宴會及與政治家之談話。讀之，間有能見日本國內之情形。

23. J. W. R. Scott: The Foundations of Japan, 1922. 作者遊歷日本，約有四年，本其所見，著成此書，詳述日人近時之生活狀況。

24. J. I. Bryan: Japan from Within, 1924. 此書記載日本最近之政治、教育、工商等，至為詳晰；材料豐富，近時之傑作也。

25. A. M. Pooley: Japan at the Cross Roads, 1917. 此書論述日本之內政，多攻擊之辭。其敘政治發達歷史，極有價值。

26. J. Rein: Japan, Travels and Researches, 1884. 作者為德國著名學者，奉政府之命，考查日本之地理、動物、植物等。其關於日本人種之言語，頗有價值。

27. D. C. Holtom: The Political Philosophy of Modern Shinto, 1922. 此書詳言神道、政治之關係。其所持議論，極有根據。

28. R. Nitobe: Bushido, the Soul of Japan, 1905. 此書分析武士之道德觀念，甚為詳明；歷年雖久，尚有價值。

29. The Department of Agriculture And Commerce: Japan in the Beginning of the 20th Century, 1904. 此書係日本農商省所編。其記一九〇四年

前之農、工、商業之進步甚詳。

30. G. Ogawa: The Conscription System in Japan, 1921. 此書首敘日本徵兵之歷史；繼詳論其利害得失。

31. G. Ono: Expenditures of the Sino-Japanese War, 1922. 此書首述中、日交涉，繼載戰爭，末論其於日本之財政、社會及工商等業之影響。

32. G. Ogawa: Expenditures of the Russo-Japanese War, 1923. 此書記載日俄戰爭軍費及其戰後不良之影響甚詳。

33. U. Kobayashi: Military Industries of Japan, 1922. 此書係敘日本製造軍備之第一作品，詳論得失，附表甚多。

34. G. Ono: War and Armament Expenditures of Japan, 1922. 此書詳述1868——1914年之軍費。作者分之為四期，證之以表，至為明晰。

35. U. Kobayashi: War and Armament Loans of Japan, 1922. 此書詳論軍事借款之影響，推闡其得失甚確。

36. U. Kobayashi: War and Armament Taxes of Japan, 1923. 此書專論日本稅制受軍事影響而增者。其編纂之法，與前作相同。

37. Sen Katayama: The Labor Movement of Japan, 1918. 此書係日本首倡社會主義之片山潛所著，述其發達，敘其黨派。

38. K. Ogata: The Cooperative Movement in Japan, 1923. 此書首敘日本古時農民之合作精神及近時之合作運動。作者述其組織種類，甚為詳晰。

39. R. Kawabe: The Press and Politics in Japan, 1921. 此書詳論日本之報紙與政治之關係。讀之，可知輿論之影響及報界之性質。

40. T. Dennett: Americans in Eastern Asia, 1922. 作者研究美國關於東方之公文及紀錄等，著成此書。其敘述十九世紀中國、日本、朝鮮之交涉，至為詳盡。

41. A. M. Pooley: The Secret Memoirs of Count Tadasu Hayashi, 1915. 此書係編日本外相林董之日記而成。其敘英日同盟之歷史，最為精確。

42. S. K. Hornbeck: Contemporary Politics in the Far East, 1916. 此書分述中國、日本等國之政治。其言日本，尚可一讀。

43. K. K. Kawakami: Japan and the World Peace, 1919. 此書論述日本最近時期內與各國之關係。作者日人，不免時有為其政府辯護之辭。

44. A. M. Pooley: Japan's Foreign Policies, 1920. 作者深惡日本，論其外交，時有根據於偶爾之證，讀者幸自察之。

45. H. B. Morse: The International Relations of the Chinese Empire, 1918. 此書共有三冊，詳言清時外交，其敘中、日之交涉雖簡，但極可信。

46. M. J. Ban: The Foreign Relations of China, 1922. 此書分敘中國與各國之交涉，其關於日本之言論，可以代表中國人民之心理。

47. W. W. Willoughby：China at the Conference. 此書係報告中國於華會之情形。其記中、日交涉，足為參考書之用。

48. W. E. Griffis: Corea, the Hermit Nation, 1905. 此書略敘韓國歷史。其述日、韓之交涉較確。

49. Joseph. H. Longford: The Story of Korea, 1911. 此書略述韓史，迄於屬日之時。其中詳記日、韓之關係。

附錄　參考書目

50. Kuropatkin: The Russian Army and Japanese War, 1909. 此書共有二冊。係俄大將克魯巴金所著，詳論日俄戰爭失敗之故，多有辯護之辭。

51. B. LP. Weale: The Truce in the East and Its Aftermath, 1907. 此書記載日俄戰後之東方情形，歷時已久。唯其敘述二國媾和，尚可參閱。

52. Leo Pasvolsky：Russia in the Far East, 1922. 此書詳言俄國近世之遠東外交。其述日軍駐於西比利亞之經過甚詳。

53. P. J. Treat: Japan and United States 1853——1921, 1921. 此書係演說稿文。作者論斷日、美關係，多無成見，殊可憑信。

54. H. C. Bywater: Sea-Power in the Pacific, 1921. 此書詳述日、美海軍及二國猜忌之故。

55. Conference on the Limitation of Armament, Washington, 1922. 此書係美國政府所編之華會記錄，以英文、法文記之；內容至為詳盡。

56. 石村貞一：《日本新史攬要》此書譯成七冊。石村氏撮其國內之古史而成。材料雖豐，但以有系統之歷史名之，則殊欠妥。

57. 黃遵憲：《日本國誌》黃公殫其在日之精力，著成此書。其編纂之法，蓋仿中國古史；詳於地理、刑法等，而忽於歷代大事，殊為可惜。

58. 江楚編譯局：《日本史綱》此書略述歷代大事，迄於中日戰爭。文尚明晰，唯不免於疏忽耳。

59. 青木武助：《日本歷史》此書記載日本國內大事，失之於簡。譯文又陋，殊無價值。

60. 西林三郎：《日本維新慷慨史》此書記載忠君愛國之志士。文為傳記體，讀者當以傳記讀之。

61. 博文館：《日本維新三十年史》其書敘述明治三十年內之內政、外交、工商等甚詳，殊有價值。

62. 大隈重信：《日本開國五十年史》大隈編纂元老長官及名士所著之關於開國後之發達歷史；備載內政、外交、軍備、財政、法制、教育、實業等，足為參考書之用。

63. 穗積八束：《憲法說明書》此書詳論日本憲法；分敘政府大綱，至為明晰。唯間有辯護及曲解之辭耳。

64. 日日新聞社：《明治政黨小史》此書敘述明治初年之政黨，及議會內閣之衝突，讀之可見政黨之梗概。

65. 民友社：《伊藤博文》此書略述伊藤事業，迄於中日戰後，多當時攻擊伊藤之辭。

66. 劉慶汾譯：《日本維新政治匯篇》此書彙集明治維新時之制度章程，研究當時政策之材料也。

67. 謝晉青：《日本民族性底研究》此書論述日本之民族性。作者分類及引用古史，不免間有失檢；蓋一時一地之民性，固不能代表全體之民族性也。

68. 林樂知：《中東戰紀本末》此書共有三編。其所採錄之文，間有與戰事毫無關者。其關於戰時前後之電報公文，多為有價值之史料。

69. 《日俄戰紀》此書蓋編纂當時之電訊等而成。余所見者，共有五冊；可為研究日俄戰爭之史料。

附錄　參考書目

70. 劉彥：《中國近時外交史》此書分述近時之外交大事，中國唯一較有系統之外交史也。作者深責外人，其敘中、日交涉，讀者幸細讀之。

71. 劉彥：《歐戰期內中日交涉》此書痛論日本侵略之野心，事實間有失檢之處，固不失為愛國之宣傳書也。

72. 樸殷植：《韓國獨立運動之血史》此書記述日本併韓之經過，及韓人最近之獨立運動。作者為謀復祖國之計，書中自有宣傳之性質。

73. 汪洋：《臺灣》汪君奉公至臺，本其所見所聞，著成此書，略記歐戰前之臺灣內政實業。

74. 周守一：《華盛頓會議小史》此書根據於美國報章所載之材料而成。其述中、日交涉，有可觀者。

75. 龔德柏：《日本侵略中國之罪案》書中翻譯勝田主計之《日本對華經濟政策》，較有價值。該篇詳載寺內內閣時之中、日借款。

雜誌記載日本現狀及問題者甚多，茲錄其較有價值或常載日本狀況者如下（指中國、美國雜誌而言）：

01. The Trans-Pacific: A Weekly Review of Far East Political Social and Economic Developments.

02. Current History.

03. The China Weekly Review.

04. Foreign Affairs: An American Quarterly Review.

05. Foreign Affairs: A Journal of International Understanding (Monthly).

06. Asia.

07. The Far Eastern Review: Engineering, Finance and Commerce.

08. The Living Age.

09. The Literary Digest.

10. The World's Work.

11. The Independent.

12.《東方雜誌》

簡明日本史：

神國、幕府、外交與戰爭，從神話到近代改革，縱觀日本千年變遷

作　　　者：	陳恭祿
責任編輯：	高惠娟
發 行 人：	黃振庭
出　版　者：	崧燁文化事業有限公司
發　行　者：	崧燁文化事業有限公司
E-mail：	sonbookservice@gmail.com
粉　絲　頁：	https://www.facebook.com/sonbookss
網　　　址：	https://sonbook.net/
地　　　址：	台北市中正區重慶南路一段61號8樓 8F., No.61, Sec. 1, Chongqing S. Rd., Zhongzheng Dist., Taipei City 100, Taiwan
電　　　話：	(02)2370-3310
傳　　　真：	(02)2388-1990
印　　　刷：	京峯數位服務有限公司
律師顧問：	廣華律師事務所 張珮琦律師

-版權聲明-

本書版權為樂律文化所有授權崧燁文化事業有限公司獨家發行電子書及繁體書繁體字版。若有其他相關權利及授權需求請與本公司聯繫。

未經書面許可，不可複製、發行。

定　　　價：450元
發行日期：2025年03月第一版
◎本書以POD印製

國家圖書館出版品預行編目資料

簡明日本史：神國、幕府、外交與戰爭，從神話到近代改革，縱觀日本千年變遷 / 陳恭祿 著 . -- 第一版 . -- 臺北市：崧燁文化事業有限公司，2025.03
面；　公分
POD版
ISBN 978-626-416-324-8(平裝)
1.CST: 日本史
731.1　　　　　114001870

電子書購買

爽讀APP　　　臉書